현대 고려인 인물 연구 8

재이산 : 한국과 유럽, 미주의 고려인

지은이 **윤상원**

전북대학교 사학과 교수
고려대학교 한국사학과 박사
연해주지역 항일독립운동, 고려인의 역사를 연구 중이다.

현대 고려인 인물 연구 8

재이산 : 한국과 유럽, 미주의 고려인

초판 1쇄 인쇄 2022년 2월 18일
초판 1쇄 발행 2022년 2월 25일

지은이	윤상원
펴낸이	윤관백
펴낸곳	도서출판 **선인**
등 록	제5-77호(1998.11.4)
주 소	서울시 양천구 남부순환로48길 1(신월동163-1) 1층
전 화	02)718-6252/6257
팩 스	02)718-6253
E-mail	sunin72@chol.com

정가 25,000원
ISBN 979-11-6068-684-5 94900
ISBN 979-11-6068-676-0 (세트)

이 저서는 2016년도 대한민국 교육부와 한국학중앙연구원(한국학진흥사업단)의 해외한인연구사업의 지원을 받아 수행된 연구임(AKS-2016-SRK-1230003)

동국대학교 대외교류연구원 연구총서 15
동국대학교 인간과미래연구소 연구총서 13

현대 고려인 인물 연구 8

재이산 : 한국과 유럽, 미주의 고려인

윤상원 지음

간행사

'현대 고려인 인물 연구'는 2016년 한국학중앙연구원의 '한국학 특정 분야 기획연구 해외한인연구' 과제로 선정되어 3년 동안 러시아와 중앙아시아 각국의 한인들이 "현재 어디에서 어떻게 살고 있는가"를 종합적으로 살펴본 결과물이다.

160여 년 전 궁핍과 지방 관료의 탐학을 피해 두만강 너머 러시아 연해주로 이주한 한인들의 후손인 고려인들은 지금 4, 5세대를 넘어 6, 7세대까지 이어지고 있다. 첫 이주 당시 13가구 40여 명으로 출발했던 고려인 디아스포라는 현재 50만여 명을 헤아리고 있다.

구소련 시기 소비에트 공민으로 독자적 정체성을 형성해 왔던 고려인 사회는 1991년 소련의 해체로 인해 대격변을 맞이했다. 소련은 해체되어 15개의 공화국으로 분리되었고 예전의 소련 공민들은 러시아 국민으로, 카자흐스탄 국민으로, 우즈베키스탄 국민 등으로 나뉘어졌다. 사회주의 사회에서 자본주의 사회로 변화하는 과정에서 이전의 생활환경이 송두리째 변화했다. 고려인들은 독립된 국가와 새로운 사회에 적응해야만 했다. 급격한 이주가 뒤따라왔다. 이전까지 자신들의 터전이라고 생각해왔던 집단농장과 도시의 직장을 뒤로 한 채 새로운 삶의 터전을 찾아 떠나기 시작했다.

모두가 고통스러운 시기였다. 구소련의 맏형이었던 러시아는 곧 모라토리움을 선언하고 기나긴 경제 침체로 접어들었고, 독립한 중앙아시아 국가들에서는 민족주의가 기승을 부리기 시작했다. 원래 그 땅의 주인이 아니었던 고려인들에게는 더욱더 고통스러운 시기였다. 냉전은 끝났지만 냉전의 그늘이 아직 드리워져 있어 역사적 고국으로부터의 충분한 도움도 기대하기 힘들었다.

하지만 변화와 고통은 누군가에게는 기회이기도 했다. 더구나 고려인들은 강제이주라는 극한의 고통을 슬기롭게 극복해낸 경험이 있었다. 시간이 흐르면서 러시아와 중앙아시아 각국의 고려인들은 서서히 자리를 잡아가며 그 국가와 사회의 각 분야에서 두각을 나타내기 시작했다. 정계에 입문하거나 관계에 자리를 잡기도 하고, 자본주의 사회에 적응하며 뛰어난 수완으로 괄목할 만한 경제적 성과를 이룩하기도 했다. 문화, 예술 분야에서 두드러진 성과를 내기도 하고, 올림픽과 세계선수권대회에서 메달을 획득하기도 했다. 구소련 시기에 이어 학계에서도 존경받는 학자들이 배출되었다. 이들은 각지에서 고려인협회 또는 고려인민족문화자치회 등을 조직하여 러시아와 중앙아시아 각국의 소수민족으로서 정체성을 확립해가고 있다.

이 학술총서는 오늘날 러시아와 중앙아시아 각국에서 두각을 나타내고 있고, 소수민족으로서 고려인 사회를 이끌어가고 있는 이들이 누구이며, 어디에서 어떻게 활동하고 있고, 그들의 미래는 어떠할 지를 연구한 결과물이다.

고려인들의 현재 모습을 종합적으로 연구하기 위해 지역적 특성과 세대적 특성으로 구분하는 연구방법을 동원했다.

지역은 다음과 같이 크게 8개로 나누었다.

① 러시아의 중심 – 모스크바와 유럽 러시아, ② 고려인의 고향 – 러시아 극동 연해주, ③ 중앙아시아로부터의 탈출구 – 시베리아 일대, ④ 새로운 삶을 찾아서 – 남부 러시아, ⑤ 강제동원의 땅 – 사할린, ⑥ 강제이주 된 터전에서 1 – 카자흐스탄, ⑦ 강제이주 된 터전에서 2 – 우즈베키스탄, ⑧ 재이산 – 대한민국과 유럽, 미주의 고려인.

세대는 다음과 같이 3세대로 나누었다.
① 은퇴한 원로들 – 선배세대, ② 왕성한 활동 – 기성세대, ③ 고려인의 미래 – 신진세대.

위와 같은 연구방법을 통해 3년 동안 연구한 결과물을 지역별로 1권씩 총 8권의 학술총서를 저술했다. 러시아로 작성된 총 7권의 학술총서는 고려인 디아스포라에 관심이 있는 연구자, 일반대중, 관련 기관들이 그 내용을 쉽게 이해할 수 있도록 한글로 번역했다.

총 8권의 학술총서는 동일한 연구방법과 서술체계를 갖추고자 했지만 지역적 특성의 차이, 고려인들의 지역별 분포의 차이, 공동연구원들의 서술 경향 등에 따라 각각 공통된 형식과 내용을 가지면서도 차별성도 가지고 있다.

본 사업단은 학술총서를 통해 고려인들의 정체성에 대한 이해를 높이고, 한국인과 고려인들의 상호관계를 정립하는데 기여하고, 더 나아가 한국과 러시아 및 중앙아시아 각국 관계의 미래에 기여하고자 했다. 그래서 본 사업단은 고려인과 관련하여 보다 많은 내용들을 조사하고 정리하여 서술하고자 했다.

그러나 러시아와 중앙아시아에 널리 분포되어 있으며, 끊임없이 유동하는 고려인 인물들을 객관적이면서 종합적으로 조사하고, 이를 총서로 작성하기에는 많은 한계가 있었다.

　나름의 성과와 기여에도 불구하고 내용의 부족, 자료의 부정확, 번역의 오류 등 학술총서의 문제점은 본 사업단, 특히 연구책임자의 책임이다. 이에 대한 질정은 앞으로 고려인 연구에 더 매진하라는 애정 어린 채찍질로 여기고 겸허히 받아들이고 한다.

2022년 2월
연구책임자

목차

간행사 / 5

|제1부|
재이산 고려인의 현재 : 해외로 떠난 고려인들

서론: 이산에 이산을 거듭한 고려인   15

제1장. 구소련지역 고려인의 현재   23

  1. 우크라이나의 고려인   23

  2. 크림반도의 고려인   39

  3. 벨라루시의 고려인   52

  4. 에스토니아의 고려인   64

제2장. 유럽지역 고려인의 현재   75

  1. 독일의 고려인   75

  2. 스웨덴의 고려인   79

  3. 오스트리아의 고려인   84

  4. 스페인의 고려인   96

  5. 이탈리아의 고려인   101

  6. 체코의 고려인   106

제3장. 미주지역 고려인의 현재   111

  1. 캐나다의 고려인   111

  2. 오스트레일리아의 고려인   129

제4장. 이스라엘의 고려인   135

  1. 이스라엘이 조국이 되었다   135

결론   145

|제2부|

재이산 : 국내 유입 고려인들

서론: 역사적 조국으로 돌아온 고려인   **149**

제1장. 국내 유입 고려인의 현황   **151**

   1. 고려인의 국내 유입 과정   151

   2. 국내 유입 고려인에 대한 연구동향   154

   3. 고려인의 국내 유입 배경   158

   4. 국내거주 고려인 현황   162

제2장. 안산의 고려인지원센터 '너머'   **175**

   1. 고려인지원센터 '너머'가 걸어온 길   175

   2. 고려인지원센터 '너머'의 커뮤니티 활동   183

   3. 안산 지역 고려인의 생활실태   188

   4. 사회적, 제도적 체류환경   194

   5. 결론   210

제3장. 광주의 '고려인마을'   **213**

   1. 광주 '고려인마을'   213

   2. 광주광역시 고려인주민 지원조례 제정   225

제4장. 국내 거주 고려인 관련 정책   **233**

   1. 고려인 관련 법률   233

   2. 고려인 관련 사업   245

   3. 사할린 영주귀국동포 지원정책   251

제5장. 국내 거주 고려인 정책 제안   **257**

    1. 고려인 관련 법률 정비   257
    2. 고려인 생활안정 지원   262
    3. 고려인 관련 법률 정비   264

참고문헌   **267**

1부

재이산 고려인의 현재
: 해외로 떠난 고려인들

서론: 이산에 이산을 거듭한 고려인

제1장. 구소련지역 고려인의 현재
제2장. 유럽지역 고려인의 현재
제3장. 미주지역 고려인의 현재
제4장. 이스라엘의 고려인

결론

서론
이산에 이산을 거듭한 고려인

구소련이 해체되고 러시아와 중앙아시아 고려인들이 새로운 환경에 적응하려 분투한 지 26년의 시간이 흘렀다. 세월의 흐름과 함께 많은 인물들이 고려인의 역사무대에 등장하고 또 사라져 갔다. 현대 고려인의 인물들은 크게 3개의 세대로 구분할 수 있다.

먼저 구소련이 해체되고 각 공화국이 독립하며 사회주의 사회에서 자본주의 사회로 전환되어 가던 혼란과 고통의 시기에 고려인 사회의 지도적 역할을 담당했던 선배 세대들이다. 이들은 현재 고려인 사회의 반석을 세웠다. 다음으로 현재 러시아와 중앙아시아 각국의 고려인 사회에서 중추적 역할을 담당하고 있는 기성세대가 있다. 이들은 선배세대들이 세워놓은 반석 위에서 고려인 사회의 집을 짓고 있다. 마지막으로 앞으로 고려인 사회를 이끌어나갈 신진세대가 있다. 기성세대가 지어놓은 고려인 사회라는 집에서 살고 성장해온 이들은 고려인의 미래로서 앞으로 집을 더욱 크고 아름답게 가꿔나갈 것이다.

재이산 고려인 연구에서 첫 번째로 연구하는 대상은, 구소련이 해체되고 각 공화국이 독립하며 사회주의 사회에서 자본주의 사회로 전환되어 가던 혼란과 고통의 시기에 고려인 사회의 지도적 역할을 담당했던 선배 세대들이다. 이들은 대부분 소비에트 공민으로서 정체성을 가지고 소련 사회에서 일정한 사회적 지위에 오른 인물들이었다. 사회가 혼란스러운 만큼 개인들 역시 쉬이 삶의 전망을 세우기 힘들었지만, 이들의 어깨에는 개인의 미래 뿐 아니라 고려인 전체의 운명이 걸메어져 있었다. 그들은 자신들이 처한 상황과 지역에 따라 다양한 선택을 했다. 이 총서의 1차년도 연구범위는, 이들 선배세대 중에서 새로운 터전을 찾아 재이산을 감행한 고려인들로 국한된다.

자발적 의지에서의 이주가 아닌 극복 불가한 상황으로 인해 이주를 경험한 사람들이 또 한 번의 이주를 경험하는 극한 상황에 처한 재이산 고려인들의 아픔과, 그런 환경 속에서도 민족정신과 문화전통을 보존하며 살고 있는 고려인 선배세대를 살펴보기로 하겠다.

고려인의 재이산을 상징적으로 보여주는 인물로 빅토리야 김이다. 그녀의 이야기를 통해 해외로 떠난 고려인들의 재이산을 먼저 살펴보고자 한다.

■ 학교와 대학에서 우등생이었다.

비카는 타시켄트에서 태어났다. 가끔 있는 일이지만 젊은 부모가 서로의 관계를 제대로 정립하지 못하면서 비카의 교육은 엄마인 라리사와 외할머니, 외할아버지가 맡게 되었다. 라리사는 수도 "응급센터"의 의사이다. 빅토리아는 고향의 중고등학교 №208을 졸업하면서 금메달을 받았다. 이후 국립타시켄트 동방학대학에 입학했고 2003년 우수한 성적으로 졸업하면서 국제경제관계 학사 학위를 받았다. 비카는 우즈베키스탄 공화국 국제경제부에 경제학자이자 영어 통역관으로 근무하게 되었다. 비카는 이미 근무 초창기부터 성실함과 업무에 대한 해박한 지식으로 해당 부서에서 권위와 존경을 받기 시작했다.

그러나 미국에서 학업을 계속하길 원했던 비카는 2005년 워싱턴에 있는 존 홉킨스 대학 Saeys 국제관계 스쿨 석사과정에 입학했다. 더 자세하게 말하면 처음에 비카는 이탈리아 볼로니야 시에서 1년 동안 공부를 한 뒤 워싱톤에 있는 미국 대학으로 옮겨갔다. 2007년 5월 국제관계 분야의 석사가 되었다. 그런데 비타는 2년 동안 무료로 대학을 다녔다. 처음 이탈리아에서는 존 홉킨스 Saeys 대학 볼론스키 센터에서 지원을 받았고 미국에서는 해당 대학 산하 미국-한국연구소의 지원을 받았다. 열정적이고 부지런한 김은 석사 학위를 받은 위 곧 존 홉킨스 Saeys 대학 산하 에드윈 라이사우에르 동아시아연구 센터 연구원으로 근무하기 시작했다. 교수와 책임연구원들의 연구 수행, 학술 세미나 준비와 조직, 동아시아, 유라시아, 중앙아시아 국제관계에 대한 다수의 보고서 준비와 정보 수집을 도왔다. 2008년 10월에는 센터에서 초빙연구원이란 직함을 얻으면서 공식적으로 연구자로서의 발을 내디뎠다. 이때 자신의 학문적 능력, 조직 능력, 학자들과 교류할 수 있는 능력, 수집 자료를 심도 깊게 분석하고 추론하는 능력을 과감하게 보여주었다. 비카는 워싱톤에 있는 세계은행본부 글로벌 생태재단 평가국(ГЭФ) 상담사로 직장을 바꾸게 되었는데 새로운 직장으로 옮겨가기 전 5개월 동안 많은 일을 했다. 가령 미국, 한국, 중앙아시아 3자 간 상호협력 연구 결과 미국에 있는 한국경제연구소의 후견 하에 켄트 칼리데르 교수와 공동으로 학술 보고서를 발표했는데 이 보고서는 학계의 큰 관심을 불러왔다. "유라시아 에너지 안전에 대한 전망"과 같은 다른 연구물들도 있다. 이외 김은 센터에서 지금의 연구 분야와 관련 있으며 러시아어, 프랑스어, 한국어로 발표된 다양한 학술 논문과 문서들을 영어로 번역했고 역으로도 번역했다. 비카는 워싱톤에 대해 아주 좋은 기억들을 가지고 있다. 이곳에서 비카는 세계은행에서 근무하는 멕시코 출신 법률인 알레한드로 알칼라를 만났다. 알칼라는 사랑스럽고 자상한 남편이자 그녀의 연구에서 든든한 조력자이다.

■ 아르헨티나. 새로운 학문과 일

빅토리아는 다방면에 능력이 있다. 이로 인해 항상 새로운 지식을 갈구한다. 그래서 알레한드로가 세계은행 업무로 아르헨티나로 파견되었고 아르헨티나에서 또 다른 공부를 할 수 있는 기회가 생겼다고 생각한 비카는 남편과 함께 그곳으로 가서 2010년 1월 부에노스 아이레스대학 철학·문학 학부에 입학했고 1년 6개월 뒤 스페인어문학 국제 자격증을 취득했다. 당시 비카는 동 대학 모티바르테 사진스쿨에서 1년을 더 수학하여 사진, 영화촬영, TV, 미디어 PD 국제 자격증까지 취득했다. 2012년 2월부터 7월까지 비카는 다시 세계은행에서 근무했다. 부에노스 아이레스에서 남동아시아국 컨설턴트로 일했다. 세계은행에서 재정 지원을 하여 상술한 나라들에서 수행되는 3자 프로젝트 "남-남(Юр-Юr)의 일환으로 인도 정부 고위직 대표단을 아르헨티나에 초대하는 작업을 했다. 이 프로젝트는 해당 국가들 간 해안 지대 경비에 관한 학술연구와 기술교환을 지원하기 위한 것이었다. 특히 대표단 방문의 범위 내에서 비카는 학술연구 비망록을 준비했으며 기관의 모든 행사에 관심을 기울였고 대표단과 아르헨티나 정부기관이나 다른 단체들의 만남을 도와주었다. 대표단이 방문하는 동안 영어를 스페인어로 번역했다.

■ 2013년 초 남편과 다른 나라로 떠나다

이번에는 중국이었다. 9개월 동안 세계에서 가장 고풍스럽고 아름다운 도시 중 하나로 꼽히는 베이징에 체류했다. 이곳에서 비카는 세계은행 인류잠재력발전 섹터에서 컨설턴트로 근무했다. 이곳에서의 일은 매우 유익했다. 세계은행 연구의 일환으로 러시아 내 타지키스탄, 키르키즈스탄, 우즈벡스탄 노동이주에 대한 4편의 보고서를 준비했고 우즈벡스탄 노동시장에 대한 정책과 전략 개발 작업에 참가했다.

■ 또 석사 과정에 입학하다

중국에서 일하면서 김은 베이징국제관계대학에 영국 볼톤대학의 국제저널리스트 학부가 설치되어있다는 사실을 알게 되었다. 이 학부의 석사 과정에 들어가기로 결심했다. 남편은 아내의 선택을 존중해주었다. 공부는 어떤 것이든 인간에 유익하지 않겠는가! 2013년 9월 비타는 다시 공부를 시작했고 2014년 9월 두 번째 석사학위를 받았다. 이번에는 국제 엔터테인먼트 기자 학위였다.

■ 삶에서 중요한 것

베이징 석사학위의 중요한 결과물은 1937년 가을 극동에서 우즈벡
스탄 등 중앙아시아로 강제이주 당한 소비에트 한인의 역사에 대해
처음으로 다큐멘터리를 만들었다는 것이다. 이 다큐멘터리는 영어
로 제작되었다. 제목은 "우즈벡스탄에서 잃은 것과 얻은 것: 한인
의 역사"이었다. 이때부터 이 테마, 전반적으로 고려인이라는 테마
는 비카의 삶에서 가장 중요한 일이 되었다. 빅토리가 말했다.

"제게 "우즈벡스탄에서 잃은 것과 얻은 것"에 담긴 이데아가 생기
기 시작한 것은 2007년 할아버지 다기르 곤세비치 김이 돌아가진
이후입니다. 할아버지는 프리모르 주 한다우스 마을에서 출생했으
며 타시켄트 특수설계 선두 뷰로의 책임 설계기사였습니다. 1937
년 7살 된 아들을 포함하여 모든 가족은 카자흐스탄과 우즈벡스탄
으로 강제 이주되었고 어린 아들은 그곳에서 자랐습니다. 저는 할
아버지에게서 많은 유전자를 물려받았습니다. 참을 수 없을 만큼
강한 지식에 대한 욕구, 부지런함, 목적지향성, 원하는 목적 달성에
대한 집요함, 사교성 등. 전쟁이 끝난 뒤 할아버지는 학업을 위해
우즈벡스탄에서 모스크바로 옮겨갔고 공부를 마친 이후 우크라이
나 숨스크 주로 발령을 받아 일을 하게 되었습니다. 할아버지는
1950년대 초 그곳에서 제 러시아인 할머니 리디야 레오니도브나를
만났습니다. 할머니도 그곳으로 발령이 받아 모스크바에서 그곳으
로 오게 되었답니다. 할머니는 책임 회계원이었어요. 할머니는 숨
스크 주에 있을 때도 그 이전 모스크바에 있을 때도 할머니 주위에
있는 한인은 할아버지가 유일했다는 사실을 여러 번 웃으면서 회상
했답니다. 결혼을 한 뒤 제 엄마 라리사가 태어났습니다. 이후 우즈
벡스탄 한인 콜호즈 "폴리토웃델(Политотдел)"로 이주했는데
다시 타시켄트로 옮겨갔답니다. 나라의 복잡한 역사적 사건으로 인
해 저는 우즈베키스탄에서 태어나게 되었지요. 할아버지는 아버지
대신 제 교육과 성장에 큰 역할을 했습니다. 저는 할아버지를 무척
좋아했답니다. 할아버지의 죽음을 엄청 슬퍼했지요. 당시 저는 워
싱턴에 있었는데 비자 문제 때문에 할아버지의 장례식에 올 수 없
었답니다. 한인 강제 이주, 미증유의 난관을 극복하고 새로운 곳에
서 살아남은 역사에 관한 할아버지의 기억을 미리 기록해 놓지 않

은 것이 정말 슬펐어요. 우즈베키스탄에 아직 생존해 있는 노동 영웅들과 삶의 역경에 대한 이야기를 나누고 싶었습니다. 한인의 피가 부르고 있다고 느낍니다. 진정으로 고려인 테마에 대해 연구할 겁니다. 우리 다문화 가정 3세대 가운데 할아버지만 한인이었습니다. 제 꿈은 한국인의 성 '김'을 보존하고 제 자식과 손자들에 물려주는 것입니다."

■ 인터넷 신문 "외교관(Дипломат)"에 실리다.

"2014년 타시켄트 고향을 방문할 때 저는 한 달 이상 동포들과 교류했습니다. 인터뷰를 했습니다. 또 강제이주, 높은 면화, 전규, 쌀, 야채 수확량으로 공화국 경제에 도움을 주면서 전연방의 모범이 된 한인 콜호즈에 대한 1세대의 이야기를 비디오로 녹화했습니다. 그렇게 다큐멘터리 "Lost and Found in Uzbekistan: The Korean Story"가 탄생했습니다. 제 두 번째 석사 학위 전공은 국제 엔터테인먼트 기자였습니다. 그 이후 저는 우리 한인과 소비에트 연방 시절 소수민족의 강제 이주에 대해 아주 열성적으로 작업하고 있습니다. 2015년 다큐멘터리 작업을 끝냈고 개인 사이트에 올렸습니다. 지난 2016년 여름 다큐멘터리는 인기 있는 영어 인터넷 신문 《THE DIPLOMAT》에 게재되었습니다. 이 신문의 본부는 도쿄에, 제2 사무실은 워싱턴에 있습니다. 신문은 아시아 여러 나라의 정치와 경제에 대한 소식과 역사적 개요를 주로 다룹니다. 이후 신문은 1950년~1953년 한국전쟁 당시 북한에 있었던 남일 장군과 소비에트 한인의 삶에 대한 제 기사를 게재했습니다. 러시아연방 공화국의 러시아 한인과 다른 러시아인들에게 소개하기 위해 "Lost and Found in Uzbekistan: The Korean Story"와 저의 다른 작품들을 러시아어로 번역할 계획입니다. 제 작품은 극동에서 중앙아시아로 한인 강제이주 80주년이 되는 해에 무척 시의적절할 것이라고 생각합니다. 영화로 제작될 것이다.

비카는 여러 나라에 거주했고 여러 기관에서 근무했다. 모든 곳에서 비카는 동료들의 중심에 있었고 사람들은 비카에게 끌렸으며 비카를 사랑하고 존중했다. 현재 비카는 프리랜서이고 연구자이며 소비에트 연방 한인과 그들의 강제 이주에 대한 연구를 계속하고 있다. 지난 해 7월 한국에 다녀왔다. 아주 강렬한 인상을 가지고 베이징에 돌아왔다. 특히 독특한 건축물과 공원, 청결함, 질서, 높은 문화 수준 등으로 인해 서울이 마음에 들었다. 친절하고 질서를 잘 지키는 서울 사람들도 마음에 들었다. 김이 한국을 방문한 주된 목적은 한국의 역사에 대해 많은 다큐멘터리 필름을 만든 미국 감독 크리스퍼 리를 만나기 위한 것이었다. 당시 리는 서울에 체류 중이었다. 크리스토퍼는 "Lost and Found in Uzbekistan: The Korean Story"에 지대한 관심을 보였고 다큐멘터리 필름으로 제작하고 싶으니 만나자고 제안했다. 그들은 이미 함께 "아리랑 언덕: 우즈베키스탄에서 잃은 것과 얻은 것" 사전 작업을 준비했다. 현재 영화 제작비를 물색하고 있다. 빅토리아의 활동에 대해 크리스토퍼 리는 인터넷 신문 "외교(Дипломат)"와 우즈벡스탄 한인에 대한 김의 강연을 통해 알게 되었다. 김은 자신이 만든 다큐멘터리 자료를 기초로 세계 여러 나라의 대중들과 정기적으로 만나고 있다. 빅토리아는 다양한 국제 포럼에 참가했다. 지난 해 12월 말 알마아타 시에서 열린 국제 학술실험 세미나 "현대 카자흐스탄과 해외 디아스포라의 변화와 추론"에서 "고려 사람에 대한 프로젝트"에 보고를 성공적으로 마쳤다. 세미나 조직위원인 극동 학부와 알리 파라비 카자흐스탄민족대학 국제센터와 극동 학부에서 그녀를 초청했다.

■ **새 프로젝트에 전념하다**

지금 빅토리아는 타시켄트에 머물고 있다. "트로이카"에 의해 근거 없는 죄를 뒤집어쓰고 정치 탄압의 희생이 되어 소연방 코미공화국 특별 강제노동수용소 벌목장으로 끌려간 한인에 대한 새로운 다큐멘터리 프로젝트에 열중하고 있다. 포탈 "고려사람: 한인에 대한 메모"의 개설자이자 편집자인 타시켄트 출신 블라디슬라프 한, 사진작가 빅토르 안, 저명한 한국학 학자 발레리 한과 함께 우즈베키스탄 한인 디아스포라에 대한 새로운 프로젝트 작업도 하고 있다. 미래에 대한 계획에 대해 말하자면 빅토리아는 박사 논문을 쓸 예정이다. 새로운 연구를 위한 자료는 이미 충분하다.

■ 설날에 열광하다.

우즈베키스탄 한인들은 1월 28일 음력 설날을 기념했다. 중요한 행사는 타시켄트 주 한인 사이에서 가장 유명하고 한인이 많이 거주하고 있는 유코리 치르칙스크(전 베르흐네 치르칙스크)의 유명한 콜호즈 "폴리토옷델"에서 열렸다. 테이블에는 정말 다양한 전통 음식들이 준비되어 있었는데 한국 음식에 대한 찬탄이 흘러나올 수밖에 없었다. 전(前) 한인 콜호즈의 모든 사람들이 모였다. 우즈베키스탄 한국문화센터연합회(AKKЦ) 간부, 읍 소비에트의 간부들이 왔다. 설날을 찾은 귀빈 중에는 베이징에서 우즈베키스탄 음력 설을 축하하기 위해 일부러 찾아와 준 김 빅토리아와 남편 알레한드로이 있었다. 알레한드로는 축제, 노래, 춤, 취주악단의 연주에 열광했다. 처음부터 무척 흥미롭게 축제 준비 과정을 지켜보았다. 이리저리 다니면서 테이블에 차려진 음식들을 주의 깊게 살펴보았고 아름다운 전통의상을 입은 여인들을 넋을 놓고 바라보았다. 합창단이 출연하자 그의 얼굴은 기쁨과 행복의 미소로 달아올랐다. 그는 점점 더 한국의 전통과 문화에 열광했고 존경을 표했다. "폴리트옷델"과 빅토리아는 설날이 마음에 들었다. 그녀는 원기를 충전했고 창작에 대한 열정이 흘러넘쳤으며 새 친구들을 사귀었다. 기자이자 연구자인 김은 3월 중순까지 타시켄트에 머무를 것이다.

제1장
구소련지역 고려인의 현재

1. 우크라이나의 고려인

1) 우크라이나 고려인 단체 '아사달'

우크라이나에는 있는 24개 주 중 많은 지역에서 고려인 디아스포라 단체가 형성되어 있다. 그 중에도 드네프로페트롭스크 고려인 디아스포라 사회단체는 가장 열성적으로 활동하고 있는 단체라고 볼 수 있다. 2012년부터는 신생 고려인단체인 "아사달"이 매우 활발하게 활동하고 있다. "아사달"의 행보를 보면 드네프로페트롭스크 고려인들의 민족의식과 문화보존의 열기를 확인할 수 있을 것이다.

"아사달"이라는 단체를 설립한 목적은 지역고려인들의 사회, 경제, 창의적 활동, 전통문화, 스포츠 등의 관심사를 만족시키고 보호하는 것이다. "아사달"은 주에 거주하는 2,000명가량의 모든 고려인들에게 영향을 미치려고 노력하고 있다. 아사달 단원들은 주로 중앙아시아 출신들이다. 이 단체에서 수행하고자 하는 과제는 모든 고려인들의 흥미를 유발시키고 매년 다양한 연령층, 특히 젊은 층을 위해 개최되는 많은 행사에 참가시키는 것이다. 바로 이런 목적으로 한국어학교를 개설했다.

라술 감자토프는 생전에 "인민의 언어에 인민의 삶이 있다"고 했다. 이것은 단순히 언어가 아니라 언어의 역할에 대한 개념이다. 모든 사람은 어떤 민족에 속하든 자신의 언어를 알고 사랑해야 한다. 모국어는 정신적 재산이고, 모국어에는 민족의 도덕적 원칙과 양심이 담겨 있고 언어에 구현된 것은 민족의 역사적 기억이다. 그러므로 디아스포라 단체에서는 한국어 교육에 진지한 태도를 취하고 있다. 한국 전통 춤 애호가들을 위해 가무단이 만들어졌다. 주(州) 센터에서는 태권도반이 신설되어 활동하기 시작했다. "아사달"은 지역의 민족문화단체들과 우호적인 관계를 맺고 있으며 드네프로페트롭스크 주재 15개의 민족문화단체가 소속된 국제고려인통일연합회 "예딘스트보"를 설립하는데 적극적으로 참여했다. "아사달"은 이와 같은 단체들과 함께 다양한 활동을 하고 행사를 개최한다. 2015년 "아사달"은 사회활동에도 참여하는데, 주(州) 어린이 집에 거주하는 부모 없는 어린이들을 위한 직업 교육 프로그램을 조직했고 동양의학적 치료법을 이용해 농촌에서 연금생활을 하는 고려인들에게 무료 진료를 실시하였다. 올해 가을부터는 어린이를 위한 태권도 무료강좌, 농촌에 거주하는 고려인들을 위한 한국어 강좌개설을 계획하고 있다.

현재 드네프로페트롭스크 고려인들은 우크라이나 다른 지역의 고려인들처럼 비즈니스, 행정, 정치, 스포츠 등 다양한 분야에서 활동하고 있다. 그래도 고려인들의 주 업종은 농업부문이다. 오랜 기간 도시에 살면서 농촌과 관련이 없는 일을 하던 고려인의 상당수가 노년에 접어들면서 농촌으로 이주하여 집을 짓고 야채를 기르고 있다는 사실은 이미 오래 전부터 언급되었다. 이런 농경활동은 수세기 동안 이어져온 벼농사

문화와 수 천 년 동안 선조들이 농사를 생업으로 삼아오면서 이미 대다수의 한국인에게 농업이 유전적으로 내재화 되어 있기 때문일 것이다.

2) 우크라이나에서의 한국학

2015년 1월 "아사달"의 주도로 드네프로페트롭스크에서 우크라이나 최초 한국학 강좌 개설을 한 것은 고려인 디아스포라 사회에서 중요한 사건으로 꼽힌다. 유감스럽게도 공화국자체에는 이 분야의 전문가를 양성할 수 있는 학교가 전혀 없다. 한국학 학술연구기관과 교육기관은 모스크바, 민스크, 독립국가연합의 다른 공화국에 설립되어 있다. 현재 키예프의 3개 대학에서 한국어 강의가 개설되어 있지만, 수업 내용을 보면 한국학 전문가를 키워내기 위한 교육이 아니라, 통번역가 양성과정이라는 것을 알 수 있다. 우크라이나에 거주하는 고려인 수가 수천 명에 달하고, 한국과의 경제적 교류도 확대되면서 한국기업의 지사가 키예프나 다른 도시에 설립되면서 한국학에 대한 요구가 나오기 시작했다. 규모는 작지만 북한과도 무역 및 관광객의 교류가 이루어지고 있다. 협상 및 사업상의 교류를 위해서는 언어뿐만 아니라 정서, 문화, 상대방의 다른 특성들을 파악하는 것이 중요하다. 순수한 실용적 목적 이외에도 한국문화에 대한 젊은 층의 관심이 증가하고 있다.

한국학 강좌는 고려인을 비롯해 한국역사와 한국문화에 관심이 있는 모든 사람을 위한 것이다. 특히 수 세대 동안 이곳에서 거주하고 있는 고려인 후세대들은 강좌를 통해 한국어, 한국 문화, 민족정체성을 잊지 않게 될 것이다. 한국어 강좌는 국제교육대학(PK)의 프로그램에 맞춰 진행되고, 역사 강좌는 강사가 세운 계획을 따라 진행된다. 양질의 한국학 강좌를 위해 대한민국의 젊은 학자 조서명(Чо Со Мен)과 키예프 문화대학 드네프로페트롭스크 학부 조교수이자 유명한 역사학자이며 한국학 전문가인 빅토르 콜레스니첸코가 초빙되었다. 강좌 구성을 보면, 강의와 어학실습 이외에 한국영화 상영도 포함되어 있다.

3) 표트르 박(Пётр Пак)

드네프로페트롭스크 고려인 디아스포라 단체에는 사회활동에 진심으로 열의를 보이는 열성적인 활동가들도 있고, 수많은 행사를 만들어 내는 능력 있는 조직가들, 많은 아이디어를 가진 사람들도 있지만 단체가 발전하는데 큰 역할을 하는 사람은 아무래도 지도자 한 사람일 것이다. 드네프로페트롭스크 고려인 디아스포라 단체의 지도자는 표트르 박이 맡고 있다. 고려인들은 그가 단체장인 것을 행운이라고 생각한다. 표트르 박은 에너지가 넘치고 책임감이 강하며 지도력이 있고 낙관주의자며 사교성이 좋고 고려인에 대한 애정과 모국에 대한 애국심이 대단하다. 표트르 박은 뜻을 같이하는 훌륭한 활동가들을 자신의 주변에 결집시키는 능력을 가지고 있으면서, 타인의 불행에 무관심하지 않고 마음이 따뜻한 사람이다. 주(州)에서뿐만 아니라 우크라이나 전체에서 박회장을 존경하는 사람이 많다는 것은 놀라운 일이 아니다. 얼마 전에 키예프 한국문화센터에서 열린 "전(全)우크라이나 고려인연합회" 정기 선거에서 박회장이 연합회 부회장으로 선출된 사실은 이를 입증해준다. 또 대한민국 대통령 산하 제17차 대한민국 민주평화통일자문위원회 위원으로 위촉되기도 했다. 대한민국과 북한의 지도자들은 여러 차례 통일의 필요성을 강조하지만 양 국의 갈등은 아직 극복되지 않고 있다. 단일 민족이 두 개의 국가로 갈려있는 이런 상황에서 해외 고려인들은 평화의 중개자이자 사자(使者)의 역할을 충분히 할 수 있을 것이라고 기대하고 통일문제 해결에 희망을 줄 수 있을 것이라고 생각한다.

박회장이 대한민국 민주평화통일 자문위원회 위원으로 위촉되기까지는 박회장의 한반도의 평화에 대한 열성적인 지지가 있었다. 그는 이 문제에 관해 종종 언론매체를 통해 자신의 의견을 개진하고 있으며, 그 일환으로 "아사달"의 인터넷 사이트에 글을 올리기도 한다. 이외에 그의 주도로 드네프로페트롭스크에서도 한국과 북한이 함께 기념하는 독립기념일인 8월 15일이 되면 매년 엄숙하고 성대하게 행사를 개최한다. 박회장은 그런 행사에 참가할 때마다 남북한 통일에 대해 확신을 가지고 말한다. "아사달"은 한국에서 일본제국주의자들을 몰아낸 70주년 기념행사를 개최했다. 드네프로페트롭스크 중앙시립도서관에 수많은 인원이 참석한 가운데 행사가 진행되었다.

박회장은 자포로지예에서 개최된 전우크라이나 고려인문화페스티벌 "코레야다-2012"에서 수상한 것을 비롯해 활발한 사회활동을 인정받아 여러 차례 상을 수상했다.

표트르 박은 거의 토착민이다. 36년간의 인생 중에 30년 이상을 드네프로페트롭스크에서 살았다. 표트르 박은 1984년 자신이 태어난 볼고그라드에서 드네프로페트롭스크로 이주했는데 아버지 블라디미르 박과 어머니는 로자 김은 모두 우즈베키스탄 출신이다. 박회장의 아버지는 평생 농사를 지었으며 농사에 대해 아주 해박한 지식을 가지고 경이로운 수확률을 기록하여 고려인과 지방정부도 그를 존경했다. 그의 어머니는 다섯 명의 아들(아들만 있었다)을 기르는데 전념하였고, 남편을 도와 자주 들에 나가 일하였다. 표트르가 어린아이였을 때 부모님은 그에게 큰 기대를 걸었고 무척 사랑했으며 지원을 아끼지 않았고, 표트르는 이런 부모님의 사랑과 지원에 대해 뛰어난 성적으로 부응하였다.

2000년 국립드네프로페트롭스크 대학 체육교육과 스포츠학부를 우수한 성적으로 마친 뒤, 같은 해 드네프로페트롭스크 민족대학 법률학부에 입학했다. 두 대학교에서 졸업장을 받은 뒤 금융계통에서 일을 했고 말단 법률가에서 출발하여 법률부문 지도자의 지위까지 올라갔다. 개인회사를 공동으로 운영했다. 이외에도 일이 없는 한가한 시간에는 아이들에게 태권도를 가르치는데 벌써 몇 년 동안 지속적으로 하고 있다. 아내 올가는 아름다운 여성으로 둘 사이에 딸 예바가 있다. 박회장은 행복한 가정을 꾸리고 사는 사랑스런 남편이자 아버지이다. 표트르 박은 드네프로페트롭스크의 아름다운 골목들과 거리, 해변과 도시의 독특함, 도시의 극장과 박물관 등 자신에게는 거의 고향과도 같은 드네프로페트롭스크에 대해 이야기 할 때는 지나칠 정도의 애정을 표현한다. 심지어 드네프로페트롭스크 한 거리에는 빅토르 최의 벽화도 있는데, 슬라바 동상에서 멀지 않은 곳에 위치한 이 벽화는 사적 기념지로 간주되어 드네프로페트롭스크의 비공식 명승지 중의 하나가 되었다. 이곳은 그룹 "키노"의 리더로 비극적인 죽음을 맞이한 빅토르 최를 사랑하는 드네프로페트롭스크 빅토르 숭배자들이 모이는 곳이다. 박은 자신이 하고 있는 일, 특히 사회적인 활동에 만족한다. 거기에 자신의 모든 에너지와 정렬을 쏟아 붓고 있다. 바로 그런 국민들에 의해 나라는 유지되는 것이 아니겠는가!

4) 고려인 무용단 '아사달'

주(州)의 고려인단체와 같은 명칭을 사용하는 무용단 "아사달"이 있다. 무용단의 리더는 나데즈다 최가 맡고 있다. 무용단은 창립된 지 아직 3년이 채 안 되었지만 대중적 인기도와 뛰어난 공연 능력은 전문무용단의 부러움을 살 정도이다. 무용단의 공연에는 한국 무용뿐만 아니라 우크라이나를 비롯해 다른 나라의 무용도 등장한다. 무용단 "아사달"은 주와 도시의 여러 행사에 참가하며 매번 독창적인 춤사위로 관객의 환호와 감탄을 자아내며 행사를 풍성하게 만들어준다. 최근 하리코프에서 열린 한국문화 페스티벌 "코레야다-2013"에서 무용단 "아사달"이 수상하였다.

6월 중순 키예프 시 키예프민족언어대학 건물에서 한국역사와 문화에 대한 지식을 겨루는 대회의 결승전이 치러졌다. 이 대회는 대한민국 외무부와 KBS가 주도하고 경제적인 지원을 했다. 고려인단체 "아사달"의 단원인 올가 키레예바가 결승전에 진출해서, 한국의 역사, 문화에 대한 풍부한 지식을 자랑했고 당당하고 정확한 답변으로 3위를 차지했다. 올가는 최근에 대한민국을 배우기 시작하였는데, 짧은 시간 동안 이렇게 풍부한 지식을 습득할 수 있었던 것은, 위에서 언급한 드네프로페트롭스크의 한국학 연구자 빅토르 콜레스니첸코 덕이 컸다.

고려인문화 행사 "코레야다"는 모든 우크라이나 고려인과 한국 전통문화와 현대문화 애호가들을 초대하였고, 드네프로페트롭스크 고려인단체 "아사달"도 "코레야다"에 참가할 것을 표명하였다. "코레야다"에 처음으로 참석하는 드네프로페트롭스크 고려인들 입장에게는 매우 의미심장하고 흥분되는 일이었다. 행사 심사위원단에 우크라이나 주재 한국대사 설경훈(Сол Кын Хун)과 전(全)우크라이나 고려인 연합회 강정식(Кан Ден Сик) 회장이 초대되었다. 내국인 사이에 인기몰이를 하던 한국대중음악이 전 세계 수백만 젊은이들로부터 추앙을 받게 되면서 음악의 한 장르가 된 K-pop을 주로 공연하는 키예프의 유명한 그룹 "도라지"가 참석했고, 우크라이나 전체 고려인 단체들과 태권도 단원들도 참석하였다. 대회에는 장식미술과 응용미술 전시회도 함께 열렸다.

5) 우크라이나 최대의 고려인 축제 '코레야다'

한국문화페스티벌은 민족의 문화와 풍습을 보존하고 후손에 전승하며, 타민족들에게도 동양의 예술을 알릴 수 있는 가장 효율적인 수단 중 하나이다. 우크라이나에서는 전(全)우크라이나 한국문화페스티벌이 해마다 성대한 규모로 치러지고 있다. "코레야다"라는 이름으로 펼쳐지는 페스티벌은 벌써 19회를 넘어서고 있다.

(1) 키예프에서의 코레야다

1995년 키예프에서 개최된 제1회 "코레야다"는 한국의 문화 보존 및 활성화 측면에서 뿐 아니라 우크라이나 거주민의 문화생활을 풍성하게 해준다는 의미에서도 중요한 역할을 한다. 1995년 당시 우크라이나공화국에는 회원 수가 수천 명에 달하는 전(全)우크라이나 고려인협회가 전국 여러 도시에 지국을 운영하며 이미 3년 동안이나 활동하고 있었다. 협회는 우크라이나 한국 대사관과 우크라이나 정부의 지원을 받아 페스티벌 조직화에서 중요한 역할을 하고 있었다.

우크라이나 국내 여러 다양한 지역에 거주하는 고려인 디아스포라들뿐만 아니라 해외에서도 많은 사람들이 참가해서 축제의 명성은 드높았다. 한국문화의 보급과 한국인으로서의 민족적 자의식의 회복, 우크라이나 주재 여러 민족들 간의 우호를 돈독하게하기 위한 첫 걸음이 결실을 맺어 "코레야다"라는 전통으로 자리를 잡았고 대단한 인기를 누리게 되었다. 오데사와 도네츠크, 심페로폴, 헤르손, 니콜라예프, 자포로쥐에, 드네프로페트롭스크, 크리보이 로그, 하리코프를 비롯한 여타 도시들에서의 개최되는 한국문화 페스티벌은 많은 인원이 참가했고 큰 성공을 거두었다.

(2) 크림에서의 코레야다

전(全)우크라이나 고려인협회는 크림에 고려인 디아스포라 인구가 가장 많이 거주하고 있다는 점을 고려하여 크림반도 러시아 병합 전에 크림 고려인협회와 함께 이곳에서 두 번의 "코레야다"를 조직했다. 대회는 두 번 다 심페로폴에서 개최했다. 첫 페스티벌은 우크라이나 음악-드라마극장에서 열렸다. 페스티벌에는 우크라이나 13개 지역에서 17개의 민속단체, 200명 이상의 사람들이 참석했고 귀빈으로는 한국대사관 소속 외교관, CIS 국가와 발트연안국의 고려인협회 국제연맹 일원들이 참석했다.

페스티벌에 참석했던 예술단체는 민속 무용과 노래를 훌륭하게 공연하였고 과거의 한국을 무대에서 보여주었다. 그 당시 우크라이나 고려인협회를 이끌던 스베틀라나 리 회장이 언급했듯이, 이 페스티벌은 단순히 고유한 문화 전통을 보전할 목적만이 아니라 공동의 미래를 건설해 나가기 위해 우크라이나 문화를 더 풍부하게 하려는 목적으로 조직되었다. 페스티벌은 크림반도 사람들의 마음에 들었고, 관객과 문화예술 전문가들로부터 높은 평점을 받았다.

그 뒤 몇 년 후 심페르폴의 크림 아카데미 러시아 고리키 드라마 극장에서 두 번째 "코레야다"가 개최되었고 수준 높은 공연을 보여 주었다.

(3) 코레야다 10주년 기념행사

철저히 준비되는 행사가 더욱 화려하고 재미있게 치러지는 것은 이미 기정사실일 것이다. "코레야다" 역시 그랬다. "코레야다" 개최 10주년 기념행사가 2005년 10월 5일부터 7일까지 키예프에서 개최되었다. 지역의 주말학교 한국어 교사를 위한 세미나가 "코레야다"의 일환으로 행사 전반부에 이루어졌다. 세미나가 끝난 후에는 외국어대학 학생들이 연출한 콘서트 공연이 있었다. 콘서트 진행자인 우크라이나인 여학생들은 한국어를 유창하게 구사하였고 한국인 선생님들은 완벽한 우크라이나어로 말하는 것이 인상적이었다.

회의장에서 열린 갈라 콘서트가 페스티벌의 절정을 이루었다. 전문가들은 이렇게 큰 규모의 열정적인 공연을 보기가 쉽지 않다는 사실을 만장일치로 인정하였는데, 정말로 장관이었다. 참가자들은 콘서트를 오랫동안 진지하게 준비하였고, 하리코프와 드네프로페트롭스크, 심페로폴, 크리보이 로그, 도네츠크에서 온 젊은 예술가들의 공연은 청중을 감탄시켰다. 부채를 이용한 "부채춤"과 키예프 가무단의 "도라지", 모스크바 학교 "원광" 공연단의 합주 "남동풍" 모두 높은 수준의 공연을 보여주었다. 관객들은 우렁찬 박수갈채를 보내 주었다. 바하의 유명한 "토카타"를 한국의 북과 조화롭게 결합시킨 것은 독창적이었다.

축제에 참석하기 위해 모스크바에서 온 전(全)러시아고려인협회 회장 바실리 조는 우크라이나 고려인협회의 초대에 감사를 표하며, 풍요로운 우크라이나 대지에 행운을 빌며 이와 같은 행사가 우크라이나인, 러시아인, 한국인들 사이의 우정을 강화시킬 것이라고 확신했다. 카자흐스탄 고려인협회 부대표 게르만 김은 남북한이 갈라져 있는 이런 상황에서도 그들은 공동의 과거를 소중히 보존하고 확대시켜 그 기반 위에 단단하게 결합되어야 한다고 주장하였다. 이와 같은 규모의 문화-대중 행사를 개최하기까지는 한국 정부 및 한국기업들의 지원도 있었지만 지역사회의 도움도 굉장히 중요했을 것이다. 우리 고려인들이 지역사회와 밀착되어 전통문화 행사에도 많은 지원과 지지를 받는 모습을 보니 다시 그들의 뛰어난 사회적동화 능력과 경제, 사회활동 능력이 이주, 재이산의 어려움을 극복할 수 있게 해주지 않았나 생각한다. 페스티벌 동안에 한국 전통음식 박람회가 있었고 또한 한국전통의상인 한복의 전시가 이루어졌다. 축제의 풍미는 전과 마찬가지로 한국과 우크라이나에서 온 단체들의 참여로 이루어진 축하 갈라 콘서트였다.

(4) 크리보이 '코레야다'

1년 후 2011년 9월 노동자의 도시 크리보이 로그에서 16번째 "코레야다"가 개최되었다. 크리보이 로그는 우크라이나에서 인구수로 8번째로 큰 도시이고 경제, 학문, 문화의 중심지이며 교통의 요충지이다.

전(全)우크라이나 고려인협회가 조직한 페스티벌에 참석한 귀빈들로 주 우크라이나 한국대사관의 영사와 우크라이나 한국 대표의 참사-공사, 전러시아고려인협회 대표, 우크라이나 소수민족 위원회 대표, 크리보이-로그 시의회 지도자들이 참석했다.

페스티벌 참가자들은 능수능란하게 수를 놓고, 깃털로 그림을 만들고, 그림을 그리고 전통음식을 요리하는 능력을 보여주었고, 노래와 춤 공연과 더불어, 시낭송회도 있었다. 이런 열정들이 있었기에 낯선 곳에서 오랜 세월을 살면서 고려인들은 자신의 역사적 조국과 언어, 전통예술에 대한 사랑을 지켜올 수 있었다.

(5) 하리코프 코레야다

한국 대사관의 지원을 받아 해마다 전(全)우크라이나 한국문화페스티벌을 조직하면서 전(全)우크라이나 고려인협회는 18번째 "코레야다"의 개최지로 하리코프를 선정했다. 자신의 장기를 보여주기 위해 가

무단, 보컬리스트, 한국대중음악 그룹 등을 포함하는 수백 명의 동포들이 공화국 14개 지역에서 2013년 10월 이곳에 도착했다. 서울에서도 손님이 방문했다. 전(全)우크라이나 고려인협회 강정식 회장은 페스티벌의 개최를 선언하면서 "코레야다"의 목표가 우크라이나에서의 한국문화의 부흥과 활성화라고 말했다. 그는 최근 몇 해 동안 자신의 뿌리와 한국 전통, 생활습관, 언어에 대한 동포들의 관심이 늘어가고 있고 또한 한국문화에 대한 우크라이나인들의 관심이 커지는 것을 기쁜 마음으로 언급했다.

페스티벌은 이틀 동안 계속되었고 하리코프 사람들이 매우 좋아하였고, 참가자들도 더 큰 만족을 얻어갔다. 그들 중 많은 이들이 상장과 상패를 받았다. 예를 들어 노래와 안무를 보여준 에프파토리야에서 온 그룹 "코레아나"는 그들이 창작한 작품을 자신 있게 보여줬다. 타티야나 김의 공연에서는 한국어 노래가 울려 퍼졌다. 블라디미르 리는 클래식 기타로 음악작품을 연주했다. 안나 졸로타레바와 아나스타시야 구니치, 마리야 히르스가 속해있는 댄스 그룹은 한국민속무용을 공연했다. 페스티벌 참가자의 대부분들과 마찬가지로 에프파토리야인들은 지금까지 하리코프 페스티벌에 대한 앙콜을 받고 있는데 이는 그들이 한국문화에 깊이 침잠되는 것에 성공했기 때문이다.

(6) 19번째 드네프로페트롭스크 코레야다

전(全)우크라이나 고려인협회 드네프로페트롭스크 분과 표트르 박 회장은 '페스티벌의 장소와 날짜는 일반적으로 개최 1년 전에 결정되지만, 나라에 어려운 상황이 있어서 이 문제가 여름 중반까지도 결정되지 못한 채 있다'고 통보하였다. 그러나 중요한 결정을 내린 후에도 수락하는 입장에서 장소 대여와 같은 행사조직의 문제가 적지 않게 발생했다. 시청에서는 오랫동안 "선의"를 보이지 않았고 주변 환경이 불안했기 때문에 갑자기 무슨 일이 생길 것을 두려워했다. 준비할 시간 역시 아주 적었지만 다행히도 해결할 수 있었다. 많은 수의 손님들의 추천에 따라 행사주체들이 꾸려졌고 페스티벌을 기본인 수준에서 진행할 수 있었다. 여기에는 디아스포라 활동가인 니콜라이 전과 스타니슬라브 전 형제와 천선명, 그리고리 글로바, 자원봉사자들의 공이 적지 않았다. 다들 아침부터 저녁 늦게까지 긴장을 늦추지 않고 제 임무를 다한 덕분에 축제는 무사히 진행될 수 있었다.

표트르 김 자신도 어려움을 겪었다. 그는 사소한 일 하나하나를 자세히 살폈고 대중매체에 몇 번이나 출연하여 한국문화에 대해 소개하며 지역 거주자들을 축제에 초대했다.

"코레야다"는 올레스 곤차르 드네프로페트롭스크대학 학생궁전에서 개최되었는데 우크라이나 전역의 고려인공동체 구성원들과 한국에서 온 전문 공연가들이 참석하여 위대한 문화를 향한 잊을 수 없는 친선의 감정을 관객들에게 선물했다. 이는 한국 예술가들의 그림 전시가 열린 로비에서 이미 시작되었다. 한국의 상징인 호랑이가 특히 시선을 끌었는데 이 호랑이는 비단실로 자수되어 있었기 때문에 전혀 무섭지 않고 오히려 부드럽게 느껴졌다. 많은 사람들이 호랑이와 사진을 촬영하고 싶어 했다. 비단실로 수를 놓는 독특한 기술 이외에 비단에 깃털을 붙여서 만든 그림들도 있었다.

장기판과 장기말의 전시도 방문객의 관심을 끌었다. 서양장기와 두는 방식이 다른 이 장기에 사람들은 흥미로와 했다.

한국의 전통 토기도 역시 특별했다. 박의 껍질로 만들어진 바가지는 그들에게 정말 신기한 도구였다.

19번째 "코레야다"는 우크라이나 거주 고려인들뿐 아니라 다른 민족 구성원들도 모이게 했다는 점에서 고려인들의 원활한 민족 간 소통을 엿볼 수 있었다. 페스티벌에는 많은 민족 지도자들이 참석했다.

가장 흥미로운 사건은 한국 전통무용과 노래 공연대회가 열린 학생궁전에서 일어났다. 주 우크라이나 한국대사 설경훈과 전(全)우크라이나 고려인협회 대표 강정식, 드네프로페드롭스크 고려인 지도자 표트르 박이 포함된 심사위원들이 공연을 평가했다.

하리코프 "코레야다"에서와 마찬가지로, 그랑프리를 수상한 키예프 공연단 "도라지"를 포함하여 무용공연이 정말 훌륭했다. 1등은 오데사에서 온 보컬리스트 아파나시 김이, 2등은 3곡을 연주한 드네프로페트롭스크 고려인단체 "아사달"의 보컬-연주 공연단 "NASSA"가 차지했다. 동메달은 한국 민요를 심사위원과 관객의 가슴을 파고드는 공연으로 감동시킨 크리보이 로그의 다나와 발레리 박의 듀엣이 수상했다.

"코레야다"의 승자는 상장과 상품을 수여받았다. 이에 앞서 표트르 박을 포함하여 전(全)우크라이나 고려인조직 지역분과의 적극적 활동가들에게 유익한 사회활동에 대해 포상하는 성대한 시상식이 있었다.

- 드네프로페트롭스크의 "코레야다" 대단히 훌륭한 행사이고, 공연은 매우 인상적이고 화려했다고 페스티벌에 참석한 우크라이나의 한국 편집국 "무궁화"의 직원인 키예프인 알라 두베네쯔가 감탄하였다.

전화 인터뷰를 통해 강정식도 같은 의견을 보였다.

드네프로페트롭스크인들이 키예프에 뒤지지 않게 행사를 잘 조직했다는 칭찬과 더불어, 전(全)우크라이나고려인협회 대표는, 다음 20번째 기념 "코레야다"는 2016년 9월 15일 오데사에서 개최할 것을 선포하였다.

(7) 오데사 코레야다

오데사 영화관 베라 홀로도바 예술 센터에서 진행된 제20회 "코레야다"는 우크라이나 고려인, 우크라이나 모든 국민의 문화생활에서 두드러지는 사건이 되었다. 페스티벌은 지방정부와 의용병단, 우크라이나 주재 한국 대사관, 전우크라이나 고려인협회회의 지원을 받아 조직되었다. "코레야다"에는 오데사, 키예프, 하리코프, 드네프르, 니콜라예프, 스카돕스크, 헤르손, 크리비 로그 출신의 고려인들과 한국 귀빈들이 참가했다. 홀의 통로까지 가득 메운 많은 관객들은 더 가까이에서 한국의 역사와 전통, 민속 의상에 대해 알 수 있었고 동양의 지혜와 서구의 기술력을 결합한 한민족의 정신력과 단결심을 느낄 수 있었다.

"코레야다"는 전우크라이나 고려인협회회 회장 강정식(Кан Ден Сик)의 개회사와 함께 막이 올랐다. 그리고 우크라이나 주재 한국 임시전권대사 이양구(Ли Ян Гу), 주(州)국가행정국 국장 류드밀라 랴자노바, 오데사 시 부시장 파벨 부겔리만의 축사가 이어졌다. 다음에는 한국과 우크라이나 국가가 연주되었다. 키예프 출신의 유명한 앙상블 "투로디(Туроди)"가 가장 처음 콘서트 무대에 올라 힘찬 드림 쇼와 정적인 춤을 선보였다. 동시에 4명의 연주자가 미소를 짓고 우아한 포즈를 취하면서 강렬한 리듬에 맞춰 전통 타악기를 연주했다. 서울에서 온 군무(群舞)의 무용수들은 일부 멋진 춤의 제목을 알려 주었다. 홀에는 "백만 송이 장미"가 한국어로 두 차례나 울려 퍼졌는데 이는 일정에는 없는 것이었다. 한번은 하리코프 출신 어린 체조선수가 출현했을 때였고 또 한 번은 다른 어린 선수가 재능을 선보일 때였다. 드네프르(최근에 드네프로페트롭스크로 개명) 출신 크리스티나 김은 우크라이나 전통 가요 "붉은 회향 풀(Червона рута)"을 부른 뒤 한국 민요를 감정을 실어 불렀다. 마침 페스티벌에서는 즐겁고 도전적인 우크라이나 춤에 맞추어 지역 아마추어 무용단이 춤을 추고 있었고 우크라이나 노랫가락이 흐르고 있었다. 다음에는 짧게 우크라이나 벽지의 여러 도시에서 온 고려인의 창작품을 관람했다. 이어서 한국 전통 및 현대문화의 여러 분야에서 활동하고 있는 단체들, 음악가들, 보컬리스트들, 무용수들이 출연했다. 한복을 입은 무용수들이 한국 무용을 선보였다. 장구, 부채, 리본, 검을 가지고 춤을 췄다. 한국 전통 악기에 맞추어 한국 전통 음악이 흘러나왔다. 현악기 가야금, 거문고, 해금, 관악기 젓대 혹은 대금 그리고 바라, 심벌즈, 나팔 등이 내는 가락이었다. 여러 시대의 음악 연주 이외에 고려인 디아스포라 대표들은 시조를 낭송했다. 성악 부문에서는 전통 서정 민요와 현대 대중가요를 불렀다. 페스티벌은 황금색 별을 흩뿌리면서 페스티벌 우승자들에게 상과 우승컵을 수상하는 행사로 끝을 맺었다. 니콜라예프 시 출신의 이네사와 빅토리아가 대상을 수상했다. 최우수상은 오데사 출신의 가수 발레리 박이, 우수상은 상술한 가수 크리스티나 김이, 장려상은 하리코프 출신 체조선수 베로니카 강이 수상했다.

오데사에서 개최된 제20회 "코레야다"는 아주 성공적이었다. 일차적으로는 페스티벌을 잘 조직했기 때문에 얻어진 성공이었지만 페스티벌 감독 알렉산드라 김의 뛰어난 수행력과 직업 의식도 큰 역할을 했다. 제21차 전우크라이나 고려인문화페스티벌은 2017년 5월 키예프에서 개최되는데 고려인 이주 80주년 기념식과 우크라이나와 한국 외교교류 시작 25주년 기념식이 같이 수행될 것이다.

2. 크림반도의 고려인

1) 크림반도의 개관

흑해에는 호머가 언급했던 아름답고 장엄한 반도가 있다. 시선을 끄는 산과 숲의 아름다운 풍광, 광활하고 풍요로운 스텝, 편안히 휴양할 수 있는 남쪽 해안, 작은 만들, 바다로 향하는 창인 도시들 중 가장 큰 도시이면서 세계에서 해군 함대들을 위한 가장 적합한 항구인 영웅도시 세바스토폴, 지난 세기들의 수많은 궁전들, 수백만 명의 관광객들이 매년 구경하러 오는 먼 고대의 유물들, 풍부한 동물군, 이것들을 보러 오는 매년 수백만 명에 이르는 관광객들 – 이 모든 것이 천혜의 아름다움을 지닌 크림반도를 설명하는 용어들이다. 이 모든 것은 크림반도 주민들에게 커다란 자부심이 되고 있다.

역사적으로 크림반도는 15세기부터 18세기까지 크림 칸국의 지배를 받아오다 1783년 러시아 제국에 편입되었다. 1917년 러시아혁명 이후 러시아소비에트연방사회주의공화국에 포함되어 소련의 일원이 되었다. 1954년 러시아소비에트연방사회주의공화국에서 우크라이나소비에트 사회주의공화국으로 이양되었다. 1991년 소련이 붕괴되고 우크라이나가 독립하자, 크림반도는 독립한 우크라이나의 영토가 되어 크림자치공화국이 수립되었다.

　2014년 우크라이나 사태 당시 친(親)러시아 성향이 강한 크림자치공화국은 친(親)서방 정책을 취하는 키예프의 우크라이나 과도 정부에 반발하였다. 결국 2014년 3월 11일에 크림 지방 정부는 크림 공화국으로 독립을 결의했다. 그리고 2014년 3월 16일에 크림 공화국 내에서 크림 반도의 러시아 귀속을 위한 주민투표가 진행되었다. 여기에서 96% 이상의 유권자들이 러시아와 통합하는데 찬성표를 던졌다. 결국 자치공화국 의회는 독립을 선언하고 모스크바에 공화국을 연방의 새로운 주체로서 러시아의 일원으로 받아들여 달라고 제안하였다. 3월 17일 러시아연방 대통령 블라디미르 푸틴은 크림공화국이 독립된 주권국가임을 승인하고 세바스토폴의 특별 지위를 승인하는 명령서에 서명하였다. 3월 18일 중대한 역사적 사건이 일어났다. 블라디미르 푸틴 러시아 대통령과 세르게이 악쇼노프 크림 공화국 총리, 블라디미르 콘스탄티노프 크림 공화국 최고회의 의장, 알렉세이 찰리 세바스토폴 시장이 러시아-크림 공화국 합병 조약에 서명하였다. 3월 21일에는 러시아 상원이 크림 반도 합병 조약 비준과 관련법 개정안을 통과시킨 데 이어 블라디미르 푸틴 러시아 대통령이 최종 서명함으로써 크림 반도가 러시아의 행정 구역으로 편입되는 법적인 절차는 마무리되었다. 완전한 합병은 2015년 1월 1일에 완료되었다. 그러나 우크라이나를 포함한 국제사회는 대부분 러시아의 크림 반도 합병을 인정하지 않고 있어 정치적 환경은 아직 불안한 상태이다.

2) 크림반도의 고려사람

크림반도에는 175개 민족들이 평화롭고 조화롭게 살고 있다. 러시아인, 우크라이나인, 크림 타타르인, 벨라루시인, 아르메니아인, 아제르바이잔인, 우즈베크인, 몰다비아인, 유태인, 그리스인, 폴란드인, 불가리아인, 터키인, 독일인, 카라이트인, 크림인 등등. 그리고 이 안에는 고려사람들도 있다. 여러 세기 동안 한인은 몽골, 중국, 일본인의 지배를 받았다. 끝없는 내란, 전쟁, 기아로 인해 한인 일부는 타향에서 자신들의 피난처를 찾아야 했다. 그들 중 몇몇은 크림 땅으로 갔다. 크림지역 민족 구성 인구조사 데이터에 따르면 고려인 수는 1926년에 총 13명이었던 것이 1979년에는 1,535명, 1989년에 2,423명이었다. 2001년 12월에 실시된 인구조사에 따르면 크림 자치공화국에는 2,870명의 고려인이 살았고 현재 5천 명 가량 된다.

그런데, 운명적인 역사적 국민투표에서 대부분의 크림 주민들과 마찬가지로 실제 모든 고려인들 역시 오랫동안 기다려온 고려사람의 조국 러시아로의 재통합에 찬성표를 던졌다. 이제 크림반도의 고려인들은 우크라이나의 고려인에서 러시아의 고려인으로 변했다.

3) 크림고려인협회 '고려'

(1) '고려'의 창립과 조직

크림고려인협회 '고려'는 1995년 3월 창립되었다. 창립 당시 '고려'는 크림반도에 거주하는 고려인들의 3분의 1이 가입한 가장 큰 디아스포라협회가 되었고, 우크라이나에서 가장 활발한 협회 중 하나라는 명성을 얻었다.

크림반도의 각 지역에는 지역별 고려인협회들이 조직되었다. 즉 심페로폴, 잔코, 예브파토리야, 크라스노페레콥스크, 세바스토폴, 페오도시야, 얄타 시를 포함해서 잔코이스크, 크라스노그바르데이스크, 키로브스크, 레닌스크, 페르보마이스크, 심페로폴스크, 소베트스크 지역과 같은 공화국 15개 지역에서 주요 협회들이 조직되어 활동하고 있다.

당초 크림고려인협회 '고려'는 우크라이나와 크림 공화국 민족 간 친목 기금 협회의 구성원으로 창립되었다. 협회의 주요 과제는 크림에서 민족 간의 협력강화 촉진이었다. 여기에 더하여 우크라이나와 두 한국 정부(북한과 남한) 간의 경제, 무역, 문화, 학문적 관계발전을 중요한 과제로 삼았다.

크림고려인협회 '고려'의 창립과 조직에는 창립 당시부터 회장을 맡고 있는 블라디미르 김의 역할이 컸다.

(2) '고려'의 활동 – 크림고려인의 민족발전프로그램

크림고려인협회 '고려'는 창립 직후 크림고려인의 민족발전프로그램을 만들었다. 이 프로그램은 역사 정보수집과 고려인이 크림반도로 이민한 원인 분석, 고려인의 인구통계학적 연구와 사회학적 여론조사

의 실행, 정부와 지방 자치 기관들 내의 고려인 대표부에 관한 문제 연구를 고려하여 만들어졌다.

잔코이, 예브파토리야, 크라스노페레콥스크시, 심페로폴시에서 교육 프로그램의 틀에서 모국어, 고려인 역사, 민족 문화 전통과 의례에 관한 연구를 위해 일요학교가 조직되었다. 현재까지 활발히 활동하고 있는 일요학교에도 문제점은 있다. 무엇보다 유능한 한국어 교사들이 부족하다.

모든 지방 고려인협회들에는 아마추어 예술단체들이 창설되었다. 이 단체들은 민족문화페스티벌에 활발하게 참여하고 있다. 예를 들면 크라스노페레콥스크시의 고려인 앙상블은 각종 페스티벌에서 많은 수상을 한 경력을 가지고 있다. 크림고려인협회 '고려' 산하의 여러 단체들은 매년 자선콘서트를 열고 있다. 그중에서도 민족 축제는 매우 재미있고 즐겁게 행해진다. 가장 중요한 축제는 음력 새해맞이 '어린이날' 축제이다. 치러지는 행사의 자금은 크림자치공화국의 민족성과 '강제로 추방된 민족문제 공화국위원회'를 통해 공화국 예산으로, 또한 회비와 스폰서 자금의 지원으로 만들어지고 있다.

협회는 공화국의 민족 문화 단체에 의해서 실시되고 있는 모든 합동 행사에 적극적으로 참여하고 있다. 예를 들면 크림-타타르의 축제 '히디를레즈'와 '데르비자', 아르메니아 축제인 '바르다바르' 또는 '엘레프테리야 2012'가 있으며 그리스 공동체 10주년 기념행사가 있다. 물론 크림 자치공화국의 날(1월 20일), 즉 크림반도 전체 주민의 축제에 폭넓게 참여하고 있다.

크림고려인협회 '고려'는 모스크바, 페테르부르크, 타쉬켄트, 알마-아타의 고려인문화센터는 물론 대한민국 출신 종교선교단 대표자들과도 긴밀한 관계를 맺으며 협력하고 있다. 대한민국 대사관과도 좋은 관계를 유지하고 있다.

(3) 예브파토리야 고려인협회

크림고려인협회 '고려'의 활동과 지방조직의 활동을 살펴보기 위해서 크림반도의 작은 도시 예브파토리야에 조직된 고려인협회를 살펴볼 필요가 있다.

인구 114,000명이 살고 있는 휴양도시인 예파토리야에는 2005년에 민족문화단체 '코레아나'가 조직되었다. '코레아나'에 통합된 고려인은 모두 120 가구에 지나지 않는다. 그러나 작지만 용감하다는 말은 괜한 말이 아니다. 제1학교 교사 플로리다 강의 불굴의 에너지, 뛰어난 조직력 때문에 새로운 사회단체는 예브파토리야 인 사이에서 큰 권위를 빠르게 획득했다.

'코레아나'는 토요일마다 성인은 물론이고 2학년에서 9학년까지의 아이들도 다니는 주말학교를 통해 모국어 연구, 전통문화와 관습을

가르치고 있다. 또한 '코레아나'는 도시 전체의 행사에 참여하며 거기서
아동 보컬 앙상블, 그 외의 아마추어 예술인들이 한국 민요를 성공적으
로 도시민들에게 알려내고 있다.

도시에서 시민들은 물론이고 정부도 고려인들을 존중한다. 시집행
위원회의 원조로 2010년 2월에 예브파토리야시의 고려인단체 '코레아
나'의 창설 5주년을 기념하는 '고려인문화의 날'이 폭넓게 실행되어 오
랫동안 주민들의 기억에 남았다. 행사 전날 시장인 A.П. 다닐렌코가
이런 결정에 서명했으며 필요한 자본을 배당했다. '고려인문화의 날'이
시작되는 2월 12일에 <칼라미트> 라디오에서 "우리는 크림인들이다."
라는 주제로 음력 새해인 고려인 민족축제 <어린이날>의 전통에 대한
방송이 진행되었다. 2월 13일에 본 축제가 열렸다. 제1학교에서는 한국
어와 문화공개수업이 진행되었다. 극장 <콜리제이>에서는 한국영화가
상영되었다. 도시에는 "예브파토리야 고려인 디아스포라 '코레아나' -

5주년" 사진전과 "우리가 한국에 대해 알고 있는 것" 전시회가 열렸다. 한국에서 온 한국어 교사, 자원봉사자이면서 작가이자 시인인 김형효와의 만남도 이루어졌다. 디아스포라 활동가들이 장난감 대여실에서 민족 게임을 선보였다. 2주 동안 계속된 "고려인문화의 날"은 보통 도시의 성대한 행사가 진행되는 로조보이 잘(장미관)이라고 하는 곳에서 '코레아나' 기념일 축하 콘서트와 한민족 요리 시식회로 마무리 되었다.

4) 크림반도의 러시아 편입 이후

2014년 주민투표에 의해 공식적으로 2015년부터 크림반도가 러시아의 영토로 편입된 이후 크림반도의 고려인 디아스포라도 변화를 맞이했다. 러시아로 편입된 새로운 환경 속에서 크림고려인협회 '고려'도 재조직화의 길을 걷고 있다.

우선 크림공화국 도시들과 지역들에서 《고려》의 주요 지부들 대신 고려인민족문화자치회가 설립되고 있다. 잔코와 심페로폴에서는 이미 창립회의가 실시되었고 사법기관에 각각 등록을 하였다. 잔코에서는 유명한 사업가인 드미트리 장이 고려인민족문화자치회를 이끌고 있고, 심페로폴에서는 자신들의 지도자로 젊지만 이미 훌륭한 조직가로 판명된 크림경제경영대학의 학생인 알렉세이 김을 선출하였다. 가까운 장래에 창립회의와 유사한 회의들이 다른 지역들에서도 개최될 것이다. 2015년 가을에는 향후 전러시아고려인연합회(OOK)의 일원으로 가입할 공화국협회를 조직할 계획이다. 협회는 자신들의 주요한 과제를 다음과 같이 규정했다. "크림과 두 한국 정부 사이에 경제적, 상업적, 문화적 그리고 학술적 관계의 발전을 촉진시키는 것과 크림에서 여러 인종들 사이의 협력의 강화를 촉진시키는 것"

2015년 3월에 크림공화국과 러시아연방의 다른 많은 지역들은 크림반도의 주민들이 공화국을 우크라이나에서 빼어내어 러시아로 통합시키자는 의사를 표시한 국민투표일 1주년을 널리 기념했다. 여러 곳에서 큰 행사들이 개최되었다. 기념일은 진정 전체 주민들의 행사가 되었다. 크림반도의 고려인들도 이 행사에 가장 열정적으로 참여했다. 물론 이행 과정에서 많은 어려움과 문제도 있었다. 문제는 오랜 기간 동안 지역에 관심을 기울이지 않고 지역의 발전에 관심이 없었던 우크라이나 정부가 남긴 유산이었다. 또한 지금까지도 교통의 봉쇄, 전기와 물의 공급 차단 등의 여러 가지 통합방해 정책이 실행되고 있다. 그러나 낙관적이고 근면하며 자신감이 넘치는 크림 사람들과 크림의 고려인들은 러시아가 곧바로 새로 연방에 편입된 지역에 도움의 손길을 주는 것보다 더욱 노력하고 있다. 이미 사회경제적으로 가장 시급한 과제로 결정되어 막대한 양의 연방 예산이 투입되는 케르첸스키 해협을 지나는 교량의 건설 계획이 준비되어 진행되고 있다.

5) 크림반도의 고려인 인물

◎ 빨치산 안톤 김(Антон Ким) 가족

대조국전쟁(제2차 세계대전) 당시 수많은 소련의 고려인들이 독일 침략자들에 맞서 소련을 방어하는데 참가했다. 크림반도에도 전쟁에 참여한 고려인들이 있다. 이들 중 가장 유명한 이들이 전쟁 시기에 악-쉐이흐크(현 라즈돌넨스크) 지역에 살았던 빨치산이며 지하운동가인 안톤 김의 가족이다.

　김씨 일가는 라즈돌노예에서 독일 권력층의 파괴를 위해 많은 일을 했다. 안톤 김의 형인 알렉산드르 김은 지역의 지하 그룹의 지도자였고 아내 안나 페트로브나와 어머니 예카테리나 황이 그를 도왔다. 두 남자 형제는 전선으로 떠났다. 지하운동가이며 공산당청년당원인 동생 안톤 김은 조국의 임무를 완수했다. 카르키니츠키 만을 배를 타고 건넜고 정찰자료를 본부로 전달했으며 무기와 탄약을 싣고 돌아갔다. 1944년 2월 28일에 안톤 김은 파괴암해작전 그룹 '스파르타크'의 지휘자로 활약하며 정찰병을 구하면서 토벌대원들의 관심을 자신에게 돌렸고 군사임무를 수행하면서 죽었다. 파시스트들은 어머니에게 죽은 아들을 건네주었다. 그러나 그녀에게는 이런 시련을 견디고 이 사람은 아들이 아니라고 대답할 의지력이 충분했다. 독일헌병대가 안톤 시신에 대한 신원을 확인할 때 어머니와 형에게서 안톤 시신이라는 대답을 얻어내지 못했음에도 불구하고 헌병들은 알렉산드르를 총살시켰고 시신을 우물에 던져버렸다. 어머니는 네 아들이 정당한 일을 하도록 가르쳤다. 네 명의 아들, 알렉세이, 안드레이, 알렉산드르, 안톤은 승전을 위해 자신의 생명을 바쳤다.

　빨치산 안톤 김을 기리기 위해 지역의 몇 몇 마을 거리에 그의 이름이 붙여졌다.

◎ 블라디미르 알렉산드로비치 김
(Владимир Александрович Ким)

　크림 자치공화국 민족 간 관계와 외국으로 추방된 민족 문제 위원회 (반도 디아스포라를 감독함)에서 밝혔던 것처럼 자치공화국 자체에서

고려인은 우수한 그룹 안에 들어간다. 1995년에 창립된 크림고려인협회 회장은 크림 출신의 블라디미르 알렉산드로비치 김)이다.

블라지미르 알렉산드로비치 김은 크림에서 태어났고 중등학교를 우수한 성적으로 졸업했으며 군대에 복무하고 프룬제 심페로폴 국립 대학교에서 고등경제교육을 받았다. 심페로폴 시의 주식회사 <링-빅>과 <아펙 크림>사의 과장이었으며 회사 <벨라>과 개인 회사 <티아레 – 씨>의 이사 자리를 맡았다. 그런 다음 심페로폴 시의 키예프 지방소비에트 집행위원회 책임자로 있었다.

그는 최근 몇 년간은 크림의 도시들과 지방들에서 공인된 주권을 인정받은 심페로폴 지방정부의 수석 부의장 직을 맡아서 열정적이고 책임감 있게 일하여 사람들에게 좋은 평판을 받았다. 그는 같은 뜻을 가진 사람들을 선별하고 결합시켜 그들을 효과적인 사업에 동원할 수 있었다.

재통합 이후 크림반도의 정치적 삶도 실제로 변화되었다. 러시아 정당의 지역 지부들이 생겨났는데, 그 중에는 최근 주민들 사이에서 큰 지지를 획득한 '러시아 애국자당'도 있다. 그런데 이 당의 크림지역 지부의 지도자로 2015년에 크림고려인협회의 회장인 블라디미르 김이 선출되었다. 이렇듯 고려인 디아스포라의 지도자가 이제는 심지어 당의 지도자가 되기에까지 이르렀다. 그러나 블라디미르 김은 성공적으로 수행하였다. 각기 다른 연령대와 직업, 사회적 그룹을 대표하는 약 3천 명에 이르는 당원들이 가입한 20여개의 지방 지부가 이미 결성되었다.

크림반도에서 '러시아 애국자당'의 과제가 무엇이고, 어떠한 프로그램을 가지고 있는지, 그리고 그 과정에서 크림의 고려인 디아스포라는 어떤 변화를 가지게 될 것인지에 대해 블라디미르 김은 다음과 같이 말했다.

"러시아 전체에서 우리 당원 수는 이미 8만 명이 넘었다. 당의 모토는 '애국심, 정의, 민족주의 척결!'이다. 당의 주요 목표는 – 러시아의 번영이다. 당의 프로그램에 쓰여진 바와 같이, 지난 10년간 러시아를 실질적으로 독립적인 강력한 국가로 회복시키기 위한 특별한 조치들을 취해 왔다. 그리고 2014년 3월 러시아연방은 역사적 분수령을 건넜다 – 크림공화국과 영웅도시 세바스토폴이 러시아로 재통합된 것이다.

또한 러시아인들의 생활수준에서 부분적으로 긍정적인 변화가 눈에 띄게 나타났다. 그것은 보다 개방적인 정치체제와 보다 성숙한 시민사회가 정착되었다는 것이고, 경제적 성장의 관점에서 심각한 사회 문제들을 해결하기 위한 어떤 발걸음을 내딛고 있다는 점이다. 이와 함께 러시아에는 여전히 천연자원 및 기타 국가자원의 활용하는데 있어 불평등한 분배가 남아있고, 거대한 사회 계층화와 높은 수준의 부패가 남아있다. 거의 대부분의 국민들은 국가가 어느 방향으로 나아가는지, 20여 년 전에 소련이 붕괴되고 난 후 어떤 정부가 수립되었는지, 가까운 장래와 먼 미래에 우리는 어떤 종류의 사회에서 살게 될 것인지, 글로벌화된 지구촌에서 러시아연방은 어떤 위치를 차지할 것인지에 대해 전혀 모르고 있다.

러시아는 보다 나은 운명을 받아들일 권리가 있다. 러시아는 그것을 위해 온갖 고생을 해왔다. 그리고 주요하게는 러시아에는 강력하고 정력적인 발전과 세계 제1의 국가가 되기 위한 의미있는 돌파구를 마련할 가능성이 있다. 그것은 경제적인 가능성에서, 국민의 삶의 질과 수준에서, 개방적이고 민주적인 정치구조에서, 그리고 국가권력의 모든 부문과 수준에서 전문성과 애국심을 갖추는 부문에서 그렇다.

머지않은 미래에 러시아연방이 단지 가장 발전되고, 강력하고, 사회적으로 주도권을 가진 나라들 중 하나가 될 수 있을 뿐만 아니라, 전세계를 위해 새로운 이념적, 정치적, 경제적 전형을 만들어낼 것이라는 것은 의심의 여지가 없다. 이와 동시에 러시아에는 지켜낼 준비가 되어 있고 막아낼 방법이 있는 지정학적 이해관계가 있다는 것도 분명하다. 세계사회에 이러한 부분을 인식시켜가고 있다."

3. 벨라루시의 고려인

1) 벨라루시 개관

러시아, 우크라이나와 함께 슬라브인들이 세운 대표적 국가인 벨라루시는 1922년 소련에 편입되었다가 1991년 소련의 붕괴와 함께 독립하였다. 이후 러시아, 우크라이나와 함께 독립국가연합(СНГ)을 창설을 주도하였다. 수도는 민스크이다. 소련 시절 고려인들이 이주하여 살게 되었다. 몇몇 출판물에서는 벨라루시 고려인이 천 명 이상이라고 명시되어 있다. 하지만 지금 현재 정확히 알려진 수는 570명이다.

2) 선배 고려인으로 살펴본 벨라루시 고려인 연혁

벨라루시에는 이미 1930년대 말과 1940년대 초에 고려인들이 이주하여 거주하고 있었다. 하지만 본격적인 한인 디아스포라가 형성된 것은 제2차 세계대전이 끝난 후인 1950년대였다. 전쟁으로 파괴된 도시를 복구하기 위해 중앙아시아와 카자흐스탄에서 고려인들이 이주해왔다. 이들 중 대부분은 군인들이었지만, 당과 국가기관에 의해 파견된 초중등학교 졸업생들도 많이 있었다.

초기 벨라루시 고려인 사회를 대표하는 인물은 아래 세 사람을 꼽을 수 있다.

◎ 인노켄티 안드레예비치 박(Иннокентий Андреевич Пак)

벨라루시에 처음 온 고려인으로 알려진 인물은 인노켄티 안드레예비치 박이다. 그는 이르쿠츠크항공학교를 졸업하고 1934년에 벨라루시공화국 고멜시 공군습격부대에 배치를 받아 처음 벨라루시 땅을 밟았다. 1941년 제대하여 카자흐스탄 악튜빈스크로 송환되어 그곳 제1교육비행대대에서 상임 기술자로 일하면서 뛰어난 전문가로 상당한 인정을 받았다. 제2차 세계대전이 발발하자 그는 수차례에 걸쳐 전선으로 나가기를 요청하였다. 그러나 1943년에야 가서야 그는 다시 징집되어 장거리비행대에 들어갈 수 있었다. 인노겐티 박은 크라스노셀스키 비행부대 제29 친위대에서 폭격요원으로 참전했다. 그는 125번의 전투

비행을 했고 두 번 격추되었지만 다행히 살아남았다. 벨라루시, 우크라이나, 폴란드의 해방 전투에 참전했으며, 베를린를 폭격하는 전투에도 참전했다.

독일이 항복하고 난 후에는 극동으로 와서 일본 제국주의와의 전투에 비행대대 일원으로 참전했다. 1946년 제대한 후 민스크공항에서 20년 이상 항공기관사로 일했다. 전쟁 공로와 성실한 근무로 국가로부터 많은 훈장을 수여받았다. 1급과 2급 조국전쟁 훈장, 붉은 별, 노동붉은기, "명예" 훈장 등이 그의 가슴에 달렸다.

인노켄티 박은 민스크에서 아내내 예카테리나와 함께 살면서 아들 가라와 딸 타티야나를 낳아 길렀다. 그는 2010년에 100살 기념식을 3년 남겨두고 세상을 마감했다. 말년까지 고령의 나이에도 불구하고 고려인 디아스포라 행사에 적극적으로 참여했다.

◎ 레오니드 도우노비치 김(Леонид Доунович Ким)

레오니드 도우노비치 김은 벨라루시 체육계에 많은 공을 세운 트레이너이면서 사회활동가로 벨라루시 고려인협회 발기인 중 한사람이었다. 그의 노력 덕분에 벨라루시공화국 내의 고려인 디아스포라 인원수를 어느 정도 정확하게 파악할 수 있었다. 레오니드 김은 여러 해 동안 체육대학에서 체조학과의 학과장으로 일했고 고등스포츠기술 학교를 이끌었다. 노년에는 심근경색으로 힘든 트레이너를 할 수 없게 되자 올림픽예비 유소년학교로 옮겨 새싹들을 길러내는 일을 하였다.

그의 노동수첩에는 27개의 표창장이 있다. 많은 수의 상장 중에는 22회 올림픽 경기를 준비한 공로를 인정해 벨라루시 소비에트 사회주의공화국 최고소비에트가 수여한 공로장도 포함되어 있다. 그가 배출한 학생들 가운데에는 아크로바틱 뜀틀 선수로 구소련 챔피언이었던 알렉산드르 바질레프와 두 명의 올림픽 챔피언을 양성한 루간스크의 체조 트레이너 유리 크라치코프가 있다.

◎ 알렉세이 하리토노비치 김(Алексей Харитонович Ким)

벨라루시 종합기술대학의 전(前) 학장으로 이론역학과의 학과장이며 기술학박사였던 알렉세이 하리토노비치 김의 이름은 국내외에 널리 알려져 있다. 1940년대에 벨라루시로 이주해와 40여 년 동안 대학에서 학문과 교육에 종사했던 알렉세이 김은 자신이 고려인이라는 사실에 큰 자부심을 지니고 있었다. 그는 동료와 대학생들 사이에서 상당한 권위를 지녔다.

3) 벨라루시 고려인협회(АБК)

(1) 조직과 활동 그리고 교육

1980년대 중반부터 1990년대 초에 걸쳐 구소련의 사회정치생활에서 민주화와의 바람이 불어왔다. 특히 1991년 구소련이 붕괴된 이후 민족적 각성과 다양한 민족 그룹의 민족 문화 부흥의 과정이 시작되었고, 벨라루시에도 민족문화사회단체가 나타나기 시작했다. 이런 물결 속에서 1991년에 민스크에 벨라루시 고려인협회가 창설되었다. 처음에는 민스크의 시 단위 협회였지만, 1994년에 공식적으로 공화국 사회단체인 "벨라루시 고려인협회"로 등록하였다. 고려인협회 앞에는 협회를 중심으로 고려인를 단합시키고 고려인의 언어, 문화, 역사, 전통에 대한 적극적인 연구를 시작한다는 과제가 놓여졌다. 조직 초기부터 협회는 이 과제를 성공적으로 해결해 나갔다.

벨라루시 고려인협회는 고려인축제와 다양한 행사를 진행하고 있다. 또한 고려인협회는 각종 페스티벌과 벨라루시 공통의 여러 행사, 민스크시의 날에 적극적으로 참여하며 원로를 세심하게 살피고 학교, 고아원, 유치원 등에서 자선콘서트를 열기도 한다. 현재 국내외에 널리 알려진 댄스앙상블 "금강산"과 "아리랑"은 자선콘서트를 통해 고려인이 가장 평화를 사랑하고, 다른 민족의 문화와 전통을 존중할 줄 아는 민족 중 하나라는 것을 분명하게 보여주고 있다. 이런 활동의 결과 벨라루시 고려인협회는 벨라루시 정부의 표창장을 비롯하여 많은 상장을 받았다. 그 중에는 민족문화 발전에 수여하는 유네스코 특별상도 포함되어 있다.

벨라루시 고려인협회는 언어 교육에 가장 큰 관심을 기울여 왔다. 유감스럽게도 벨라루시 고려인의 대부분, 특히 젊은이들은 모국어인

한글을 알지 못한다. 그러므로 벨라루시 고려인협회의 가장 중요한 과제 중 하나는 동포들이 모국어를 공부하는 것이었다. 이런 목적으로 1993년에 고려인협회 부속 한국어교육을 위한 일요학교가 문을 열었다. 처음에는 사할린 출신으로 한국어를 구사할 수 있던 키미 리가 수업을 진행했다. 이후에는 전문적인 강사를 초빙해서 수업을 진행하고 있다. 협회 회장 키미 리는 학교의 교장으로 사회봉사 차원에서 모든 희망자들을 위해 무료수업을 하고 있다. 학생들의 수는 2013년 현재 198명이다.

비록 학생 수는 다소 불만족스럽지만 일요학교는 고려인협회와 벨라루시 고려인 디아스포라의 자랑이다. 고려인협회의 창립자 중 한 사람으로 협회의 회원 가운데 가장 연장자인 마리야 그리고리예브나 김은 거의 반세기 동안 교직에 근무한 공훈교사로 많은 존경을 받고 있다. 1949년부터 민스크에 거주한 그녀는 다음과 같이 얘기했다.

"우리 고려인들은 모국어, 민족문화, 전통 연구에 적극적으로 참여하면서 기뻐하고 있어요. 얼마나 만족해하면서 민요를 부르고 한국춤을 배우는지 몰라요." "벨라루시 안의 다른 민족들이 우리 문화에

대해 커다란 관심을 표하며 애정을 드러내요. 벨라루시 공화국 내에
서 고려인문화를 '이국적인 진주목걸이'라고 부르는 일은 기쁘죠."

그런데 벨라루시 고려인협회의 이러한 왕성한 활동에 대한민국 대
사관의 지원이 큰 도움이 되었다는 사실을 지적할 필요가 있다. 고려인
원로들을 위한 잔치상을 차리는 것에서부터 앙상블을 위한 의상 마련,
콘서트를 위한 장비 구입 나아가 휴가를 위해 교외로 여행을 갈 수 있
는 버스 대여에까지 협회가 주최하는 각종 행사의 수와 질은 재정상황
과 직접적으로 연관되어 있었다. 협회의 지도자들은 언제나 "어떻게 스
폰서의 지원을 받아 일을 진행할 수 있지?"를 고민했다. 물론 벨라루시
공화국 정부의 지원도 있었다. 예를 들면 벨라루시 내각의 종교민족문
제 전권위원기관에 분배된 예산으로 수차례 악기가 구입되었고 민족의
상이 마련되었다. 그러나 이것만으로는 불충분했다.

2007년에 민스크에 주벨라루시 대한민국대사관이 주재하게 된 이후
벨라루시 고려인의 문화생활은 눈에 띠게 활기를 되찾았다. 고려인협회
장 키미 리는 다음과 같이 말했다. "우리는 파티, 모임, 한국 명절과 관
련된 행사와 창작단체의 콘서트에 초대되었고 대사관의 초청으로 한국
에 다녀왔어요. 그 외에도 대사관을 통해 매년 고려인협회는 장학생 규
정에 따라 2명의 초중등학생과 2명의 대학생을 여름방학 프로그램으로
한국에 견학을 보내고 있어요. 그러나 가장 중요한 것은 2011년 말부터
대사관은 벨라루시 고려인협회의 사무실 대여비와 공공서비스 요금을
납부할 수 있는 기금을 고려인협회의 자선예산으로 책정했어요."

2012년 대사관의 지원으로 따라 고려인협회는 벨라루시공화국의
모든 지역을 방문해서 고려인 개개인에 관한 조사를 하였다. 목록이 만
들어지고 어떤 직업에 종사하고 있는지, 어떤 어려움이 있는지 등 고려

인 동포 개개인에 대한 조사가 이루어졌다. 고려인협회는 대한민국대사관의 영사와 공동으로 이 작업을 꼼꼼하게 진행하였다.

(2) 다른 지역 고려인들과의 교류

벨라루시 고려인협회는 구소련지역 고려인들이 조직한 여러 사회기관들과의 교류를 이어오고 있다. 특히 '김병화 자선기금'과는 긴밀한 관계를 맺고 있다. 몇 년 전 이 기금의 회장인 로베르트 김이 기금 직원들과 함께 민스크를 방문했다. 벨라루시 고려인협회의 회장과 '김병화 자선기금'의 회장은 러시아와 벨라루시 고려인 단체들의 사업에 대한 의견을 교환했다. 고려인협회 회장인 키미 리는 벨라루시의 고려인과 민스크에 살고 있는 가족들에 관해 이야기하고, 벨라루시 고려인협회에서 실행하는 행사들과 고려인의 민족문화 독창성의 부활과 지원을 위해 계획하고 사업에 대해 이야기했다. 그녀는 벨라루시에서 최근 10년간 A.G. 루카셴코 대통령의 보호 하에 사람들 간의 평화, 안전, 우호적인 관계를 지지하도록 하는 민족기관들(공화국 내에 140개의 민족 대표자들이 있으며 53개의 디아스포라가 활동하고 있다)이 활발하게 창설되고 있음을 만족감을 드러내며 언급했다.

로베르트 김은 민스크 방문을 기념하여 키미 리에게 김병화에 관한 책과 러시아 한국학을 다룬 일련의 출판물을 전달했다. 이에 벨라루시 고려인협회 회장이 기금에 "다민족의 벨라루시"라는 책을 선사했다.

회담이 진행되는 동안 민스크에서 이동사진전시회 "김병화: 문화상호협조"와 콘서트 개최에 대한 협약이 이루어졌다. 후에 이 전시회와 콘서트가 이루어졌다. 그 외에 기금 직원들은 디아스포라 원로들과도 만났다.

한편 이웃 나라들과의 교류를 강화하기 위해 고려인협회 회장은 벨라루시 친선 방문대표단에 포함되어 각국을 순회하고 있다. 최근에는 리투아니아, 라트비아, 폴란드, 우크라이나를 다녀왔다. 특히 에스토니아 탈린시에서 에스토니아-고려인문화협회 회장인 아리나 한과 회원들을 만나기도 했다. 이들은 서로 인사를 나누고 친분을 쌓으면서 경험을 나누었다. 탈린에서 원탁회의를 한 뒤 "러시아의 전당"에서 이들은 공동으로 콘서트를 개최하기도 했다.

(3) 역사적 조국인 한국과의 관계

벨라루시 고려인협회의 회원들은 1992년부터 정기적으로 서울을 방문하기 시작했다. 첫 방문은 "코레야다" 축하기념식이었다. 전 세계에서 초대된 한인 대표단들은 역사적 조국, 선조들의 땅을 방문하여 조국의 문화와 민족전통을 직접 눈으로 확인하고 배울 수 있었다. 1997년에는 벨라루시 고려인협회 회원 8명이 "코레야다"에 참석했다. 최근에 "코레야다"에 참가한 알렉산드르 아켄치츠 권은 다음과 같이 말하였다.

"대회에 가는 여행은 만족스러웠습니다. 그곳에서 다른 나라에서 온 대표단과 인사를 나눴는데 특히 우크라이나 고려인협회 회장인 알렉산드르 장과 그 외의 분들과 인사를 나눴어요. 우리는 음식 박물관으로 안내되었는데 특별한 음식박물관이 있었어요. 음식은 봄, 여름, 가을, 겨울, 계절별로 네 시즌으로 분리되어 있었어요. 첫 대면은 모두들 한복으로 갈아입는 일층에서 시작됩니다. 이층에는 기본적인 음식 콜렉션이 있습니다. 한국의 일상과 생활제도가 어떤지, 어떻게 만들어지는지 알 수 있었습니다. 3층에는 가장 뛰어난 요리사들이 민족음식을 우리와 함께 직접 만들었습니다. 우리는 고기요리와 김치를 만들었어요. 그런 다음 자신이 요리한 모든 것을 시식하는 거예요. 우린 기꺼운 마음으로 했죠. 서울시는 매우 마음에 들었어요. 아름다웠습니다. 특히 밤이 아름답고 깨끗하고 질서정연한 것에 놀랐습니다. 수백 장의 사진을 집으로 가지고 갔어요."

그 외에 벨라루시 고려인은 여성운동대회 코빈(KOVIN)과 지도자 포럼에 정기적으로 초대되고 있다.

4) 현재 벨라루시 고려인 사회를 이끄는 인물들

벨라루시 고려인협회 조직 초기 의학대학 부교수이던 세르게이 이바노비치 정이 협회를 이끌었다. 고려인 디아스포라에서 폭넓은 존경을 받고 있던 그는 초기부터 현재까지의 고려인 문화와 역사에 해박한 인물이었다. 협회의 2대 회장은 전직 군인으로 대성공을 거둔 사업가인 알리크 보리소비치 김이 맡았다.

2003년부터 현재까지 벨라루시 고려인협회 상임회장은 키미 이누예브나 리가 맡고 있다.

◎ 키미 이누예브나 리(Кими Инуевна Ри)

특출한 조직력을 갖춘 여성으로 에너지가 넘치고 능력이 있으며 게다가 매력적이기까지 한 키미 디누예브나 리는 2003년부터 현재까지 벨라루시 고려인협회의 상임회장을 맡고 있다. 사할린에서 태어난 그녀는 이바노프방직대학을 졸업한 후 1973년에 전공인 "재봉제품기술"에 따라 민스크시의 공화국 모델의 집으로 파견되었다. 1976년에 무역부에서 운영하는 도매편물제품기지로 옮겨 여기에서서 거의 20년간 상급 상품취급자로 일했다. 1995년 9월에 막 개업한 한국 회사 "대우 엘렉트로닉스"의 대리점 총괄 매니저가 되었다. 2001년에 대리점이 문을 닫고 빌뉴스 시로 옮기게 되자 그녀는 "벨코르 트레이드"라는 회사를 열어 2005년까지 일했다. 2013년 8월에 개인회사 "김 인베스트먼트"로 옮겨 지금까지 일하고 있다.

1994년부터 벨라루시 고려인협회에서 자원봉사활동을 하고 있으며 대중문화 분야를 맡아 아마추어예술단을 조직했다. 2003년 협회의 상임회장이 되어 의욕적으로 일을 하고 있다.

◎ 벨라루시 고려인협회 위원들

키미 리 회장을 도와 벨라루시 고려인협회를 운영하고 있는 협회 위원들에는 개인회사 "엘비라 김"의 설립자 엘비라 김, 과거 비행사였던 비칼리 박, 평생 사서로 일했던 무자 박, 피부미용과 의사이며 병원과장인 니나 김, 회사 디렉터이면서 앙상블 "금강산"의 예술감독인 올가 허가이 등이 있다.

◎ 알렉산드르 아켄치즈 권(Александр Акенчиц Квон)

알렉산드르 아켄치즈 권은 뛰어난 스포츠 선수이며 "TRAP" 자격으로 벨라루시 클레이사격 종합선수단의 일원으로 활동하고 있다. 1997년에 국립스코리나고멜대학교에서 체육교육학을 전공하여 우수한 성적으로 졸업했으며 2000년에는 민스크경영대학에서

법학을 전공했다. 2005년에는 벨라루시공화국 대통령 부속 아카데미에
서 경제매니지먼트를 전공했다. 2008년부터 주식회사 "메디아마그" 부
지배인으로 일하고 있는 그는 벨라루시 고려인 디아스포라에서 상당한
권위를 지니고 있다. 벨라루시 고려인협회의 여러 위원회 중 하나의 회장
이기도 하다.

　그는 개인 사이트를 운영하고 있다. 벨라루시 고려인협회에 관한 소
개를 포함한 수많은 기사와 동영상이 실려있는 그의 사이트는 화려하
고 아름다우며 질적으로 높은 수준을 지니고 있다. 그의 개인사이트는
모스크바 전러시아고려인연합회를 비롯해 많은 고려인 사이트 설립자
들의 부러움을 사고 있다.

4. 에스토니아의 고려인

1) 에스토니아 개관

라트비아, 리투아니아와 함께 발트 3국으로 일컬어지는 에스토니아는 1940년 소련에 편입되었다. 발트 3국은 비록 자발적으로 구소련에 들어간 것은 아니지만 러시아인과 구소련의 다른 주민들에게는 커다란 선물이었다. 세 개의 작은 공화국은 거대한 제국 안에서 독특한 풍광을 지닌 외국으로서의 위상을 유지했다. 에스토니아를 포함한 발트해의 3개 공화국은 깨끗하고 안락하며 예절바르고 아름답고 잘 보존된 고딕풍의 도시로서 시설이 잘 갖춰진 휴양소와 높은 생활수준을 지니고 있었다.

에스토니아는 질서가 있고 손질이 잘 되어 있었다. 일반식당에서도 맛있는 음식이 나와 사람들의 기분을 좋게 만들었다. 여름 시즌에는 아름다운 자연과 함께 북국의 특유한 현상인 백야를 즐길 수 있었다. 이

시기에는 거리에 조명도 필요가 없었고 밤늦게까지 바닷가 산책을 즐길 수 있었다. 5년에 한 번씩 열리는 유명한 페스티벌에는 매우 대중적인 에스토니아 노래와 춤이 관객들을 끌어들였다. 대규모의 화려하고 아름다운 축제는 수천 명의 합창이 부르는 민요로 끝나면서 관객들에게 잊을 수 없는 추억을 만들어 주었다.

1991년 구소련이 붕괴하면서 에스토니아는 다른 발트해 국가들과 함께 독립을 되찾았다. 뒤늦게 소련에 편입되었던 발트 3국은 구소련으로부터 독립한 국가들의 연합인 독립국가연합에 가입하지 않았다. 수도는 탈린이다.

에스토니아에 살고 있는 고려인은 수백 명에 이른다. 이들은 소련 시절과 구소련의 붕괴 후에 에스토니아로 이주해 왔다. 유능하고 근면하며 전문성을 갖춘 에스토니아의 고려인들은 대체로 현지에 잘 적응하고 있다. 비록 소수의 고려인들이 다른 민족들과 결혼하기도 했지만, 전체적으로는 동화되지 않고 민족 전통을 유지하고 있다. 에스토니아 고려인문화협회의 회장인 아리나 한은 다음과 같이 말했다.

"우리 각자는 자신의 뿌리인 민족의 관습을 알고 지켜야 해요. 동포들이 번성한다는 사실은 놀라울 것이 없어요. 고려인은 항상 여타의 어려움을 극복하고 사회에서 입지를 획득하는 능력이 유별났고 두드러져요. 바로 이런 점 때문에 우리 공화국에서 적지 않게 유명한 사업가들, 학자, 의사, 배우, 정치인, 정부의 지방 기관장, 스포츠선수들이 나올 수 있었던 거죠."

2) 에스토니아고려인문화협회의 조직과 활동

에스토니아는 구소련으로부터 독립한 이후 공화국 내 여러 민족들의 민족동일성 유지와 에스토니아 사회로의 통합을 목적으로 한 민족문화통합연맹인 "리라"를 창설했다. 여기에는 러시아인, 우크라이나인, 벨라루시인, 아르메니아인, 그루지아인, 투르크메이나인, 우즈베키스탄인, 중국인 심지어 나나이족과 앙골라인까지 포함하여 40개 이상의 민족들이 참가하고 있다.

고려인들도 역시 "리라"에 참가하고 있다. 1995년 "리라" 산하에 에스토니아고려인문화협회가 창립되었다.

에스토니아고려인문화협회는 에스토니아에 거주하는 고려인들의 중심으로 자리잡았다. 협회를 중심으로 고려인들은 힘을 합쳐 매년 민족 축제를 개최하고 있다. 무엇보다도 설날과 추석을 기념하고 있다. 그밖에 고려인 고유의 기념일들도 있다. 예를 들면 8월 15일 광복절을 기념하고, 아이들의 돎과 환갑에는 잔치를 벌인다. 잔치는 항상 재미있고 즐겁게 진행되어 참여자들의 기억 속에 오래도록 남는다. 대조국전쟁의 영웅인 로날드 페트로비치 최를 필두로 노인회가 적극적으로 운영되고 있다. 그들의 참여 없이는 단 하나의 축제도 열리지 못한다.

에스토니아 고려인들에게 한국어에 대한 관심도 높아지고 있다. 국가 지원으로 문화협회 산하에 한글 일요학교가 생겨났고 이곳에서 4세부터 20세에 이르는 수십 명의 학생들이 일주일에 한 번씩 한글을 배우고 있다. 수업은 문화협회의 회장인 아리나 한이 직접 진행하고 있다.

또한 에스토니아고려인문화협회 산하에는 댄스앙상블 <아리랑>이 이미 15년 동안 활동하고 있다. 여성 보컬그룹 <노래>도 창설되었다. 그룹의 대표곡은 고려인들이 특히 좋아하는 민요 "아리랑", "도라지" 등이다.

3) 에스토니아의 자랑이자 명예, <아리랑>

에스토니아 고려인문화협회 산하 댄스앙상블 <아리랑>은 고려인들에게 뿐만 아니라 에스토니아 공화국의 자랑이자 명예로 자리잡았다. <아리랑>은 에스토니아를 대표하여 폴란드, 핀란드, 라트비아, 그루지아, 스페인 등 세계 각지에서 열린 국제 페스티벌과 콩쿠르에 참여하여 수많은 상패들을 획득했다.

2007년 4월 모스크바에서 열린 국제 유소년 창작 페스티발 "열린 유럽"에 앙상블 <아리랑>은 에스토니아를 대표하여 참가했다. 이 페스티발은 유럽과 아시아 18개국에서 온 약 600개의 창작 단체가 참여한 국제페스티벌이었다. 앙상블 <아리랑>은 콩쿠르 프로그램, 시범 프로그램, 갈라 콘서트에 출연했다. 결국 이들은 "민속 춤" 분야에서 2위를 차지하여 상장, 트로피와 상품으로 녹음기를 들고 집으로 돌아왔다.

또한 2012년 8월 말에는 이탈리아에서 열린 제5회 국제민속페스티발 "브라시아노 캐슬"에 에스토니아 공화국을 대표하여 참가했다. 앙상블의 어린 댄서들은 4일 동안 매일 출연하여 춤을 추었다. 고려인 앙상블은 특이하고 화려하고 아름다운 춤으로 관객과 심사위원들의 마음을 사로잡았다. 결과는 일등이었다. 앙상블의 솔리스트인 알리나 구예브스카야(어린이 파트)와 발레리야 아르히포바(상급 파트)는 관객들로부터 아름다움, 우아함, 예술성에서 최고라는 찬사를 받으며 미스 페스티벌의 영예를 얻었다.

국제페스티벌 뿐만 아니라 지역, 시, 공화국 페스티벌에서 여러 번 수상을 한 <아리랑>은 에스토니아의 학교와 유치원들에서 정기적으로 자선공연을 하고 있다. <아리랑>은 20개 이상의 춤을 레퍼토리로 가지고 있다. 무엇보다도 한민족의 춤과 동양과 아시아 국가의 춤들이 포함

되어 있다. 댄서들은 항상 새롭고 아름다운 의상, 현대식 콘서트 장비, 악기들을 구비하고 있다. 헬싱키주재 대한민국대사관(탈린에는 영사관만 있다)과 <리라> 그리고 각 방면의 스폰서들이 <아리랑>을 후원하고 있다. 앙상블의 성공에는 무엇보다 지도자인 올가 김의 공이 컸다.

4) 에스토니아에 부는 태권도 사랑

세계적 규모로 볼 때 아주 작은 에스토니아지만 스포츠에서 탁월한 성과를 내고 있다. 특히 에스토니아에서는 태권도가 사랑받고 있다. 물론 에스토니아의 태권도는 북한이 종주국인 국제태권도연맹(ITF)의 태권도이다. 거의 모든 도시와 현에서 좋은 트레이너의 지도하에 수백 명의 선수들이 진지하게 태권도를 배우고 있다. 계승도 조직적으로 이루어지고 있다. 결과적으로 유럽선수권과 세계선수권를 비롯한 권위 있는 경기에서 에스토니아 태권도 선수들이 두각을 나타내고 있다. 에스토니아 태권도 종합선수단 저장고에는 2003년부터 받은 다양한 칭호의 메달이 60개 이상 저장되어 있다. 그중에는 2010년 한국의 경주에서 열린 16차 세계대회에서 받은 3개의 메달이 포함되어 있다.

2012년 8월에는 에스토니아의 수도 탈린에서 65개국 출신 937명의 선수들이 참여한 세계대회가 진행되었다. 원래 슬로바키아에서 개최되기로 했던 대회는 준비 미진으로 에스토니아에서 개최되었는데, 짧은 준비기간에도 불구하고 에스토니아는 대회를 훌륭하게 치러냈다. 그것은 고려인인 미하일 킬바르트가 회장으로 있는 에스토니아 태권도연맹 덕분에 가능했다.

5) 현재 에스토니아 고려인 사회를 이끄는 인물들

◎ 류드밀라 킬바르트 석(Людмила Кылварт Шек)

어문학박사인 류드밀라 킬바르트는 에스토니아공화국에서 유명한 사회활동가이다. 에너지가 넘치고 유능하며 소수민족의 이익에 대해 관심을 기울이는 조직자인 그녀는 다민족국가인 에스토니아의 민족동일성 유지와 에스토니아 사회로의 통합을 목적으로 민족문화통합연맹 <리라>을 창설했다. 아름다운 이층 건물에 자리한 이 권위 있는 단체에 40개 이상의 민족(러시아, 우크라이나, 벨라루시, 아르메니아, 그루지아, 투르크메니아, 우즈베케스탄, 중국 등)의 대표자들이 모여들었다. 여기에는 심지어 나나이족과 앙골라인도 있다. 1995년에 창립된 에스토니아고려인문화협회도 <리라> 산하에 조직되었다.

리디아 킬바르트는 정부 및 여러 기관들의 스폰서들과 좋은 관계를 유지하고 있다. 이들의 도움 없이는 다양하고 수많은 행사들을 치러내기가 불가능하기 때문이다. 에스토니아 국내에서 높은 권위를 지니고 있는 그녀는 공화국 대통령 부속 "원탁"의 회원이기도 하다. 그녀는 "에스토니아 민족의 정신 문화전통의 발전과 유지에 커다란 공"을 세웠다고 해서 세계에서 총 몇 백 명에게만 수여된다는 칭기스 아이트마토프 황금메달을 받았다.

◎ 아리나 한(Арина Хан)

에스토니아고려인문화협회 회장은 아리나 한은 카자흐스탄 크즐오르다 출신이다. 그녀와 유능한 외과의사인 남편 세르게이는 탈린의 고등군사정치학교에 입학한 아들 이고리를 따라 1995년에 크즐오르다에서 탈린으로 이주했다. 탈린에서 직장을 잡는 데는 문제가 없었다. 에스토니아에서 전문가들은 환영받았다. 그녀는 탈린 14번 학교 초등반 교사로 20년간 봉직했다.

아들 이고리는 학교를 졸업한 후 바이코누레에서 군복무를 했다. 2년 후 제대한 그는 러시아 페테르부르크로 옮겨가 제약사업을 했다. 매력적인 핀란드 여성과 결혼한 이고리는 두 딸을 두었다. 아들과 두 손녀가 러시아에 있음에도 아리나 한과 남편 세르게이는 탈린에 남았다.

교직에서 은퇴한 아리나 한은 에스토니아고려인문화협회 회장으로 공동체 일에 온 정열을 바치고 있다. 고려인 디아스포라 내에서 그녀는 매우 존경을 받고 있으며 에스토니아 행정기관도 그녀에게 좋은 평가를 내리고 있다. 2012년에는 시민의 날인 11월 26일에 다른 민족단체 지도자들과 함께 라투샤에 초대되었고 시청으로부터 표창장과 기념품을 수여받았다.

◎ 올가 김(Олга Ким)

올가 김은 에스토니아고려인문화협회 산하 댄스앙상블 <아리랑>의 지도자로 <아리랑> 성공의 주역이다. 카자흐스탄에서 안무가학교와 교육대학을 졸업한 그녀는 국립고려극장의 솔리스트였다. 어느 해 여름휴가를 이용해 탈린에 사는 고모를 방문했던 그녀는 아름다운 도시와 그곳에 사는 사람들 그리고 높은 수준의 문화가 마음에 들어 탈린에 정착하게 되었다. 탈린에서 그녀는 연인 올레그 예고로프를 만나 결혼을 하고 에스토니아 고려인이 되었다.

재능 있고 섬세하며, 아이들을 대하는 방법을 알고 그들의 사랑을 받을 줄 아는 올가는 짧은 기간 동안 공화국의 자랑이며 명예가 된 댄스 앙상블 <아리랑>을 만들어 냈다.

◎ 세르게이 임(Сергей Лим)

세르게이 임은 탈린 본토박이 화가이다. 그는 명예칭호도 받지 않고 예술학교 아카데미도 졸업하지 않았지만, 미술 기법을 독자적으로 습득해서 상당히 전문적인 그림을 그리는, 한마디로 타고난 재능을 지닌 화가이다.

세르게이의 작업 테마는 다양하다. 그는 초상화, 정물화, 꽃, 동물 등을 그린다. 그러나 평생 바다 곁에서 산 그의 그림의 주요 대상은 바다의 자연적 풍광이었다. 바다의 풍광은 고요하고 평온하기도 하고 때론 거칠고 위협적이다. 세르게이는 바다를 가슴과 영혼으로 사랑했다. 아마도 그 때문에 바다 풍경은 그에게 항상 표현력을 부여하고 강한 인상을 주며 성공적으로 이용되고 있는 듯하다. 이런 이유로 세르게이 임은 '탈린의 아이바좁스키(19세기 아르메니아계 러시아 화가로 바다와 해안 그림이 유명)'로 불린다.

◎ 미하일 킬바르트(Михаил Кылварт)

미하일 킬바르트는 에스토니아에서 내에서 가장 권위 있고 능력 있는 스포츠 사회단체 중 하나인 에스토니아 태권도연맹의 회장이다. 류드밀라 킬바르트의 아들은 미하일은 태권도 선수 출신으로 국제 또는 공화국 내의 태권도, 킥복싱, 권투 대회에서 수차례 수상한 챔피언이었다. 2008년에 그는 전세계 격투예술대회의 은상을 수상했다. 15세에 트레이너가 되었고 18세에 태권도 연맹을 이끌었다.

미하일은 국제격투예술 페스티벌 "젊은 마스터들의 길"의 발기인이며 주요 조직자이다. 23세에 청년연합 "세대"를 창설했다. 그는 오랜 시간동안 자원 프로젝트 "젊은이들이 젊은이들에게"와 "젊은이들이 노인들에게"의 실현을 발기했고 이끌었다. 또한 2009년부터는 "지식클럽" 활동을 조직했다. 이 조직의 목적은 러시아어를 쓰는 젊은이를 지적 활동에 끌어들이는 것이다. 다시 말해 그의 제안으로 에스토니아 태권도연맹은 매년 국내를 돌아다니며 시범경기를 하고 문제가 있는 청소년들과 넉넉지 못한 가정의 아이들을 스포츠를 통해 선도하고 있다.

그들의 트레이닝은 무료로 진행되며 여름마다 그들을 위해 에스토니아 태권도연맹의 스포츠캠프가 무료로 진행된다. 장비와 단체복도 당연히 무료로 제공된다.

킬바르트는 많은 상을 받았다. 그중에서도 국제태권도연맹에서 2005년과 2011년에 두 차례에 걸쳐 태권도의 발전에 기여한 사람에게 주는 훈장을 수여받았다. 이 훈장은 상당히 권위가 있다. 전 세계에서 이 훈장을 수여받은 사람은 19명에 불과하다.

미하일 킬바르트는 적극적이며 똑똑한 정치가이기도 하다. 그는 2009년 중립당에 입당했으며 탈린 시의회의 대의원으로 선출되었다. 2011년에는 탈린시의 부시장이 되었고 부시장 업무를 위해 국가의회의 대의원 자리를 거절하기도 했다. 또한 에스토니아 내에서 러시아 교육을 유지하는 데 확실한 지지자로 러시아 학교위원회 위원으로 선출되었다.

미하일은 정직하고 원칙적이며 용감하다. 그는 주민들 사이에서, 특히 젊은이들 사이에서 많은 인기와 권위를 얻었다.

◎ 그 외 중요한 인물들

리디아 유가이는 사업가로 명성을 얻고 있다. 그녀는 수도 탈린에서 유명한 큰 레스토랑 <크리스탈>을 운영하고 있다. <크리스탈>은 음식이 매우 맛있을 뿐만 아니라 메뉴 또한 다양하다. 무엇보다 리디아는 고려인 디아스포라에게 레스토랑의 홀을 무료로 제공하며 각종 행사를 치를 수 있도록 돕고 있다.

레프 페트로비치 김은 비전통 의술의 대가로 유명하다. 그는 이미 수백 명의 중환자들을 치료했다.

세르게이 유가이는 건축가로서 평판이 좋다. 그의 개인 회사에서 지은 집들은 높은 품질로 유명하다.

제2장
유럽지역 고려인의 현재

1. 독일의 고려인

　세계에서 가장 강하고 부유한 나라 중의 하나인 독일연방공화국에는 3만 1천 명 이상의 한인이 거주하고 있다. 그 중에는 많은 수는 아니지만 구소련 지역에서 온 고려인들도 있다. 구소련 지역에서 새로운 삶을 찾아 독일로 이주해 온 고려인들의 모습을 몇몇 사례를 통해 살펴보도록 하자.

◎ 바이에른주에 사는 마라트 신(Марат Шин)

독일의 남부 바이에른주에는 남바이에른 남 바이에른 행정관구에 속하면서 데겐도르프 지역에 포함되는 마을이 있다. 바로 헨게르스베르크이다. 주민의 수는 약 8,000명이며 64개의 행정구역으로 나누어진다. 이곳 가구공장에서 우즈베키스탄으로부터 이주해온 마라트 신이 살고 있다.

마라트는 우즈베키스탄 공화국 페르가나에서 태어났고 이곳에서 중고등학교와 대학을 졸업했으며 역시 우즈베키스탄의 디아스포라 민족인 독일인 부인 게르다를 만나 결혼하여 아이들을 낳았다. 구소련이 붕괴한 이후인 1995년 독일의 민족정책 덕분에 독일로 이주할 기회가 왔다. 마라트 신은 독일로 이주하고자 하는 아내의 의견에 따라 헨게르스베르크로 이주했다. 성실하고 사교성과 조직력이 뛰어난 마라트는 새로운 곳에 빨리 적응했다. 건설사업을 하면서 돈도 제법 잘 벌었다. 한국산 자가용 두 대를 가지고 있다. 2003년에는 새 집으로 이사했다. 삶에 만족했다. 딸 이렌과 아들 비탈리와 블라디슬라프는 잘 자랐고 모든 것이 훌륭하게 갖추어져 있었다.

마라트 신에게는 독일인과 한국인 친구가 많았다. 친하게 지냈다. 가령 키르기스 공화국 비시케크와 우즈베키스탄 타시켄트에서 바이에른으로 이주한 나탈리야와 마리야와 절친하게 지냈다. 함께 명절을 보냈고 생일 축하를 해주었다. 2014년 2월에는 북레인-베스트팔리에주의 포르타 베스트팔리카시에 있는 우즈베키스탄인 동급생이었던 에디카와 엘리메 망글레르를 방문하였다. 그들은 함께 페르가나 그리고 우즈베키스탄에서의 어린 시절을 회상했고 고향을 그리워했다.

마라트는 생일이 되면 즐거운 마음으로 아내와 함께 고향을 떠날 때

가지고 온 민속의상을 입고 우즈벡 춤을 춘다. 그는 독일에서도 무척 잘 살고 있지만 페르가나에도 좋은 것들이 많다고 생각했다. 독일의 좋은 점은 사람들이 정이 많으며 모든 곳이 청결하고 질서정연하며 손질이 잘 되어있고 도로가 무척 넓다는 점이다. 하지만 무엇보다 독일의 좋은 점은 타인의 직업을 무척 존중한다는 것이다. 그래서 마라트는 아이들에 대해서는 별로 걱정을 하지 않는다. 게다가 아이들은 무척 영리하다. 많은 것을 배우고 익혔다.

2013년 4월 마라트 신은 가족과 함께 우즈베키스탄 페르가나에 다녀왔다. 그곳에는 아직 마라트의 부모님과 누이 베네라, 조카들이 살고 있다. 마라트의 가족은 고려인 전통은 몇 가지만 지키고 있다. 마라트는 한국 음식을 좋아한다. 아내 게르다와 아이들도 한국 음식을 무척 좋아한다. 토요일마다 판매용 샐러드 준비하는 것을 도와준다. 지역 주민들은 한국식 샐러드를 기꺼이 구입한다. 이것으로 쏠쏠한 부가 수입을 올리기도 한다.

◎ 헥스터시의 이리나 그리고 리예브나 김
　(Ирина Григорьевна Ким)

독일의 고려인 가운데는 카자흐스탄 출신이 적지 않다. 이리나 김은 그들 중 한 명으로 발하시 출신이다. 지금은 헥스터시에 살고 있다. 아름다운 도시인 헥스터시는 북레인-베스트팔리에주의 중심지이다. 공업이 발전한 도시로 행정구역 상 데트몰리드에 속하며 헥스터 지역에 포함되어 있다. 주민의 수는 3만 1천 명 정도이다.

이리나 김은 발하시에서 태어났다. 이리나의 부모님인 그리고리 김과 류보피 김은 지금도 발하시에 살고 계신다. 이들은 이라나가 애원하

는데도 딸과 손자들이 있는 독일에 오는 것을 원하지 않는다. 고향을 떠나고 싶어하지 않는 것이다.

이리나 김의 남편은 역시 카자흐스탄의 디아스포라 민족인 독일인 헬리무트이다. 이들 부부는 구소련이 붕괴한 직후 독일로 이주하여 헥스터시에 살게 되었다. 이리나는 의사이다. 게다가 아주 능력이 뛰어난 의사이다. 그래서 새로운 곳에서 직업을 구하는데 어려움을 겪지는 않았다.

환자들과 동료들은 이리나 김을 존경한다. 이리나 그리고리예브나는 독일에서의 삶에 만족하고 있다. 그녀는 자신의 아이들 특히 알렉세이를 자랑스러워한다. 승마 선수인 알렉세이는 젊지만 헥스터시의 유명인사이다. 자신의 말 게르타를 타고 여러 번 대회에서 좋은 성적을 거두었다.

2. 스웨덴의 고려인

북유럽 스칸디나비아반도에 자리잡은 스웨덴은 세계에서 가장 국민들을 위한 사회보호망이 잘 갖추어져 있는 나라 중의 하나이다. 세계 여러나라의 국민들에게 높은 삶의 수준을 지닌 국가의 롤 모델이 되고 있다. "인간을 위한 모든 것이 있는 나라"라는 이야기를 듣는 국가이다. 이곳 스웨덴에 사는 한인의 숫자는 천 명 이상인데 대부분 수도인 스톡홀름에 살고 있다. 그 중에는 구소련 지역에서 온 고려인들도 적지 않다. 구소련 지역에서 새로운 삶을 찾아 스웨덴으로 이주해 온 고려인들의 모습을 몇몇 사례를 통해 살펴보도록 하자.

◎ 그리고리 김(Григорий Ким)의 가족

우즈베키스탄 타쉬켄트 출신의 그리고리 김은 아내 타마라와 함께 스톡홀름에서 벌써 10여 년을 살고 있다. 그리고리는 아파트를 수리하는 작은 업체를 운영하고 있다. 오더받은 일처리를 항상 깔끔하게 처리하기 때문에 고객이 부족하거나 하는 문제는 없다. 그리고리는 책임감이 강한 사람이다. 그래서 그는 직원들로부터도 그와 같은 책임감을 갖기를 요구한다.

그리고리에게는 장성한 두 아들이 있는데 알렉산드르와 유리이며 각각 37세와 34세이다. 둘 다 자기 가정을 꾸리고 있다. 두 아들은 부모님보다 먼저 타쉬켄트를 떠나 스톡홀름에 왔는데 그때가 2002년이었다. 그들이 스웨덴 국민이 된지도 적지 않은 시간이 흐른 셈이다. 둘 다 상당히 중요한 사회적 위치를 점하고 있다. 알렉산드르는 LG그룹의 부서장을 맡고 있으며 유리는 미디어 마르케트(Медиа Маркет)의 부국장이다. 알렉산드르의 아들은 벌써 학교에 다니는데 우등생이다.

그런데 유리는 작년에서야 우크라이나 출신의 아름다운 알료나와 결혼했다. 두 사람은 어느 축일 파티에서 만났고 금새 서로에게 빠져들었다. 몇 달 동안 친하게 지냈고 그런 다음 법적으로 부부가 되기로 결정했다. 알료나의 부모님은 반대하지 않았다. 호감있고 사교적이며 성장가도에 있는 유리가 부모님 마음에 쏙 들었다. 알료나 역시 유리 부모님 마음에 들었다. 주변 사람을 잘 챙기고 버릇없지 않고 훌륭한 가정주부가 될 그녀와 함께라면 아들은 행복할 것이라고 믿었다.

이 두 형제는 각자 취미를 가지고 있다. 알렉산드르는 열광적인 오토바이 운전자이고 유리는 여행을 좋아한다. 미국과 영국, 말타섬에 다녀왔다. 재작년에는 역사적 조국 땅에도 다녀왔다. 다양한 인상을 가득 품고 돌아왔다. 한민족의 혈통을 더욱 자랑스럽게 여기게 되었다.

이들 세 가정은 모두 스톡홀름에서의 삶에 만족해한다. 괜찮은 직장에 적당한 월급이 있기 때문이다. 그리고 자신들이 사는 도시를 정말 정열적으로 사랑한다. 스톡홀름에는 한국 식당도 있다. 한국전통요리는 여기에서 아주 인기가 많다. 그래서 "아리랑", "코리아나"를 비롯한 다른 식당에는 항상 사람들로 북적인다. 그리고리의 가족들도 한국식당을 자주 이용하고 있다.

◎ 비올레타 김(Виолета Ким)

우즈베키스탄 타쉬켄트에서 온 비올레타 김은 상대적으로 최근에 스톡홀름으로 이주했다. 그녀는 남편 비탈리와 함께 스톡홀름에 왔는데, 여기에서 딸 디아나도 태어났다. 부모에게 기쁨을 주는 아주 귀여운 아이이다. 그들은 비교적 빨리 자리를 잡았다. 좋은 일자리도 구했다.

물론 그들은 부모세대와는 달리 민족전통을 많이 잊어버렸다. 한국음식을 제외하면 전통문화는 거의 남겨진 것이 없다. 그녀의 어머니 알라 김은 손녀딸 디아나의 돌잔치를 축하하

기 위해 스톡홀름을 방문했다. 그녀는 한복을 준비해 왔고 한복을 입은
채로 즐거운 가족 잔치를 벌였다.

◎ 이고리 박(Игорий Пак) 부부

　　　　　　　카자흐스탄 아트이라우(과거 구리예프)
출신인 이고리 박은 아내 이리나와 함께
2004년 스톡홀름의 주민이 되었다. 도시는
마음에 들었고 사람들 역시 친절하고 사교
적이었다. 특히나 이들을 기쁘게 만든 것은
높은 생활수준과 적지 않은 월급이었다. 단
순히 먹고 사는 수준이 아니라 삶을 영위하
기에 충분한 금액이었다. 그리고 물론 어디
를 가나 깨끗하고 정돈되어있다.

　　직장 문제는 없었다. 한인들은 일을 좋아하고 책임감 있고 능력이
뛰어나다. 이 사실을 고용주들은 잘 알고 있기에 한인들을 기꺼이 받아
들였다. 부부는 이곳에 온 것을 조금도 후회하지 않았다. 후회하지 않
는 것을 넘어서서 박씨 부부는 친척들에게도 이리로 올 것을 권했다.
하지만 누이들인 발렌티나와 빅토리아는 고향땅인 아트이라우를 떠나
스웨덴으로 옮겨오고 싶어 하지 않았다.

◎ 벡헤의 마리나 최(Марина Цой)

　　고려인을 포함하여 스웨덴의 한인들 대부분은 수도인 스톡홀름에
살고 있다. 하지만 작은 도시들에 살고 있는 한인들도 있다. 마리나 최
는 스웨덴의 남쪽 지역 벡헤에 살고 있다.

　　우즈베키스탄 타쉬켄트 출신의 마리나는 리보프의 폴리그라픽
(polygraphic)대학을 졸업했다. 졸업 후 우즈베키스탄의 공산당중앙
위원회 출판부에서 근무했다. 1991년 소연방이 해체되고 난 후 그녀는
다른 많은 사람들이 그랬듯이 장사를 시작했다. 생활고로 인해 남편과
의 생활은 그리 행복하지 못했다. 결국 그녀는 이혼했다.

　　마리나는 역시 우즈베키스탄의 디아스포라 민족인 이란인 모하마드
와 재혼했다. 모하마드는 이상적인 남편이었다. 배려심있고 남을 챙겨
주는 사람이었다. 마리나는 2002년 그와 함께 스웨덴으로 옮겨왔다. 아
버지가 돌아가시고 반 년 뒤의 일이었다. 얼마 후에는 벡헤로 어머니

로자도 불러들였다. 어머니는 몸이 좋지 않았다. 하지만 스웨덴의 의료 시스템 덕분에 건강과 질병에 대한 걱정은 사라졌다.

에너지 넘치는 외향적 성격을 지닌 마리나는 직장을 빨리 잡을 수 있었다. 벌써 여러 해 동안 간호사로 일하고 있는데 그 전에 전문 과정을 마쳤다. 지역의 대학교도 졸업했다. 병원에서는 마리나를 높게 평가하고 존경하며 본받을 만한 사람이라고 말한다. 하지만 남편은 이곳에 온 첫 해 운이 따르지 않아서 실직 상태에 있었는데 얼마 후 컴퓨터 기술자로 취직이 되었다. 컴퓨터와 씨름하는 것을 좋아하는 모하마드는 하루에 10-15개씩 컴퓨터를 분해하고 조립하고는 한다. 그는 매우 만족해하고 있다.

마리나 최 부부는 스웨덴에서의 생활을 매우 행복해하고 있다. 스웨덴에서 늦둥이 딸 산드라도 태어났다. 산드라의 할머니는 손녀를 끔찍하게 예뻐한다. 행복한 가족이 만들어졌다.

3. 오스트리아의 고려인

잘 알려져 있다시피 오스트리아는 알프스의 호수, 산봉우리, 시원한 초원과 삼림으로 유명한 나라다. 슈베르트, 모차르트, 브람스, 하이든, 말러, 글루크는 물론 왈츠의 황제로 전세계적인 인정을 받은 시트라우스까지 모두 이곳에서 예술적인 영감을 받았다.

오스트리아는 국민의 97%가 오스트리아인으로 구성된 어느정도 단일민족국가이다. 최근에는 특히 대도시를 중심으로 한인들을 마주칠 기회가 늘어났다. 한쪽은 영주권을 받고 와서 좋은 직장을 구하고 자신의 비즈니스를 시작한 부류이고, 또 다른 한쪽은 유학생들이다. 그 중에는 구소련 지역에서 온 고려인들도 적지 않다. 그중에서 우즈베키스탄에서 유학을 와서 빈대학의 대학원에 재학 중인 스베틀라나 김을 통해 오스트리아의 고려인 디아스포라를 살펴보고자 한다.

◎ 빈대학 유학생 스베틀라나 유리예브나 김 (Светлана Юриевна Ким)

매우 사교적이고 똑똑하며 낙천적 성격의 소유자인 스베틀라나 김은 "향기나는 사과가 자란다"는 우즈베키스탄의 나만간에서 태어났다. 8살이 되던 해 부모님과 함께 타쉬켄트로 이주했다. 나중에 기업 경영을 위해 모스크바로 이주한 그녀의 아버지는 전러시아고려인연합회 열

성회원이자 재모스크바 고려인 단체 "범민
련"의 집행부 성원인 아버지 김 유리 레오니
도비치이다. 어려서부터 능력이 남달라 1학
년에서 바로 3학년으로 월반을 했다. 타쉬
켄트의 음악학교에서 피아노를 전공하면서
동시에 체조도 해 시(市)대회에서 수상을 하
기도 했다.

16세가 되면서 중등교육을 마치고(미르
조울루그벡명) 우즈베키스탄국립대학교 영어문학부에 입학하였다. 이
듬해 스베타는 오스트리아의 그라츠카를 프란츠대학교 슬라브어문학
부로 편입했다. 그녀는 러시아어와 하르바티아어를 전공하면서 제2외
국어로 영어를 택했다. 독일어로 신속하게 진행되는 강의와 실습 등 수
업을 들어야만 하는 어려움 속에서도 대학에서 우수한 평가를 받았다.
학생회 활동에 적극적으로 참여했으며 새로운 친구도 많이 사귀었다.
2013년 학부를 졸업한 후 학업을 계속하기 위해 그라츠를 떠나 오스트
리아 수도로 갔다. 그녀는 빈대학교에서 공통슬라브어문학부 석사과정
에 입학해 러시아어와 체코어를 공부하였고, 독일어 모국어 환경에서
의 슬라브어문학이 그녀의 전공(교사, 통번역가)이 되었다.

석사과정 2년을 마치고 스베타는 석사논문을 발표했다. 논문 제목
은 «이민환경이 러시아와 중앙아시아에 거주하는 고려인 디아스포라
의 러시아어로 씌어진 문학작품 주제에 미치는 영향»이다.

◎ '오스트리아에 거주하는 CIS 출신 고려인' 모임

빈에서 뿐 아니라 오스트리아의 다른 도시에 거주하는 이들 사이에서도 스베틀라나 김은 유명인이다. 그녀가 '오스트리아에 거주하는 CIS 출신 고려인'이라는 러시아어권 모임의 대표를 맡고 있기 때문이다.

'오스트리아에 거주하는 CIS출신 고려인' 모임은 2011년 가을 탄생했다. 거기에는 그녀의 아버지인 김 유리 레오니도비치의 조언이 많은 영향을 미쳤다. 아버지는 스베타에게 오스트리아에 사는 우리 동포를 찾는 일을 시작해 보라고 권유했다. 스베타는 곧장 그 일에 착수했는데, 막상 시작해보니 모임은 적지 않았다. 소규모 인원으로 구성된 작은 모임들을 한 곳에 모아 그것들을 하나로 연결했다. 그리고 더 나아가 소셜네트워크를 활용하여 다른 소모임들을 찾기 위해 시작했다. 덕분에 고려인들 뿐 아니라 그들의 지인들과, 해외에 거주하는 러시아어권 고려인들과 교류하고 싶어하거나 한국문화에 관심을 가진 사람들이 동참하기 시작했다. 현재 오스트리아와 기타 유럽국가 페북방에는 73명이 참여하고 있다.

모임을 조직하는 과정에서 놀랍게도 '독일 거주 고려인들'이라는 모임이 있다는 사실을 알게 되었다. 그 모임 역시 독일 땅에 거주하는 러시아어권 고려인 열성회원들로 구성되어 있었다. 그 회원들은 서로 교류하면서 유익한 정보도 교환하지만 함께 휴가나 여행도 떠나는데 '오스트리아에 거주하는 CIS출신 고려인' 모임의 초대로 오스트리아를 방문하기도 했다.

두 단체 회원들의 연령대는 20대에서 40대까지로 주로 학생이나 유럽 소재 대학을 졸업한 젊은 전문직 종사자들이다. 안타까운 점은 젊은 고려인들이 보존하고 나아가 후세에 전해주고픈 개개인의 소중한 경험이나 전통들을 전수받거나, 한국말을 배우기 위해서라도 더 높은 연령대의 참여가 필요하지만 지속적인 관계가 유지되지 못했다는 사실이다. 하지만 모임의 회원들은 조만간 상황이 진전되기를 기대하고 있다.

정기모임은 연간 2회 이상 갖는데, 주로 자신들의 고충을 털어놓거나 그리운 한국음식과 한국의 전통문화에 대해서 이야기를 나누며, 보통 사람들의 일상에 대해서 얘기한다. 집에서 모임을 가지면 우리는 보통 한국음식을 준비한다. 그것이 집밥으로 익숙한 음식이기 때문이다. 한국음식으로 새해와 생일을 즐겁게 맞음으로써 작으나마 우리 전통의 일부를 보존하고자 노력하고 있다.

'오스트리아에 거주하는 CIS출신 고려인' 모임은 재능있는 각양각색의 흥미진진한 사람들로 구성되어 있다. 각자의 운명과 걸어온 길은 전혀 달라도 관심사와 삶을 대하는 자세만큼은 닮아 있다. 모임의 소박한 목적은 서양 사람들이 우리를 보고 전체적인 분위기가 비슷하다는 이유만으로 중국인과 헷갈려 하지 않도록 하는 것이다. 바로 우리가 수많은 고난을 거치고, 몇 가지 문화가 교차하는 다면성을 지닌, 거대한 중심을 가진 소수민족인 한민족이라는 것을 그들에게 알려내고자 한다. 한인인 우리가 어떤 사연으로 러시아 혹은 중앙아시아에서 태어나 러시아어를 모국어로 사용하게된 건지 오스트리아인들로서는 이해하기 힘들겠지만 그래서 모임이 필요하다고 보인다.

■ 스베틀라나 김이 소개하는 오스트리아의 고려인

◎ 이리나 김(Ирина Ким)

　스베틀라나 김이 빈에서 처음 알게 된 고려인은 동향인 이리나 김이었다. 이리나 김은 타쉬켄트에서 태어나 그곳에서 경제학을 전공한 후 오스트리아로 유학을 왔다. 어학과정을 마친 후 이리나는 빈대학에서 학업을 이어나갔고 현재 외국계 회사 마케팅 분야에서 일하고 있다.

　이리나는 똑똑할 뿐 아니라 뛰어난 미모에 모범적 아내로 남편인 루슬란에게 갖가지 전통적인 맛거리로 기쁨을 선사하고 있다. 그녀의 노력 덕분에 '오스트리아에 거주하는 CIS출신 고려인' 모임 회원들은 만날 때마다 항상 풍요로운 식탁과 마주하고 있다.

◎ 안나(Анна) 아주머니와 니콜라이 김(Николай Ким)

　얼마전에는 니콜라이 김의 초대로 그의 모친인 안나 아주머니를 만날 수 있었어요. 오스트리아를 방문한 독일에서 온 고려인 친구들과 함께 음력설을 쇠기위해 마련된 자리였죠. 안나 아주머니께서는 25년 전 오스트리아로 오신 분이라 니콜라이의 경우 이곳에서 중등 및 고등교육을 받고 현재 오스트리아 회사에서 프로그래머로 근무하고 있어요. 안나 아주머니는 남편과 티롤에서 살고 있지만 머나먼 이국땅에서도 러시아 동물보호재단에 대한 후원과 자선을 아낌없이 하고 있어요. 안나 아주머니 덕분에 러시아의 버려진 개들이 오스트리아로 입양돼 새로운 곳에서 믿을 만하고 사랑이 넘치는 새 주인을 만나고 있죠. 우리는 이렇게 바로 다음날이면 땅 저편 따뜻한 집에서 맞이할 모스크바 출신 체르니쇼프와 교류를 할 수 있었어요.

◎ 비인 출신 디나 리(Дина Ли)

스위스 비인에는 부지런하고 재능이 많은 한인, 특히 고려 사람들이 있다. 그 중에 한 사람으로 디나 리는 우스베키스탄 출신 고려인으로 사진작가, 이탈리아어 연구자, 훌륭한 어머니, 사랑스런 아내이자 딸, 뛰어난 주부, 꾸밈없이 예쁜 여인일 뿐만 아니라 8개국의 언어를 자유롭게 구사하는 뛰어난 인재이다.

① 우즈베키스탄에서 이란을 거쳐 오스트리아로

디나 리는 우즈베키스탄 타쉬켄트의 엔지니어 가정에서 태어났다. 중등학교 시절 이미 뛰어난 재능을 보였다. 학업성적도 우수했다. 학교 행사에 적극적으로 참여했고 외국어 공부에 열성을 보였다. 디나는 통역관이 될 꿈을 가지고 있었는데 한국어로도 유창하게 말하고 읽을 수 있기를 원했고 고요한 아침의 나라에 꼭 가보고 싶어 했다. 그래서 고학년이 될 때 우즈베키스탄 수도에 한국어 강좌를 들을 수 있는 기회가 생기자 그곳에서 성실하게 한국어를 배웠다. 그런데 예상보다 훨씬 좋은 결과를 얻었다. 1998년 타쉬켄트 주재 한국대사관 산하 교육센터 한국어 작문 콩쿠르에서 1등을 차지했고 다른 우승자들과 함께 1주일 동안 역사적 조국을 방문할 기회를 얻게 되었다.

학교를 졸업하면서 국립우즈베키스탄 외국어대학 통번역학부에 입학했다. 대학 시절은 즐거웠고, 재미있었고 열정적인 시간이었습니다.

개인적인 삶에서 아주 멋진 일이 벌어졌습니다. 3학년 때 이탈리아인 로베르토 아르비트리오를 만나 사랑을 빠졌다. 로베르트는 모범적이고, 책임감이 강하고, 문화의식이 높고 자상했다. 조심성이 있고 수완이 좋았으며 웃어른을 존경할 줄 알았다. UN 산하 마약과 범죄 담당 부처 Undoc에 근무하여 직업도 튼튼했다. 그런 사람과 함께 라면 디나는 망가지지 않을 것이고 행복할 것이었다. 그런 예상은 들어맞았다. 이미 16년이 지났지만 디나와 로베르토 사이에는 사랑과 평화가 충만하다. 그들은 모범적인 가정을 이루고 있다.

대학 졸업 후 뛰어난 졸업생 디나 리에게 타쉬켄트에 위치한 세계경제·외교대학에서 이탈리아어 강사직과 겸하여 이탈리아 대사관의 통역관 직책을 제안했다. 학생들은 디나를 좋아했고 동료들은 디나를 존경했다. 대사관에서는 칭찬을 했다. 하지만 3년 뒤 부모님, 고향과 헤어져야만 했다. 남편이 이란으로 전근을 가게된 것이다. 테헤란에서 디나 리는 이탈리아학교에서 교사로 근무했다. 그리고 수세기의 문학 전통을 가진 파사어를 열정적으로 배웠다. 얼마 뒤 파사어를 그런대로 구사할 수 있게 되었습니다.

디나 리는 오스트리아에서 아들을 출산한 뒤 사진작가로서의 재능을 키워갔다. 로베르트가 5년간의 이란 파견을 마친 2009년 부부는 오스트리아의 수도 비인으로 이주했다. 로베르트는 뉴욕과 제네바에 이어 유엔사무국의 3번째 장소가 된 비인국제센터에서 외교관으로 근무하게 된 것이다.

② 사진작가 디나 리

오스트라아로 이주한 이듬해 디나 리는 엄마가 되었고 아들 레오나르도 양육에 전념했다. 아들은 잘 자랐고 생각이 깊고 활동적이었으며 모든 것에 흥미를 가졌다. 나이에 걸맞지 않는 성장을 보였다.

디나 리는 오스트리아에서 사진작가로서의 재능을 폭넓게 펼칠 수 있었다. 과거 학생 시절 테헤란에서 사진을 찍으러 다닌 적이 있었다. 하지만 단순한 취미활동이었다. 비인에서 이 취미활동은 매우 진지해졌고 직업으로 변했다. 디나 리는 유명한 사진작가에게 사진 찍는 법을 배웠고 사진전을 찾아다녔으며 비인에 있는 사진·디자인 아카데미 LIK을 마친 뒤에는 직접 적극적으로 사진전에 참가했다. 최근 2년 동

안에만도 디나 리는 비인 화랑 전시관에서 4차례의 개인전을 열었다. 프랑스 부르봉 랑시에서 개최된 국제 비엔날레 "L'йtй des portraits", Photokina Sales Gallery의 일환으로 독일 켈리네에서 개최된 국제 사진전에 참가했다.

몇 년 뒤 디나 리는 비인에 자신의 스튜디오 "Leedina Portraits"를 열었는데 아주 빨리 고객들 사이에서 유명해졌다. 게다가 아주 평범한 아가씨들도 디나가 멋지게 화장이나 머리 손질을 한 뒤에는 아주 매력적인 미인으로 변했다. 이것은 고도의 전문성에 입각해 사진을 찍을 수 있는 디나의 능력 덕분이었다. 디나 리가 고객들에게 완성된 사진을 건네면 많은 이들이 탄성을 지르는데 때로는 쇼크에 빠지기도 하였다.

비인에서 디나 리는 세계적인 사진작가로서 위치를 확고히 하였다. 국제사진연맹 비서국 비서이자, 출판사 "갈라르트(Галарт)"의 편집장이고, 유명한 사회평론가이며, 노련한 사진기자인 포드포렌코 유리 블라디미로비치(Ю. В. Подпоренко)는 디나의 사진에 대해 다음과 같은 비평을 내놓았다.

"디나 리는 연출 사진 부문의 뛰어난 거장이 분명합니다. 그녀의 초상 사진에는 빛, 색채의 강조점, 모델의 심리적 상태 등이 아주 상세하게 고려되어 있습니다. 가능한 한 작가의 성격까지 드러내려 합니다. 그룹 사진에서는 인물들의 위치, 정서, 정적인 면과 동적인 면의 밸런스가 표현되어 있습니다. 한마디로 천부적 재능을 바탕으로 아주 뛰어난 전문성에 기초해 고전적 스튜디오 식 사진 촬영 기법을 사용한 사진들입니다. 작가가 인물 사진 창작에서 큰 성공을 거두기를 바랍니다."

③ 디나 리의 조국

디나 리는 이미 오랫동안 외국에서 살고 있으며 다양한 나라와 문화를 접했다. 그녀는 어떤 문화와 자신을 연결시키고 있으며 조국을 어디라고 생각하고 있을까? 이에 대해 디나 리 자신은 다음과 같이 이야기한다.

"제 조국은 당연히 우즈베키스탄이죠. 즉 제가 태어나고 자란 곳이죠. 예전에는 소속감이란 것이 없었다면 지금 저는 의식적으로 먼저 한국문화와 연결시킵니다. 하지만 우즈베키스칸과 러시아와도 연결을 시키죠. 이곳도 제 정체성의 한 부분입니다.
외국에서 저는 조국, 문화와 강한 연대감을 느낍니다. 특히 어떤 식의 경쟁을 거쳐야 될 때는 더욱 그렇습니다. 저는 가장 먼저 우즈베키스탄이 생각나고 다음은 한국, 그 다음은 이탈리아입니다. 남편이 이탈리아인이기 때문이죠. 그리고 마지막으로 러시아가 생각납니다. 저는 다양한 문화조각으로 이루어진 조각 담요 같은 존재입니다. 그런 조각이 더 많아질수록 사람은 더 풍부해지고 사회에서 자신을 더 평온하게 느끼게 되죠. 남편은 UN에서 매우 열성적으로 외교활동에 전념하고 있습니다. 국제 행사에 참가할 때 제가 여러 나라의 언어를 사용하니까 저를 자신의 동포나 아시아인, 유럽인, 혹은 다른 민족 출신으로 생각합니다."

④ 고려인으로서 정체성

디나 리는 고려인의 전통을 지키기 위해 노력하고 있다. 그녀는 외국에 살면서도 자신이 고려인이라는 사실을 잊지 않고 있으며 그에 맞게 아들을 교육한다고 한다. 다음의 언급에서 고려인으로서 정체성을 지키려는 디나 리의 인식을 엿볼 수 있다.

"전통, 음식, 역사 등 고려인의 문화는 저에게 큰 의미를 가지고 있습니다. 제가 아직 초등학생일 때 할머니가 인터뷰를 하게 되었는데 그 때 녹음하는 것을 도와주었습니다. 당시 저는 러시아로 이주한 고려인의 역사, 극동에서 고려인의 삶의 모습, 1937년 가을의 비극적인 사건을 이주 1세대의 입을 통해 상세하게 알게 되었습니다. 당시 수만 명의 고려인이 연해주에서 강제로 화물차에 실려 중앙아시아로 이주되었는데 이주 기간이 길어지면서 기아, 추위, 병으로 많은 이들이 죽었습니다. 민족 전통에 대해 말하자면 예컨대 오스트리아에 있을 때 아들 레오나르도의 첫돌을 기념하여 고려인의 관습대로 아산지 행사를 치렀습니다. 우리는 테이블에 필요한 모든 물건과 음식을 차려놓았습니다. 저는 자주 한국 음식을 만듭니다. 남편과 아들은 한국 음식을 좋아해요. 아들은 지금 6살입니다. 그래서 이제 막 엄마가 고려인이고 아빠가 이탈리아인이라는 사실을 자각하기 시작했습니다. 그 나이의 아이들은 자신의 정체성을 언어와 연결시킵니다. 예전에 아들은 러시아어로 이야기를 하는 엄마는 러시아인이고 이탈리아어로 말하는 아빠는 이탈리아인이며 자신은 영어로 말하니까 영국인이라는 말을 하고는 했지요. 지금 아들은 엄마는 우즈베키스탄 출신 고려인이고 아빠는 이탈리아인이라는 사실을 이해합니다. 시간이 흐르면 이해의 폭이 더 넓어질 것이고 자신에게 흐르는 고려인의 피에 대해 상세하게 알게 될 거라고 생각합니다."

4. 스페인의 고려인

투우와 플라멩코를 품은 정열의 나라 스페인에는 약 5천 명 정도의 한인들이 살고 있다. 그 숫자는 서유럽에서 영국, 독일, 프랑스, 이탈리아 다음의 순위를 차지한다. 그런데 그 대부분은 한국에서 온 사람들이다. 구소련지역에서 온 고려인들은 매우 드물다. 구소련 지역에서 새로운 삶을 찾아 스페인으로 이주해 온 고려인들의 모습을 몇몇 사례를 통해 살펴보도록 하자.

◎ 바르셀로나의 잔나 김(Жанна Ким)

잔나 김은 홋젤리(카라칼파키스탄 공화국) 출신으로 훗날 부모님과 함께 볼고그라드 주의 루고바야 프롤레이카 마을로 이주해왔다. 이곳에서 그녀는 고등학교를 졸업하고 결혼했다. 아이들이 태어났다. 딸 지아나와 아들 제니스였다. 하지만 부부 관계는 순탄치 않았다. 몇 년 후 부부는 이혼했다. 잔나는 동시에 동네에서 샐러드 사업을 시작했다.

수입은 적었고 그때 잔나는 외국에서 행복을 찾기로 결심하고는 2006년 봄 스페인의 바르셀로나에 도착했다. 호텔 청소부로 취직했다. 그러다가 11월에 카탈로니아 사람 스타니슬라프를 만났다. 그는 일본 회사 "케논"의 엔지니어였다. 첫눈에 그가 마음에 들었다. 균형잡힌 몸매에 믿음직하고 사교적인 사람이었다. 잔나 역시 스타니슬라프의 마음에 들었다. 그는 잔나와 만남을 갖기 시작했고 몇 달 뒤 청혼을 했다. 그러나 잔나는 아이들이 있기 때문에 안된다고 거절했다. 스타니슬라프는 얘들은 문제가 안되면, 오히려 얘들을 이제 스페인으로 데리고 오자고 제안했다. 결국 잔나는 동의했고 곧이어 딸을 품에 안을 수 있었다. 아들은 조국을 떠나기 싫어해서 아버지와 함께 러시아에 남기로 했다.

잔나는 바르셀로나 생활에 대해 다음과 같이 얘기했다.

> "우리 가정은 행복해요. 떠나온 것에 만족해요. 바르셀로나는 몇 마디 칭찬으로는 부족한 도시에요. 이곳 사람들도 친절하구요. 그리고 무엇보다도 남편이 얼마나 멋진 사람인지 몰라요! 배려심 있는 사람이에요. 디아나는 신랑한테 홀딱 반했어요. 아빠라고 부르고요, 남편도 디아나를 아빠로서 아주 예뻐하고요, 한국 음식도 아주 좋아하는데요, 특히나 국수를 아주 좋아해요. 러시아 얘기도 하지요. 저나 디아나만 그런 건 아니고요. 매년 이 도시에서는 6월 12일 러시아의 날을 기념해서 전통 시장이 열려요. 러시아인, 타타르인, 고려인, 오세티아인 뿐 아니라 그루지아인, 아르메니아인, 그리고 그 외 다른 민족들도 참여하는데, 물론 스페인 사람들도 참여하지요. 즐겁고 축제 기분이 나지요. 우리들 한인들은 텐트를 치고 코리아 음식들을 진열하지요. 보통 우리 딸 디아나가 잘해요. 모국어에 관해서는 이 도시에 특수학교가 있어서 다른 외국어와 함께 한국어도 가르친답니다. 한국어 수업은 한국에서 온 김황성 선생님이 진행하시구요. 저와 딸은 그녀의 수업에 참석합니다."

◎ 코르도바의 뮤지션이자 사업가인 알렉산드르 최
(Александр Цой)

이미 기원전 백여 년 전에 생긴 아주 오래된 도시 코르도바에는 알렉산드르 최 가족이 살고 있다. 그는 뮤지션이자 스포츠맨이고 사업가이다. 사라토프 음악원을 졸업한 군에 입대했을 때 노래와 춤을 추는 지역 앙상블에서 복무하였다. 제대한 뒤 그는 역시 뮤지션인 예전 동료 세 명과 함께 앙상블을 만들었다(두개의 바이올린, 기타, 그리고 콘트라베이스). 몇 년 동안 사라토프에서 활동했다.

그러다가 1997년 스페인의 가장 남쪽 자치주인 안달루시야로 공연을 떠나기로 결정했다. 공연목록에는 인기 있는 노래와 멜로디를 포함시켰고 그 중에는 집시노래도 있었다. 레스토랑에서 공연했고 거리에서도 공연했는데 상당히 성공적이었고 특히 스페인 사람 파코 몬탈리오가 앙상블에 합류했을 때는 정말 성공적이었는데 그는 거의 모든 악기를 훌륭하게 연주하였다. 하지만 그 뒤 여러 이유로 인해 앙상블은 해체되었다. 러시아 동료들은 돌아갔지만 최는 코르도바에 남았다. 사라토프에서 아내 류드밀라와 아들 센을 불러들였다. 그리고 2003년에는 둘째 다니도 태어났다.

음악 외에 알렉산드르는 스포츠를 좋아한다. 예전에 러시아에서 그는 우슈를 잘했는데 상당히 높은 수준이었다. 이 스포츠 종목을 잘하는 사람으로서 그는 사라토프 우슈연맹의 부회장을 맡은 적도 있었다. 스페인에서는 한국의 태권도와 합기도에 관심을 가지게 되었다. 그는 실

내도장을 열어서 그곳에서 성인들을 대상으로 합기도 수업을 진행하며, 큰아들은 아이들에게 태권도를 가르친다. 두 아들, 센과 다니는 태권도를 상당히 잘하는데 몇 번이나 다양한 시합에서 메달을 따서 아버지를 기쁘게 한다.

알렉산드르 최는 자기 사업도 하고 있는데 귀금속 제조 공장을 운영한다. 이른 아침부터 점심까지 일터에서 시간을 보내고 점심 후에는 실내도장에 있다가 그리고 나서 저녁에는 바이올린 수업을 진행하기 위해 음악학교로 간다. 정말 다방면으로 재능 있는 사람이다.

◎ 마르벨리야의 알렉산드르 박(Александр Пак) 가족

안달루시야 자치주에는 알렉산드르 박 가족도 살고 있다. 2000년 고르노-알타이 대학교를 졸업한 그는 사랑하는 아내 센데마와 함께 직장 문제 때문에 외국으로 떠날 결심을 했고 지중해 해안가에 위치한 작은 휴양도시 마르벨리야에 도착했다. 그리고 자신의 결심을 후회하지 않는다. 알렉산드르는 선한 마음을 지니고 또 사교적이고 좋은 교육을 받은 사람이기 때문에 관광분야에 취직이 되었다. 센데마 역시 일자리를 찾았다.

마르벨리야에서의 생활에 대해 알렉산드르 박은 다음과 같이 얘기한다.

"마르벨리야는 저희 마음에 쏙 들었어요, 천국 같은 곳이지요. 다른 곳에서의 삶이란 상상할 수도 없어요. 훌륭한 기후에 바다가 있고 값싼 과일, 채소를 일 년 내내 먹을 수 있구요, 월급도 상당히 높아요. 또 높은 품질에 가격까지 저렴한 포도주도 있답니다. 물론 그렇다고 저희가 포도주를 엄청 즐기지는 않아요. 아, 또 있습니다. 이곳 경찰은 뇌물을 받지 않아요. 자신의 직업을 귀하게 생각합니다. 알다시피 경찰 자리 하나당 어떤 때는 지원자가 50~60명이 될 때도 있어요. 명예도 얻고요, 특전이나 수당도 많습니다. 하여튼 대체로 운명에 만족해요. 몇 년 전 저희 집을 장만하기도 했어요. 그리고 어느 날 아내가 우리도 아이에 대해 생각해볼 때가 된 것 같다고 넌지시 말할 때 저 역시 동의했어요. 그리고 7년 뒤 우리 귀여운 아들 파샤가 태어났어요. 그리고 또 3년 뒤에는 예쁜 딸아이 발레리아도 태어났지요. 아들은 벌써 스페인어도 잘하고요, 딸도 역시 조금씩 말을 익히고 있네요. 러시아어도 사용합니다. 그런데 저희 모국어는 잘 안되네요. 이것은 많은 옛 고려인들의 문제입니다."

5. 이탈리아의 고려인

이탈리아에도 고려인들이 살고 있다. 구소련 지역에서 새로운 삶을 찾아 이탈리아로 이주해 온 고려인들의 모습을 몇몇 사례를 통해 살펴보도록 하자.

◎ 아레쪼의 루이자 김(Луиза Ким)

이탈리아 중심에는 믿기 어려울 만큼 아름답고 흥미롭고 편안하며 넓은 고대 도시 아레쪼가 있다. 아레쪼는 토스카나 주에 있으며 인구는 10만 명이고 역사는 2천년 이상 되었다. 거의 대부분의 집이 궁전이거나 고고학 기념물이다. 그래서 도시에는 일 년 내내 관광객이 붐빈다. 바로 여기에 우크라이나 타쉬켄트 출신 루이자 김이 엄마, 남동생, 아름다운 두 아들과 함께 살면서 관광사업에 종사하고 있다.

루이자 김의 가족은 민족 전통을 시키고 한국 음식을 자주 해먹는다. 여러 번 이웃의 이탈리아 사람들을 초대했다. 한국 음식 중 국수와 김치를 특히 좋아한다. 이미 20년 이상 이탈리아에 살고 있다. 그동안 유럽의 여러 나라에 가보았지만 이탈리아, 특히 고향이 된 아레쪼가 가장 마음에 든다. 이곳 사람들도 마음에 든다. 친절하고 붙임성 있고 손님이 오는 것을 좋아하며 쾌활하다. 이에 더하여 상대적으로 빨리 익히게 된 이탈리아어도 마음에 든다. 아이들은 이탈리아어를 자유롭게 구사한다.

유감스럽게도 루이자 김은 한국어를 할 줄 모른다. 하지만 엄마는 할머니가 가르쳐 준 덕분에 한국어로 말을 할 수 있다. 할머니는 여전히 루이자의 두 자매인 릴랴, 크리스티나와 함께 타쉬겐트에 살고 있다.

◎ 플로렌스의 울리야나 김(Улияна Ким)

울리야나 김은 플로렌스에 살고 있다. 몇 년 전에 카자흐스탄 악토바에서 여행 차 이탈리아에 오게 되었다. 아르노 강 연안의 이 도시가 너무 마음에 들어 이곳에서 정착하기로 결심했다. 열정적이고 부지런하고 목표 의식이 뚜렷한 울리야나 김은 곧 자신의 꿈의 실현시킬 수 있었다. 지금 호텔 관리인으로 일을 하고 있다. 호텔 주인은 그녀를 칭찬하고 존경하며 모범적인 인물로 내세운다. 고객들도 김에게 존경을 표한다.

그녀는 도시와 도시의 전통이 마음에 든다. 이곳에서 정기적으로 열리는 도시 축제에서 그녀는 기억에 남기기 위해 전통 의상을 입은 플로렌스 사람과 기쁜 마음으로 사진을 찍었다. 그녀는 사랑하는 도시 플로렌스에 대해 다음과 같이 얘기했다.

"어떻게 이렇게 멋진 도시를 사랑하지 않을 수가 있나요? 플로렌스는 세계에 중요한 것들을 무척 많이 선사했어요. 바로 르네상스 시대의 조각가 도나텔로, 아주 유명한 레오나르도 다빈치, 미켈란젤로, 니콜로 마키아벨리, 단테 그리고 갈릴레이가 바로 그들에요. 이탈리아 표준어의 근저에는 플로렌스 지역 방언이 놓여있습니다. 플로렌스 동전은 전 유럽의 표준이 되었지요. 플로렌스의 항해자 아메리고 베스푸치는 자신의 이름을 두 대륙에 남겼어요. 플로렌스의 사상가들은 르네상스의 포문을 열었지요. 이로 인해 플로렌스는 '르네상스의 요람'이라는 이름을 얻게 되었습니다. 이외에도 플로렌스는 이탈리아 유행의 중요 도시이며 세계 유행 중심지의 30위에 올라있어요. 게다가 플로렌스는 이탈리아 민족경제, 관광, 기간산업의 중심지이지요. 이탈리아의 도시 가운데 가장 돈을 벌 기회가 많은 곳입니다. 우리는 이곳 시민으로 풍족하게 살고 있어요. 이곳에 직접 와서 확인하고 나면 나처럼 온 심장을 다해 플로렌스를 사랑하게 될 것입니다."

◎ 베네치아의 알라 김(Алла Ким)

알라 김은 구소련의 공화국 중 하나인 몰다비아의 벨리쯔 시에서 태어났다. 1996년 키시네프 의과대학을 졸업하고 2년 뒤 의사로 일을 하기 시작했다. 당시 그녀는 외국에서 능력을 실험해보고 싶은 생각이 들었다. 게다가 언니 발렌티나와 타냐, 외삼촌 겐나지가 이미 1년 이상 유럽 프랑스의 스트라스부르크에 살면서 일을 하고 있었다. 그들은 돈을 잘 벌었다. 하지만 알라는 독자적인 방법으로 가기로 결심했다.

알라 김은 자신의 학위를 확증 받기 위해 이탈리아 다룰라시 살레노 마을에 위치한 의과대학에 보냈다. 현행법에 따라 6학년을 마치고 국가 인턴 과정을 거친 뒤 국가시험에 합격해야만 했다. 이 모든 것을 위해 알라는 3년의 시간을 보냈다. 순탄하게 생활하기 위해 학교를 다니는 동안 돈을 벌어야 했다. 바와 골동품 상점에서 일을 했다. 드디어 국가시험을 멋지게 합격한 알라 김은 외과의사 자격증을 받았다. 모든 졸업생들도 같은 자격증을 받았다. 한 달 뒤 베네치아주의 트레비조 병원에서는 그녀를 흔쾌히 받아주었다. 지금까지 성인과 소아의 병을 치료해주었고 치료하고 있다.

병원에서 이탈리아 동료 의사인 마리오와 가깝게 지냈다. 우정은 곧 사랑을 변했고 결혼을 결심했으며 부모님은 반대하지 않았다. 부부는 잘 어울렸다. 얼마 뒤 딸 리유가 태어났다. 2016년 6월 11일은 리유의 첫돌이었다. 고려인식으로 아산지를 기념했고 친척들과 가까운 친구들을 초대했다. 딸은 테이블에 놓인 물건 중 가위를 골랐다. 알라의 남편

은 딸의 첫돌 행사에 아주 열정적으로 참가했다. 마리오는 한국음식을 좋아한다.

알라 김은 이탈리아가 마음에 들었다. 사람들도 좋고 삶은 평온하다. 처음에 사람들은 알라를 중국 사람으로 생각했다. 직업에도 만족한다. 병원 동료들과도 친하게 지낸다. 보수는 괜찮은 편이고 환자들은 알라와 남편을 아주 존경한다. 알라 김의 희망은 한국에 다녀오는 것이다. 이에 대해 알라 김은 이렇게 얘기했다.

"역사적 조국에 무척 가보고 싶어요. 내 할아버지 게나는 한국에 갔다 왔어요. 1991년 6월 말 한국에 갈 수 있는 기회가 생겼어요. 페테르부르크에 사는 아버지의 사촌 누나 마리나가 나에게 함께 서울에 갈 것을 제안했지요. 그런데 그때 나는 키시뇨스키 대학 입학을 준비 중이어서 갈 수가 없었어요.하지만 희망을 버리지는 않았어요. 남편도 내가 한국에 다녀오길 원합니다. 딸이 조금 자라면 함께 서울에 다녀올 생각이에요. 프랑스 친척들과는 좋은 관계를 유지하고 있어요. 우리는 몇 차례 스트라스부르크에 다녀왔고 그들도 우리에게 놀러옵니다. 서로 멀지 않은 곳에 거주하는 것은 그래서 좋은 것 같네요."

6. 체코의 고려인

체코의 수도인 프라하에는 적지 않은 한인들이 살고 있다. 비공식적 전언에 따르면 천여 명 이상이라고 한다. 그들은 생산, 서비스, 비즈니스의 다양한 영역에서 일하고 있다. 대학생들도 많다. 그들은 서로 만남을 갖고 친하게 지내며 한국의 명절을 챙긴다. 사는데 별 불만을 느끼지 않다. 삶도 여유가 있다. 많은 사람들은 이곳에서 아이들과 함께한다. 한인들은 상대적으로 빠르게 이곳 지역사회의 전통에 동화되었다. 이웃 나라 독일도 자주 여행하는데 그곳에서 새로운 친구들도 사귄다. 이렇게 프라하에 살고 있는 한인들 중에는 구소련 지역에서 온 고려인들도 있다. 구소련 지역에서 새로운 삶을 찾아 체코로 이주해 온 고려인들의 모습을 몇몇 사례를 통해 살펴보도록 하자.

◎ 엘레나 유(Елена Югай)

엘레나 유는 15년 경력의 프라하 시민이
다. 우즈베키스탄 타시켄트 출신인 그녀는
엄마 친구의 말을 듣고 프라하에 오게 되었
다. 엄마 친구는 체코에 관광 차 왔었는데
첫날부터 이 멋진 도시에 푹 빠졌다. 엘레나
는 자신의 결정을 후회하지 않지만 사실 처
음 한동안은 쉽지 않았다. 그녀는 체코어를
몰랐기 때문에 얼마동안 레스토랑에서 서빙
을 해야 했다. 하지만 엘레나는 그 뒤 여행사에 취직할 수 있었고, 외국
인 관광객들의 가이드로 일하였다. 그녀는 프라하의 명소들에 대해 영
어로 설명을 해주었다. 엘레나는 타쉬켄트에 있을 때 이미 우즈벡어 만
큼이나 완벽하게 영어를 할 수 있었기 때문이다. 나중에는 물론 체코어
도 익혔고 이를 기반으로 프라하 호텔관광대학교에서 공부하였다.

프라하에서 몇 년 전 엘레나는 자신의 사랑을 만났는데 그는 스웨덴
인 프로그래머였다. 그녀는 옌스를 보자 첫눈에 반했다. 세심하고 사교
적이며 믿음직한 사람이었다. 옌스는 '면접'을 위해 연인을 스웨덴의 부
모님께 데리고 갔고 부모님은 아들의 선택을 찬성했다. 어떻게 찬성하
지 않을 수 있겠는가? 예쁘고 근면하고 지성적인데다가 좋은 학벌과 5
개 국어 능통자이니 말이다. 뿐만 아니라 그녀는 깔끔하고 어른을 공경
하며 좋은 가정주부이고 요리 실력도 뛰어나며 벌이도 나쁘지 않다. 이
런 여성과 함께라면 옌스는 행복할 것이다.

2016년 2월 엘레나와 옌스에게는 아들이 태어났다. 이름을 김이라
고 지었다. 첫째 아이의 첫 돌은 타쉬켄트에서 고려인의 전통에 따라

축하해주었다.

프라하에는 엘레나의 우즈베키스탄 여자 친구들이 적지 않다. 친구들은 항상 손님을 기꺼이 맞이하고 융숭하게 대접하는 엘레나의 집에 놀러가는 것을 좋아하고 고향을 추억하는 것을 좋아한다. 게다가 그녀는 훌륭한 가정주부라서 한국 음식 뿐 아니라 우즈벡 볶음밥인 쁠롭을 아주 맛있게 요리할 줄 안다.

◎ 유학생 이리나 리(Ирина Ли)

우즈베키스탄 타쉬켄트에서 온 이리나 리에게 체코에 오라고 조언을 한 사람은 그녀의 언니 올가였다. 체코는 교육수준이 높고 생활비 수준도 적당하다는 것이 이유였다. 이리나 리는 2013년 타쉬켄트에 있는 투린 이공대학 부속 아카데미 리체이를 우등 졸업하고 잠깐 동안 엔지니어링 앤드 컨스트럭션이라는 회사에서 비서로 일했다. 1년 뒤인 2014년 9월 이리나는 프라하로 오게 되었다.

프라하에 도착한 이리나는 먼저 예비학부에 등록했고, 그 다음 해인 2015년 카렐대학교(Univerzita Karlova) 인문학부에 입학했다. 카렐대학교는 학문과 문화의 중심지로 체코 안에서 뿐만 아니라 밖에서도 아주 유명한 곳 중의 하나이다. 오랜 역사를 지닌 명망 있는 유럽 대학인 이곳을 졸업한 사람으로는 알베르트 아인쉬타인, 프란츠 카프카, 니콜라 테슬라(Nikola Tesla), 얀 후스(Jan Hus)와 함께 그 외 역사교과서에 나오는 다른 많은 유명 인사들도 있다. 오랜 역사와 전통을 지닌

대학 건물에서는 전 세계 50여개 국이 넘는 나라에서 온 학생들이 공부하고 있다.

프라하에 온 지 2년이 좀 넘은 이리나 리는 프라하의 생활에 대해 다음과 같이 얘기했다.

"프라하에 온 지 2년이 조금 넘었지만 벌써 전 이 멋진 도시를 온 마음으로 사랑하게 되었답니다. 이 도시는 저에게 고향이 되었어요. 이곳엔 고려사람, 예전 소련방의 한인들도 많이 있고요, 한국과 북한에서 온 사람들도 있는데 체코 시장에 굳게 자리 잡고 있지요. 프라하에는 한국 가게들과 음식점도 있어요. 몇 곳은 저도 직접 가 보았지요. 예를 들어 '코리아 하우스'와 '엄마' 음식점에 갔었는데요. 정말 편안하고 아주 맛있었어요. 그리고 이곳에는 오래된 아름다움 건축물이 엄청나게 많답니다! 프라하의 독특한 명함인 카를 다리(Karlův most)는 중세 건축물의 결정체라고 할 수 있지요. 카를 다리가 건설된 것과 그 이야기에는 전설과 비밀들이 가득하답니다. 다리를 건설하기 위한 그 첫 번째 주춧돌을 놓은 사람은 카를4세였는데요, 그 시간은 1357년, 9일 7월, 5시, 31분이었답니다. 그런데 중세 천문학자들의 계산에 따르면 이것이 그 해 가장 좋은 순간이었다고 해요. 중요한 역할을 한 것이 숫자의 마술이기도 한 것이지요. 바로 1-3-5-7-9-7-5-3-1이에요. 날짜 전체가 하나의 열을 이루는데, 어떤 방향으로도 읽을 수 있지만 상관없이 순서는 똑같다는 것이지요. 19세기 전까지 카를 다리는 구시가(Stare mesto)와 말라 스트라나 지역(Mala strana)을 연결하는 프라하의 유일한 다리였어요. 양쪽에는 탑이 있지요.
프라하에 대해 한마디만 더 하지요. 이곳 사람들은 중앙아시아에서 온 저희 같은 사람들에게 아주 친절하게 대해준답니다. 한 번도 아주 사소한 종류의 민족주의 감정을 드러낸 적이 없어요. 그리고 프라하 공항에서 한국말 방송을 들을 때면(얼마 전에 이곳에 온 친구를 마중하러 갔었거든요) 얼마나 기분이 좋은지 몰라요."

제3장
미주지역 고려인의 현재

1. 캐나다의 고려인

캐나다는 북아메리카에, 미 대륙의 제일 북쪽, 섬이 많은 곳에 있는 국가이다. 수도는 오타와 시이다. 캐나다는 면적 면에서 러시아 다음으로 세계 2위를 차지하고 있음에도 불구하고 총인구는 3억 3천5백만 명이다.

미국처럼 캐나다는 이민자의 나라이다. 평온한 환경에서 아이들을 키울 수 있는 선진화되고 평화로우며 민족적 분쟁과 갈등에서 자유로운 나라라는 캐나다의 명성은 새로운 캐나다인이 되려는 이민자의 흐름이 커져가는 원인이 된다. 그들 대다수는 노동시장의 상황과 교제가 가능한 대도시에 자리 잡고 있다. 어느 정도의 시간이 지난 후 거의 모든 사람들이 북미 도시들을 둘러싸고 교외로 옮겨 간다. 정부의 세금과 신청서 심사에 쓰이는 비용을 시작해서 구매해서 입주하려는, 특히 가족의 부동산과 가구의 재정적인 기여와 미래의 예산에 들어가는 소

득세까지 이민은 국내의 경제에 커다란 기여를 한다. 당연히 그 결과 최근 10년 동안 이민은 나라의 인종 구성의 커다란 변화를 가지고 왔다. "우리는 그다지 많지 않지만 우리는 매우 다양하다"라는 캐나다인의 슬로건은 공연히 나온 것이 아니다. 5년마다 통계청에서 실시한 2012년 최근 인구조사에 따르면 국내에 현재 최소 10만 명으로 구성된 43개의 민족 그룹이 살고 있다. 가장 큰 민족 그룹은 자신을 "캐나다인"(30%)이라고 부른다. 왜냐하면 대부분의 캐나다인, 특히 선조들이 신민지 시기에 온 사람들은 자신들을 캐나다 국민으로 생각하고 있기 때문이다. 자신을 영국인, 프랑스인, 스코틀랜드인, 아일랜드인, 독일인, 이탈리아인, 중국인, 인도인, 네덜란드인, 폴란드인이라고 하는 사람들이 그 뒤를 잇는다. 캐나다는 수십만 명의 우크라이나인, 러시아인, 다른 민족 대표자들에게도 조국이 되었다.

국내의 인구증가는 최근 5년 동안 5.9%이며 이전 캐나다 인구조사 시기와 비교했을 때 0.5% 이상 성장했다. 기본적으로 이민자들이 기여한 부분이 많다. 특히 러시아, 우크라이나, 우즈베키스탄, 벨라루스, 이전 구소련의 다른 나라들에서의 이민이 늘어가는 것이 눈에 띤다. 캐나다에는 한인도 많다. 최근의 데이터에 따르면 25만 명 가량 있다. 대부분은 남한과 중국에서 오고 있다. 그러나 그들 가운데 고려인도 적지 않다. 그들은 80년대, 구소련 붕괴 이후에 캐나다로 옮겨 왔다.

◎ 캐나다의 고려인협회와 초기 조직가들

"러시아어를 사용하는 캐나다 고려인연합을 결성하고자 하는 논의는 오래 전에 진행되었어요." 협회의 초대 회장이며 운송회사 TDX 로지스틱스 회사의 총괄 지배인이고 온타리오 지방에서 면허증이 있는 부동산 중개인인 예브게니 코가이는 회상했다. "구소련에서 유사한 활

동을 한 풍부한 경험을 가진 사람들이 발기인이 되었다는 사실은 협회 창설에 적지 않은 역할을 했어요. 알렉세이 반은 키르키즈스탄과 러시아에서 고려인사회운동의 창설자이며 고려인사회통합조정위원회의 회원이죠. 2000년대 초에 알렉세이 알렉세예비치 반은 그의 도움으로 모스크바 정부가 지원하고 대한민국의 도움으로 수리한 고려인의 문화비즈니스 센터 건물 수리위원회를 이끌었습니다. 게오르기 손은 대체로 유명한 인물입니다. 그는 카자흐스탄의 공훈배우이며 알마아타에 있는 음악희극 고려인 극장 솔리스트예요. 게오르기 니콜라예비치 손은 한국 문화, 음악, 연극 발전을 위해 재능기부를 했습니다. 그의 경험과 재능은 캐나다에서도 필요했어요. 자원봉사활동에서의 경험은 과거 카라간다인이었던 발레리 김과 마리나 헤가이와 오뎃사에서 온 라우라 리도 가졌어요. 이 다섯 명은 2008년 초에 이루어졌던 토론토 창립대회 실행 발기인이 되었죠. 백 명 이상이 참여했어요. 남한 디아스포라 대표자들과 조선족 대표자들이 초대되었어요. 알렉세이 반은 고려인협회의 초대 회장으로 선출되었고 발기인들과 몇몇 인사들이 협회 위원회 위원으로 선출되었죠."

새로운 조직은 다양한 계획을 수립했다. 무엇보다도 새로운 이민자들의 적응에 도움을 주는 것, 정보지원, 구직원조, 대중적인 문화행사, 아이, 연금생활자들을 위한 사회프로그램 등이었다.

전통, 문화비즈니스 관계의 복원을 위해 노력했다. 아이, 부모, 친구를 위해 많은 것을 함께 하고자 하는 바람은 협회 결성에 도움이 되었다. 대부분 러시아어로 생각하고 말하고 러시아 문화에서 교육을 받았지만 한국의 관습을 일상에서 유지하려는 고려인 공동체는 고려인 사회의 커다란 구심점이었다. 왜냐하면 고려인협회는 무엇보다도 아이들을 고려해서 창설되었고 부모를 통해 캐나다 현실이 고려인들이 가진 가치를 가리지 않도록 노력했기 때문이다. 자신의 아이들이 있는 캐나다로 와서 익숙한 교제관계를 상실한 것처럼 여겨졌던 나이 든 세대의 사람들에 대해서도 생각했다. 영어를 구사하지 못하는 그들 대부분은 불편함을 느꼈다. 고려인협회는 그들을 위해서 몇 몇 "모임"을 만들었고 거기서 원로들은 차를 마시면서 교제를 했고 과거, 구소련을 회상했다. 연금생활자들은 활기를 충전하면서 매번 만족해했다.

캐나다 고려인협회 2대 회장은 류드밀라 헤가이였다. 그녀는 2002년에 타시켄트에서 딸이 있는 토론토로 이사왔다. 그녀는 러시아어로 된 캐나다 신문 "가족"의 편집자이며 고려인 디아스포라의 문제를 잘 알고 있는 정직하고 권위 있는 사람이었다. 그녀는 효과적으로 협회를 지도하여, 협회는 적지 않은 흥미로운 행사를 치렀다. 그러나 일 년 반이 지나서 헤가이는 신문 발행에 집중하기 위해 협회의 회장직에서 물러났다.

◎ 인나 박(Инна Пак)

2010년 인나 박이 캐나다 고려인협회 3대 회장으로 취임했다. 그녀는 젊고 에너지가 넘치며 여성이다. 2001년에 토론토에 와서 부동산 중개업에 종사하고 있다. 그녀는 이전에 협회 활동에 가장 적극적으로 참여한 회원 중의 하나였다. 그래서 협회의 지도자가 되면서 굉장한 열성을 가지고 일을 수행했다. 많은 것을 해낼 수 있었지만 문제들도 발생했다. 가장 크고 성공을 거둔 센터 중 하나이며 이전에 항상 무료

руководитель общины русскоязычных корейцев Инна Пак

로 자기 사무실에 고려인협회의 행사개최를 위한 방을 내주던 한국의 문화센터 지도부가 갑자기 임대료를 요구하기 시작했다. 한국이나 캐나다 등 국가로부터 재정적 지원을 전혀 받을 수 없었다. 다양한 문화활동과 500명 이상의 회원들에게 다양한 지원을 해야만 하는 상태에서 협회는 위기에 봉착했다. 결국 부채로 인해 고려인협회는 어려움에 빠지게 되었고, 단합도 이루어지지 않았다.

"우리가 적다는 것은 불행한 일이 아니예요. 대신 우리는 사이좋은 하나의 가족으로 살고 있어요." 인나 박이 말했다. "사실, 고려인협회를 포기해야 했고 협회가 공동체로 변형되었어요. 그렇지만 행사는 더욱 더 많이 열렸어요. 예를 들면 2월에 설날을 즐겁게 보냈어요. 카자흐스탄에서 음악코메디 극장의 유명한 솔리스트이지만 지금은 캐나다 디아스포라가 된 게오르기 손이 몇 곡의 노래를 불렀어요. 몇 년 전에 그는 딸을 만나러 왔다가 머물게 되었죠. 존경할 만한 나이임에도 불구하고 창작활동을 활발하게 하고 있어요. 이런 날에 모스크바에서는 순회공연을 해요. 우리는 힘을 합쳐 의례에 맞춰 아이들의 돌잔치를 해주어요. 우리는 기념할만한 분들을 축하해주죠. 예를 들면 최근에 공동체의 60세 활동가이면서 한국식 샐러드를 만들기 위한 행사 주관자였던 발레리야나 김을 축하해주었죠. 우리는 12월 25일에 캐나다에서 매우 폭넓게 기념되고 있는 크리스마스를 항상 아름답고 밝으며 즐겁게 보내요. 그러나 무엇보다도 더 우리는 여름 소풍이 마음에 들어요. 토론토에는 400개 이상의 큰 공원이 있고 1,600개의 벤치들이 있어요. 공원중 하나에 모여서 식탁을 차리고 놀이와 자체 콘서트를 열고 러시아와 한국 노래를 합창으로 부르며 즐거운 기분으로 집으로 돌아와요."

◎ 옐레나 유가이(Елена Югай)

캐나다는 세계 교육시장의 리더 중 하나이다. 교육 발전은 국가 정책의 우선권 순위에 있다. 질적으로 높은 기준은 국가차원에서 보장되고 있다. 캐나다인은 G7의 다른 나라들보다 교육면에서 더 많이 투자한다. 교육은 기본적으로 국가예산에서 지원된다. 결과적으로 국내에서는 높은 질의 교육과 훌륭한 교육조건이 이루어지고 있다. 모든 대학교들은 국립이다. 높은 교육적 질이 담보되는 상황에서 칼리지와 대학교 학비는 영국과 미국보다 싸다. 그와 함께 입학할 때 높은 성적을 받

Доктор Росс Ким, Елена Югай и руководитель сообщества казахстанцев в Канаде Вячеслав Нам

은 학생들은 장학금을 받는다.

캐나다 교육의 강한 측면은 이론과 실제의 관련성이다. 예를 들면 국내의 약 70개에 달하는 대학교는 현대 기술적 기반, 실험실을 갖추고 있으며 대학생들은 지속적으로 실습을 해나간다. 젊은이들은 그런 조건에서 배우기를 갈망한다. 수업 외의 한가한 시간도 유익하고 다양하게 보낸다. 그러므로 매년 여기서 교육을 받길 희망하는 외국 젊은이들이 캐나다로 대거 유입되고 있다.

캐나다 대학생과 대학원생 가운데 고려인은 적지 않다. 그들 중 한 사람이며 밴쿠버의 유명한 브리티시 콜럼비아 대학교의 아시아 연구학과 대학원생인 옐레나 유가이가 대표적이다. 사교적이고 다방면으로 식견이 넓으며 지적인 그녀는 처음부터 존경과 매력을 불러일으켰다. 게다가 이 아가씨는 고려인이라는 것에 커다란 자부심을 가졌으며 한국학자가 되기로 결심하고 이미 이 과정에서 여러 가지 성과를 거뒀다.

옐레나는 체르케스크에서 태어났고 그 다음에 부모는 스타브로폴로 옮겼다. 여기서 그녀는 11학년을 우수한 성적으로 졸업했다. 이때에 미국과 독립연합국가에서 온 초등학생, 대학생 교사들을 위한 교환프로그램을 실시하고 있는 미국 에이전트 "아스프랴/ 악셀스"은 일년동안 미국 가정에서 살면서 미국 학교에서 공부하기를 원하는 희망자를 모집했다. 16세의 옐레나는 현지실습을 통해 영어가 발전하기를 간절히 원했다. 그녀는 서류를 제출했지만 메인 주 갈런드 시에서는 이미 9월에 12학년이 된다.(미국에서는 12살에 중등 교육을 받는다.) 그녀는 이미 다 자란 아이가 다섯인 어머니 리타 베르니예 가정에서 홈스테이를 하게 되었다. 봄에 두 번째 중등 교육 졸업장을 받았다. 그녀는 집으로 돌아가려고 했지만 메인 주립 대학교의 대학생이었던 리타 베르니예의 딸 로라는 그녀에게 일학년으로 입학하는 데 더구나 국제 대학생을 위한 장학금을 받고 입학할 수 있는 서류를 그 학교에 내보라고 조언했다. 그 이야기를 듣고 기대하지 않고 한번 내보고는 7월에 입학시험에 합격해서 지방 대학교에 입학하게 된 스타브로폴로 떠났다. 그런데 8월말에 갑자기 미국에서 편지가 왔다. 엘레나 유가이는 메인 대학교에 등록되었다. 물론 스타브로폴에서의 학업은 포기하고 생각할 것도 없이 미국으로 가서 국제경제와 외국어 학부 대학생이 되었다. 모든 대학생활 동안 학과에서 주요인물이 되었고 대학생활, 포럼, 문화페스티벌에 적극 참여했으며 학자가 되려는 꿈이 실현되었다. 대학교를 졸업하고 대학원에 입학하기로 결심했지만 캐나다로 가게 되었다. 메인 주는 멀지 않았다. 대학생이 되면서 여러 번 토론토, 퀘벡에 동문들과 함께 갔었다. 가장 중요한 것은 브리티시 콜럼비아 대학교에 아시아 연구학과에 유명한 한국학자인 로스 김이 일하고 있다는 것이었다. 그녀는 앞으로의 학비를 벌기 위해 미리 토론토에 있는 법률사무소에서 일하면서 이 학교에 입학했다. 작년에 엘레나는 석사학위를 받았고 지금 김 박사 지도하에 학위논문 "구소련의 20-30년대 고려인 유년 기억사"를 쓰고 있다. 한국어와 영어를 포함해서 네 개 국어를 자유자재로 구사하면서 러시아, 우즈베키스탄, 구소련의 다른 공화국으로 여행할 때 자신의 연구 주제에 맞는 자료를 풍부하게 모았으며 모스크바, 연해주, 하바롭스크를 포함해서 그곳에서 적지 않은 가치 있는 고문서 복사본, 다양한 소수민족 대표자들, 무엇보다도 동포와의 많은 대화녹음을 가지고 왔다.

◎ 빅토르 리(Виктор Ли)

로스앤젤레스에서처럼 토론토에도 도시의 중심거리 중 하나를 차지하는 코리아타운이 있다. 여기에 한국 비즈니스가 자리하고 있다. 많은 회사들이 소매업을 하고 있다. 레스토랑, 제과점, 기념품 가게, 식료품점, 여행사가 있으며 여기에는 기본적으로 동포들이 일하고 있다. 여기로 오면 서울에 있는 것 같은 기분이 들기 시작한다. 사방에 한글 표지와 간판이 있다. 그러나 로스앤젤레스와는 차이가 있다. 이곳 코리아타운의 살림집에는 한인이 거의 없고 환경적으로 더 깨끗한 근교로 이주했다. 시내에는 모스크바나 블라디보스토크의 주민의 부러움을 살 정도로 편안한 분위기의 환경임에도 불구하고 말이다. 거리와 인도에 모범이 되는 위생적인 체제는 차치하고 캐나다 도시들의 공기가 깨끗한 것에 특히 관심이 간다.

이런 환경에 잘 적응한 대표적 인물 중의 하나로 43세의 기업가 빅토르 리가 있다. 그는 키예프에서 11년 전에 캐나다 수도 오타와로 가족과 함께 와서 짧은 기간에 사업에서 성공을 거두었다.

빅토르 리는 환희와 애정을 가지고 국가가 국민개인을 법률뿐만 아니라 사회적으로 보호하는 것이 매우 중요시 되었던 자신의 새로운 조국에 대해 이야기했다.

"놀라운 것이 뭐죠? 부유한 나라는 거둬들인 거의 모든 세금을 사람들의 요구를 위해 써요. 더구나 캐나다에는 인구수를 환산해 많은 수의 관리 기구가 존재해서 러시아와 달라요. 이 수 많은 기구는 정확하게 독립 시기 동안 성장했고 예산의 큰 부분을 소비하고 있어요."

"우리나라에는" 나의 새로운 지인이 자신의 견해를 계속했다. "잘 고안된 경제, 사회, 국가운영시스템이 있어요. 이런 시스템은 세상에서 가장 훌륭하고 가장 인본주의적인 사회시스템 중 하나예요. 그 핵심은 캐나다 국민이 되고 캐나다 영토에 지속적으로 살거나 국가가 개개인, 또는 피난민의 일정한 생활수준을 보장하고 있다는 데 있습니다. 모든 직장인으로부터 누진세율에 따라 소득세를 모아서 국가는 어떤 이유로 노동능력이 없거나 구직할 수 없는 사람 모두에게 재정적 지원을 하고 있어요. 그 결과 캐나다는 빈곤층을 자신의 땅에서 없애고 있어요. 이를 고려해서 국가는 범죄율을 통제하고 가난하고 절망한 사람들이 살고 있는 사회에서 불가피하게 발생하는 사회적 긴장을 예단해요. 높은 수준의 도덕적 안정성과 법 수호 기관들의 분명한 업무와 연관된 그런 사회 정책은 캐나다가 세계에서 가장 안정된 국가들 중 하나가 되게 한 거죠. 캐나다에는 범죄율이 낮고 사회적 갈등이 실제로 없어요. 캐나다인은 종종 자신의 사회보장제도를 '사회안전제도'라고 불러요. 지원 프로그램은 모든 사회계층을 고려하며 우선적으로 미성년자, 실직자, 노년들을 고려해요. 특히 노병들이 배려 받는 것이 기뻐요. 예를 들어 병이 나서 치료를 해야 할 경우, 심지어 비용이 많이 드는 경우에도 국가, 다양한 기금, 클럽의 지원 덕분에 그들은 막대한 비용을 받고 있어요. 우리 연금생활자들은 관광객으로 세계 방방곡곡에서 자주 만날 수 있어요. 모든 것이 다른 국민들과 비교해볼 때 그들이 다니는 데 몇 배 더 싸기 때문이죠."

빅토르 리가 캐나다에서 가장 널리 퍼진 여러 국가 보조금(GAIN)을 받을 수 있는 권리를 부여하는 빈곤의 기준은 러시아나 중앙아시아와 비교할 수 없는 수준이었다. 즉 GAIN 수혜자는 한 대의 자가용을 가지고, 하나의 개인 부동산, 일정한 한도까지, 예를 들면 아이가 달린 부모에게는 5500 캐나다 달러까지 돈을 가질 수 있다.

◎ 류드밀라 헤가이(Людмила Хегай)

아래의 내용은 류드밀라 헤가이가 캐나다에서의 삶에 대해 구술한 내용이다. 이를 통해 캐나다 고려인 사회와 인물들의 활동에 대한 내용을 파악할 수 있다.

캐나다는 멋진 나라입니다.

저는 3천5백만 명의 멋진 나라인 캐나다에 벌써 13년째 살고 있는데 이 나라는 고도로 발달된 산업과 풍요로운 천연자원, 높은 생활수준을 향유하고 있습니다. 캐나다는 미국과 마찬가지로 이민자의 나라입니다. 선진국이며 평화를 사랑하고, 인종간의 불화나 충돌로부터 자유로워서 평온한 환경에서 아이들을 키울 수 있는 나라라는 평가 덕분에 흔히 새로 도착한 이민자들이라 불리는 신 캐나다인의 유입이 늘어날 수 있습니다. 이민의 영향으로 최근 몇 십 년 동안 나라의 인종 구성에는 커다란 변화가 발생했습니다. "우리가 매우 많지는 않지만 매우 다양하다!"라는 캐나다인의 표어가 괜히 있는 것이 아닙니다. 통계청이 5년마다 실행하는 2012년 인구센서스에 따르면 현재 캐나다에는 최소 10만 명으로 구성되는 43개의 인종 그룹이 살고 있습니다. 가장 큰 인종 그룹은 스스로를 "캐나다인"이라 부르는데(30%), 캐나다인의 대다수는, 특히 식민지 시절에 선조가 캐나다로 온 사람들은 자신을 캐나다 민족으로 생각합니다. 뒤를 이어 자신을 영국인, 프랑스인, 스코틀랜드인, 네델란드인, 폴란드인으로 부르는 사람들이 있습니다. 캐나다는 수십만 우크라이나인과 러시아인, 다른 민족들에게도 조국이 되었습니다.

또한 캐나다는 세계 교육시장의 리더 중 하나입니다. 교육의 발달은 국가 정책의 중요한 근간 중 하나입니다. 높은 수준의 질적 표준은 국가적 차원에서 보장받습니다. 캐나다인들은 교육 분야에 다른 빅7보다 더 많이 지출합니다. 교육은 대부분 국가가 예산으로 재정을 운영합니다. 그 결과 교육의 높은 질과 좋은 교육환경이 달성되었습니다. 모든 대학은 국립입니다.

캐나다 교육의 장점은 이론과 실습의 연관입니다. 예를 들어 약 70개로 추정되는 대학들은 물질적-기술적 기반과 실험 장비를 가지고 있어서 학생들이 지속적으로 실습을 할 수 있습니다. 이러한 환경에서 젊은 세대가 의욕적으로 공부합니다. 수업 이외의 자유 시간을 흥미롭고 다양하게 보냅니다. 이로 인해 캐나다에서 교육받기를 원하는 다른 나라의 젊은이들의 대량 유입이 해마다 관찰됩니다. 이 밖에도 캐나다는 사회보장 수준이 상당히 높습니다. 개인의 사회보장은 우리 국가에 의해 중요시되고 있습니다. 선진국이며 거둔 세금은 거의 다 사람들의 필요에 쓰이고 다른 곳에 도둑맞지 않습니다. 그리고 캐나다에는 국민의 부담으로 계산되는 관리들의 기구 수가 적어서 몇 해 후 독립성이 몇 배 증가하고 예산의 상당부분을 먹어치우는 러시아와는 다릅니다. 캐나다는 경제, 사회, 국가 운영시스템이 잘 고안되어있어 세계에서 가장 훌륭한 최고의 인도적 사회 시스템을 창출할 수 있습니다. 핵심은 나라 영토에 지속적으로 거주하고 있는 캐나다 시민이든, 난민이든 상관없이 모든 사람의 생활수준을 국가가 일정한 정도로 보장을 해준다는 것입니다. 국가는 모든 노동 국민들로부터 진보적 척도에 따라 소득세를 걷고, 어떤 이유로든 노동능력이 없거나 일자리를 찾지 못한 모든 사람들에게 재정적 도움을 제공합니다. 그 결과 캐나다는 영토 내에 궁핍의 경계 너머에 위치한 계층의 사람들의 출현을 없애고 있습니다. 이 덕분에 국가는 범죄수준을 통제할 수 있고 빈민이나 좌절한 사람들이 살고 있는 사회에 틀림없이 발생하는 사회적 긴장감을 예방할 수 있습니다. 이와 같은 사회정책과 높은 도덕성, 법률보호 기관의 정확한 활동 덕분에 캐나다는 범죄 수준이 매우 낮고 충돌이 실질적으로 존재하지 않는, 세계에서 가장 안전한 국가 중 하나가 될 수 있었습니다. 지원 프로그램은 사회의 모든 층, 우선적으로 미성년자와 실업자, 노인들을 대상으로 만들어졌습니다. 노인들에 대한 배려가 특히 저를 기쁘게 합니다. 국가와 다양한 펀드, 클럽들의 도움으로 예를 들어 질병 치료와 같은 경우에 그것이 고가의 치료일지라도 그들은 상당한 돈을 제공받습니다. 캐나다 노후연금생활자들이 관광객으로 온 것을 세계 곳곳에서 자주 볼 수 있습니다. 이는 그들의 통행료가 다른 범주 시민들과 비교하여 몇 배나 더 저렴하기 때문입니다. 올해 저도 노후연금생활자가 되었습니다. 제가 태어나고 자란 러시아나 우즈베키스탄에 살고 있었다면 벌써 10년 전에 노후 연금을 받기 시작했을 것입니다. 사실 캐나다에서는 남자도 여자도 65세가 되어야 정년퇴직을 합니다.

최근 5년 동안 캐나다의 인구성장은 거의 6%를 이루었습니다. 주로 이민자들 때문입니다. 특히 러시아나 우크라이나, 우즈베키스탄, 벨라루시, 다른 구 소비에트 연방 국가들에서의 이민이 증가하고 있는 것이 보입니다. 캐나다에는 한인들도 많습니다. 최근 데이터에 의하면 25만 명 이상입니다. 대다수가 남한과 중국에서 온 사람들입니다. 그러나 그들 중에는 고려사람-소련 붕괴 후 캐나다로 이주한 구 소비에트 한인-도 적지 않습니다. 그들 중 많은 사람이 토론토에 정착했습니다. 그들은 당연히 러시아어를 구사하는 한인들로 자신의 공동체를 구성하려 했고 공동체가 만들어졌습니다. 구 소련에서 이와 비슷한 활동의 경험이 많았던 사람들이 발기인이 되었고 게다가 그들이 서로 아는 사이였다는 사실이 한인연합 창설에 큰 역할을 했습니다. 알렉세이 반은 끼르기즈와 러시아에서 한인단체 운동의 창시자인데 2000년대 초반 러시아 한인 문화센터 건물 복구를 위한 위원회를 이끌었습니다. 그의 활동으로 센터는 모스크바 정부의 협조로 조직위원회연합에서 분리되었고 한국의 지원으로 수리되었습니다. 운송회사 TDX Logistics Inc의 CEO이자 온타리오 주 공인 부동산 중개사인 예브게니 고가이, 카자흐스탄 명예 예술가이자 알마아타 한인 음악 코미디 극장의 솔리스트인 게오르기 손, 카라간 출신의 적극적 사회활동가 발레리 김과 마리나 헤가이, 오데사에서 온 라우라 리가 발기인에 있습니다. 2008년 3월 15일 창립회의가 열렸습니다. 연합의 대표로는 32살의 예브게니 고가이가 선출되었고 다른 발기인들과 몇몇 다른 사람들은 알렉세이 반이 이끄는 연합 위원회에 들어갔습니다.

머나먼 나라에서 인종적으로는 한국인이며 러시아어를 모국어로 하는 사람들만을 위해 존재하는 독특한 문화와 전통, 생활양식의 작은 섬이 이렇게 탄생하게 되었습니다.

신설조직은 많은 계획을 약속하였습니다. 무엇보다 새로운 이민자들에 대한 적응 지원, 정보제공, 구직활동 도움, 문화대중적 정책들, 아이들을 위한 특별 프로그램 등등이 있습니다. 전통과 문화사업적 관계의 부활을 향한 여정에 큰 진보를 이루었습니다. 우리들은 자신의 아이들과 부모, 친구들을 위해 많은 것을 할 수 있도록 함께 있고 싶은 소망을 가지고 있었고 때문에 연합을 형성하는데 협조해야 했습니다. 결국 그렇게 성공했습니다. 첫째 달부터 연합 대표와 위원회는 적극적으로 활동했습니다. 대부분을 러시아어로 생각하고 말하며 러시아 문화 속에서 양육되었으나, 생활면에서는 한인 방식을 유지하고 있는 한인 공동체의 존재를 선포하는 데 성공했습니다.

연합이 최우선적으로 아이들을 고려하여 만들어졌기 때문에 그들에게 캐나다의 현실이 우리가 가지고 있는 가치를 잠식하지 않도록 부모를 통해 노력했습니다. 캐나다에 있는 자식들에게 이주해와 익숙한 관계를 상실하게 된 노인세대에 대해서도 생각했습니다. 그들 중 많은 이들이 영어를 알지 못하기 때문에 불편함을 느끼고 있었습니다. 연합은 그들을 위해 몇몇 "친목회"를 조직하여 노인들이 차를 마시며 서로 대화를 나누고 지난 일과 소비에트 연방을 기억할 수 있게 하였습니다. 노후연금생활자들은 매번 원기를 회복해서 만족한 상태로 헤어집니다.

유감스럽게도 연말에 있었던 연합 위원회 확대회의에서 예브게니 고가이가 대표직에서 물러나겠다는 성명을 발표했습니다. 그는 자신의 기본 활동의 부담감이 크다는 이유를 들어 소청했습니다. 그래서 캐나다 러시아어 신문 "가족의 고리"의 문학 편집자인 저에게 대표직이 주어졌습니다. 저는 열성적으로 활동했습니다. 연합은 흥미로운 정책을 적지 않게 수행했습니다. 그러나 1년 반이 지나 저도 사직을 발표할 수밖에 없었습니다. 신문편집이 전적인 집중을 요구하기 때문에 사회활동을 할 여력과 시간이 전혀 남아있지 않았습니다. 힘을 반만 쓰며 노동하는 것은 캐나다의 어떤 분야일지라도 용납되지 않기 때문에 직업을 잃을 수 있습니다.

연합의 세 번째 대표자로는 2010년 부동산 중개사로 열심히 활동하고 있던, 고등교육학위를 두 개나 가진, 에너지 넘치는 젊은 여성 인나 박이 선출되었습니다. 그녀는 이전에도 연합 활동에 가장 적극적으로 참여하였으며 지도자가 된 후 일을 특히 열성적으로 수행했습니다. 그녀의 발의로 관습을 존중하여 아이들의 첫돌과 동포들의 환갑을 기념하기 시작했고, 교외로 단체 소풍을 나가는 것을 기획했습니다.

참으로 유감스럽게도 최근 2년 정도 우리는 자주 모이지 못하게 되었습니다. 기본 업무가 우리의 대표를 "해치웠습니다". 여가시간이 없습니다. 다른 사람들도 마찬가지입니다. 올해는 겨우 하나의 정책만이 실행되었는데 이것은 디아스포라의 영혼, 지칠 줄 모르는 알렉세이 알렉세이비치 반의 노력 덕분입니다. 3월 8일 국제여성의 날을 기념하는 축제에 다른 민족들까지 포함하여 100명 이상의 사람들이 참석했습니다. 즐겁고 흥미로웠습니다. 노래하고 춤추고 콩쿨에 참여하고, 여성에 대한 시를 낭송하고, 한국 민요와 현대 노래를 즐겁게 들었습니다. 파티는 모두가 좋아했습니다.

중요한 것은 가족이다.

저는 어문학을 전공했습니다. 예전에 사마르칸트 대학을 졸업했습니다. 2002년에 첫 손녀의 출산을 앞두고 캐나다의 딸 올가에게 와서 그렇게 이곳에 남게 되었습니다. 사실 엄격한 이민심사 과정을 걸쳐야만 했는데 더군다나 저는 영어를 전혀 몰랐습니다. 그러나 신이 맷돌을 천천히 그러나 바르게 돌린다는 말이 괜히 있는 것이 아닙니다. 약간의 세월이 흐른 후 모든 것이 정리되었습니다. 전공에 맞는 직업을 구했습니다. 삶이 만족스럽습니다. 배우이자 감독이며 재능있는 비디오 촬영가사로 벌써 30년 가까이 함께하고 있는 사랑하는 남편 엘다르 무라토프에게 만족합니다. 캐나다 부동산회사의 회계원으로 사내에서 동료들에게 존중받고 있는 딸도 기뻐합니다. Yogurtis 사의 매니저인 사위 바딤 초이의 일이 잘 진행됩니다. 그리고 나의 중요한 사랑은 물론 손주인 싸샤와 코스차입니다. 모든 할머니들과 마찬가지로 눈에 넣어도 아프지 않을 정도로 사랑합니다.

창작계획에 관하여 언급하면 나의 아저씨인 박 M. V.가 썼던 우리 대가족에 관한 책을 이어갈 계획입니다. 그 중 일부분을 발췌하여 작년에 이미 "고려신문"에 발표했는데 이에 대해서 편집국에 대단히 감사하다고 말씀드립니다.

모이세이 발레리노비치는 하늘이 내린 교육자입니다. 토스넨스크 지역의 마신스키 중학교를 37년 동안 이끌어왔고 학교의 새 건물을 건축했고 선생님들을 위한 다세대 주거지를 마련했습니다. 그는 열정적인 사람으로 단체에 창의적 탐구 분위기를 조성하고 학교는 흥미롭고 다양하게 운영되어왔습니다. 설립자로서의 엄청난 자질과 개인적인 매력을 소유한 그는 선생님들과 학생들, 학부모들을 눈앞의 과제를 해결하기 위해 단일한 세력으로 통합시킬 수 있었습니다. 1988년 공로에 따라 제1차 전러시아 의회 레닌그라드주 대표자로 선출되었습니다. 마을과 지역에서 그의 권위는 대체할 수 없을 정도여서 그가 지역 소비에트 의원으로 여러 번 선출된 것은 우연이 아니며, 생애 마지막까지 최근 4년 동안 리신스크 마을 정착지의 수장으로 활동했습니다. 도로건설을 위해, 주민들에게 물과 가스를 중단 없이 제공하기 위해 많은 일을 했습니다. 모이세이 박은 2013년 6월 향년 82세로 생을 마감했습니다. 그의 제삿날에 그가 여러 해 동안 일했던 학교에 기념비를 세웠습니다. 많은 사람들이 참가한 행사에 아저씨에 대해 따스한 말이 많이 나왔습니다.

2. 오스트레일리아의 고려인

현대의 오스트레일리아는 미국과 캐나다처럼 이주민의 나라이다. 비공식 데이터에 따르면 현재 오스트레일리아에 약 4만 명의 한인이 거주하고 있다. 그 가운데 구소련 지역에서 온 고려인이 적지 않다. 구소련 지역에서 새로운 삶을 찾아 오스트레일리아로 이주해 온 고려인들의 모습을 몇몇 사례를 통해 살펴보도록 하자.

◎ 마리나와 알렉세이 최(Марина и Алексей Цой) 가족

우즈베키스탄 토박이인 마리나와 알렉세이 최는 오스트레일리아 멜버른에 비교적 최근에 살게 되었지만 이미 이 아름다운 도시를 사랑하게 되었다. 2011년에 태어나서 오스트레일리아인이 된 어린 딸 클로이도 여기에 사는 걸 마음에 들어 했다. 클로이는 부모와 공원을 산책하고 어린이 오락시설을 가길 좋아한다. 유치원도 즐거운 마음으로 다닌다.

젊은 가족은 직업 관련 이민으로 여기에 왔다. 처음 신청자는 알렉세이였으며 그는 뛰어난 프로그래머이다. 오스트레일리아에서 이 직업은 매우 쓸모가 많아서 지역 회사 중 하나에 문제없이 입사했다.

마리나도 구직했다. 그녀는 강철 구조물 제작과 설치회사에 입사했다. 입찰, 예산, 계약관리의 조정을 담당했다. 그녀는 매우 똑똑하고 사교적이며 성실하다. 그녀는 타쉬켄트 동양학대학에을 졸업했고, 서울대학교에서 국제관계학을 전공해 석사학위를 받았다. 오스트레일리아에 와서는 멜버른대학교에서 건축분야의 법학과정을 우수한 성적으로

마쳤다. 영어는 물론이고 한국어도 잘 하지만 남편과 함께 한국 사람들과는 거의 연락하지 않는다. 기본적으로 다른 도시에 살고 있는 사람들을 포함해서 러시아어를 사용하는 고려인들과 잘 지낸다. 그들은 민족전통을 지니고 있다. 음력설인 설날을 비롯하여 많은 다른 명절을 기념한다. 모든 의례를 준수하면서 딸 돌잔치를 치렀다.

우즈베키스탄에서 온 젊은 고려인 가족이 거주하고 있는 멜버른에 대해 마리나는 자랑스럽게 다음과 같이 얘기한다.

> "우리 4백만 명의 멜버른은 포트 필립베이 주변에 있는 빅토리아주의 수도일 뿐만 아니라 법적으로 기본적인 상업, 산업, 문화의 중심지들 하나예요. 멜버른도 종종 '스포츠와 문화 수도'라고 불려요. 왜냐하면 여기 오스트레일리아 생활에서 많은 스포츠와 문화 행사들이 진행되고 있기 때문이에요. 도시는 빅토리아풍과 현대 건축물의 조합, 수많은 공원과 정원, 다민족으로 유명해요. 알다시피 1956년에 이 도시는 하계 올림픽경기를 치렀고 2006년에 코먼웰스 게임(영연방경기대회)이 있었어요. 여기에 1981년에 영연방경기대회 국가들의 정상회담이 진행되었고 2006년에 선진국 20개국 지도자들이 참여한 G20정상회담이 있었죠. 2011년에 'The Economist'지는 특징을 종합해서 멜버른을 지구상에서 살기에 가장 안락한 도시라고 불렀어요.
> 지금에서야 말하지만 우리가 처음에 온 몇 달은 힘들었어요. 살 집, 직장을 구하는 데 약간 어려움이 있었거든요. 그렇지만 지금은 모두 지난일이에요. 정착했고 이사 온지 5년밖에 되지 않았지만 멜버른은 고향이 되었어요."

◎ 이고리와 예브게니야 장(Игорий и Евгения Тян) 가족

우즈베키스탄에서 온 이고리와 예브게니야 장 부부는 자신들을 완전히 오스트레일리아 본토박이라고 생각한다. 그들이 오스트레일리아에 온 지 벌써 10년이 넘었다.

이고리 장은 사마르칸트에서 영국특수학교를 졸업했다. 어머니인 소피야 파블로브나 리가 교사로 일했기 때문이었다. 그는 아버지 없이 홀어머니 아래에서 자랐다. 중등학교를 졸업한 후에 사마르칸트대학교 언어학부를 졸업하고 모교에서 영어교사로 일했다. 그 후 사마르칸트 주재 한국 기업인 대우에서 일했다. 그때 타시켄트의 외국인회사에서 일하는 예브게니야를 알게 되었고 그들은 결혼을 하였다. 딸 이리나가 태어났다. 15년이 넘는 그들의 결혼생활은 행복했다.

이고리와 예브게니야는 능력을 인정받아서 2003년 오스트레일리아로 이주하는 데 성공했다. 그들이 시드니를 선택한 이유는 정착하는 데 도움을 주었던 좋은 지인들이 거기에 살고 있었기 때문이었다. 예브게니야는 통신사에서 기술자로 일했고, 이고리는 운송취급회사에 경영부서를 이끌었다. 시드니에서 아들 블라디미르가 태어났다.

그들 부부는 호주를 매우 마음에 들어 했다. 따뜻한 기후, 바다, 매력적인 자연, 좋은 사람들이 그 이유였다. 그들은 기본적으로 타쉬켄트 출신 사람들과 연락하고 지낸다. 민족 전통은 잊지 않았다. 아들 돌잔치에 전통적인 식탁을 차리고 많은 손님들을 초대해 기념했다. 돌잔치에는 고려인은 물론이고 고려인의 행사를 매우 좋아했던 러시아인도 왔다.

시드니에서 한국음식을 해 먹는 데는 아무런 문제가 없다. 주변에는 한국에서 온 이민자들이 차린 한국 가게와 레스토랑이 적지 않다. 그들 역시 시드니를 좋아한다. 한국에서 온 사람들은 비즈니스를 잘 하고 일도 잘한다. 축제 역시 잘 치러낸다. 특히 추석을 재미있게 개최했다. 이고리 부부는 추석 행사에 몇 번 참석하기도 했다. 시드니에는 고려인이 매우 적어서 아무도 신경쓰지 않는다.

이고리는 화요일마다 러시아 팀 <동쪽>에서 배구를 즐긴다. 이 팀의 창설자는 60년대 초에 하얼빈에서 온 러시아 망명자들이다. 또한 이고리는 토요일마다 공원에서 고려인들과 축구를 한다. 오스트레일리아에 거주하는 고려인의 인간관계 역시 러시아와 고려인이라는 범주 아래 이루어지고 있는 것이다.

◎ 오스트레일리아의 고려인 비즈니스맨들

오스트레일리아에는 중소 비즈니스에 활발하면서 성공적으로 종사하고 있는 고려인들이 있다. 대표적인 예가 다음의 사람들이다. 카자흐스탄 출신이며 오스트레일리아의 비즈니스 수도인 시드니에 있는 레스토랑 소유자인 안드레이 박, 하바롭스크 지역에서 페르트로 이주하여 이곳에서 세 대의 대형트럭을 몰며 화물운반을 하는 알렉산드르 리, 아델리아다 출신으로 관광업을 하는 막심 한 등이 있다.

제4장
이스라엘의 고려인

1. 이스라엘이 조국이 되었다

이스라엘에서는 적지 않은 고려인들을 만날 수 있으며, 그들에게 이스라엘은 사랑하는 조국이 되었다.

이스라엘은 실제로 특별한 나라이다. 이스라엘은 자신의 흥미로운 역사, 고대 문화, 하이테크 분야에서의 현대 연구 등으로서 자신의 독특한 지위를 인정받았다. 그러나 그것이 전부가 아니다. 이스라엘의 의료, 교육, 학문, 심지어 화장품이 세계적으로 유명하다. 이스라엘은 다양한 시기, 문화와 민족들의 수많은 역사적 기념물을 자랑할 수 있는 몇 안 되는 나라들 중의 하나이다. 작은 영토에도 불구하고 상이한 지리와 기후를 지니고 있다. 아침에는 갈릴리산의 침엽수림을 따라 걸을 수 있으며, 겨울철에는 헤르몬산에서 스키를 탈 수도 있다. 이스라엘의 북쪽에는 두 시간만 가면 텔아비브 근처를 흐르는 야르콘 강의 협곡을 만나고, 거기서 두 시간을 더 가면 꽃이 피던 대지가 아랍의 돌로 가득

찬 사막으로 바뀐다. 저녁이 되면 홍해의 해변가에 있는 이스라엘 최대의 휴양도시 에일랏이 여행자들을 기다리고 있다.

이스라엘 중앙통계청이 제시한 자료에 따르면 2014년 9월 현재 인구수는 825만 명이다. 국어는 헤브라이어와 아랍어이다. 이스라엘은 중앙집권제의 민주주의 의회 공화국이며, 6개의 행정구역으로 나뉜다. 화폐단위는 신 셰켈이다. 국가수반은 크네셋으로 불리는 의회에서 4년 임기로 선출되는 대통령이다. 대통령의 전권은 제한적이다. 완전한 권력은 수상을 수반으로 하는 정부에 위임되어 있다. 이스라엘은 공업 국가이며, 국가가 상당 수준에서 개입하는 시장 경제 체제를 지니고 있다. 결론을 말하면 이스라엘은 근동의 모든 국가들 중에서 가장 높은 생활수준을 지니고 있다. 국제연합의 인간개발지수에서 16위를 차지하고 있다. 1948년 5월 14일의 독립선언으로 유대인 국가가 되었다. 다른 인종들도 유대인과 동등한 권리를 보유하고 있는 다민족 국가 이스라엘은 종교와 상관이 없어서, 무슬림을 믿는 아랍인, 기독교도인 아랍인, 드루즈파, 베두인, 사마리아인, 아르메니아인, 시르카시아인 등이 존재한다. 특히 드루즈와 베두인 의원들, 아랍정당과 의원들이 크네셋에서 각 민족을 대표한다. 이스라엘은 다양한 종류의 민족문화라는 특색을 지니고 있다. 인구의 대부분인 75.4%가 유대인이며, 20.6%가 아랍인, 나머지가 4%이다.

이스라엘에는 관광명소가 많다. 그 중 가장 중요한 곳은 지중해의 연안에서 55킬로미터, 사해에서 동쪽으로 25킬로미터의 거리에 위치한 유대산에 위치하여, 기독교도, 무슬림 그리고 유대교도의 성지인 수도 예루살렘이다.

수천 년에 걸쳐 순례자들은 성지에서 예배를 드리기 위해 이곳을 찾았다. 기독교인의 경우 성묘교회, 비아 돌로로사(고난의 길), 겟세마네

동산, 올리브산, 예수 그리스도의 이름과 연관된 다른 장소들이 있다. 무슬림에게는 알 아크사 사원과 암벽 위의 황금돔 사원, 선지자 마호메트의 승천지, 예언자 다우드와 무사의 묘 등이 있다. 유대인에게 신성한 장소이자 이스라엘 민족의 비극의 기념비인 통곡의 벽은 예루살렘 제1성전과 제2성전 중에서 현존하는 유일한 유적지이다.

예루살렘은 수많은 신자들을 위한 순례의 장소이며, 정부 소재지와 기관들이 산재한 지역이며, 실로 활기찬 삶의 도시이다. 현대 예루살렘은 신도시와 구도시의 두 부분으로 나뉜다. 서쪽에 있는 첫 번째 유대인 교외에서 1860년부터 시작된 신도시는 크기나 주민 수에서 구도시를 이미 오래 전에 앞질렀다. 예루살렘의 심장은 구도시이다. 이 구도시는 역사적으로 '유대 구역', '아르메니아 구역', '기독교도 구역' 그리고 '무슬림 구역' 등 4개의 구역으로 나뉜다.

현대 예루살렘은 화려한 동방의 전통시장과 현대식 쇼핑센터, 크네셋(의회) 또는 대법원 건물과 같은 것들이 구도시의 수세기에 걸친 건축물과 현대식 건축물 등 대조적인 모습을 보여주고 있다. 정통 유대인들의 검은색 긴 외투, 무슬림들의 흰색 코트, 청바지와 우아한 정장 이 모든 것들을 현대 예루살렘에서 만날 수 있다.

◎ 루디크 김(Рудик Ким) 가족 - 최고의 운전기사

이스라엘 내 고려인들의 지리적 분포도는 광범위하다. 거의 모든 주요 도시에서 우리 동포들을 만날 수 있다. 그런 장소로는 우선적으로 예루살렘, 텔아비브가 있으며, 다른 곳도 있다. 다수의 고려인들은 우즈베키스탄에서 이곳으로 이주했는데, 이는 본인이 러시아로 오기 전까지 우즈베키스탄에서 기자 및 주 신문 편집인으로서 36년 동안 생활한 것 그리고 우즈베키스탄 국내를 자주 여행했던 것과 함께 재 이스라엘 한인들과의 신속한 관계 구축을 가능하게 해 주었다. 서로 만남을 통해 공통된 주제, 서로 알고 있는 사람들을 발견하면서 곧 친구가 되었다. 고려인들은 기꺼이 자신, 자신의 삶에 관해 얘기해 주었으며, 새로운 곳에서 영주하게 된 것에 대한 느낌들을 공유했다.

이스라엘에서 처음 만난 동포는 야브네 시에 거주하는 56세의 성격 좋고 강인한 노동자 루디크 김이었다. 타시켄트 근교 아한가란 출신의 그는 학교를 마친 후 군에 입대하기 전 운전기사 과정을 마쳤다. 동원 해제된 후 고향 운수기업에서 기사로 근무했다. 그리고 그 직장에서 유대인 여자인 인나를 만나, 결혼했다. 시아버지가 별로 좋아하지 않았을 것이다. 며느리가 고려인이길 바랐을 것이다. 그러나 곧 누그러졌으며, 인나는 좋은 주부임이 밝혀졌다. 할아버지를 쏙 빼닮은 손녀인 올레샤와 그 뒤를 이어 크리스티나가 태어나자 더 이상 아들을 원하지 않게 되었다. 가족은 화목하고 행복하게 살았으나, 소연방이 해체된 이후 일하기가 힘들어졌다. 그가 일하던 운수기업을 포함한 여러 회사들이 폐업했다. 그때 그의 부인이 이스라엘로 이민갈 것을 제안했다. 그녀는 남편을 이렇게 진정시켜주었다. "당신은 손재주가 뛰어나요. 어디서든 당신을 받아줄 거예요. 저도 일자리를 찾을게요. 말을 모르시지만, 거기서 세 명 중 한 명은 러시아어를 구사해요." 그리고 일이 성사되어 2000년에 두 딸과 함께 이스라엘로 이주했다. 운송회사에서는 경력을 갖춘 기사를 기꺼이 채용했다. 회사가 처음에는 웨건을 나중에는 DAF를 맡기고서 후회하지 않았다. 14년 동안 단 한 번의 사고도 없었으며, 단 한 번도 교통경찰로부터 심각한 경고를 받은 적이 없었다. 부인은 건설부처의 전문가가 되어 그녀 역시 적성에 맞는 직업을 찾았다. 4년 후 세 번째 딸인 카리나가 태어났다.

루디크 김 씨의 말을 들어보자.

"당연히 우즈베키스탄이 그립죠. 더구나 거기에는 두 형제가 있고 88세이신 아버지께서 살고 계십니다. 기회가 생기면 바로 그곳에 갈 겁니다. 제 부친께서는 아한가란 고려인문화센터에서 활동하시면서 노인단을 이끌고 계십니다. 한국어로 말하고 쓰기 모두 정말 잘 하시고, 고려인 전통도 잘 아셔서 잘 지키고 계십니다. 저 역시 한국어를 할 줄 알지만, 우리 딸들은 형편없어요. 두 딸 모두 도시는 다르지만 대학에서 심리학을 전공하고 있습니다. 두 딸 모두, 특히 내가 사랑하는 크리스티나가 때마다 저를 찾아옵니다. 그리고 큰딸은 다니엘과 밀랴로 이름 지은 두 손자들을 낳아 줘서 저와 집사람을 기쁘게 해 주었죠."

◎ 율리야 박(Юлия Пак) 가족

해외에 거주하는 동포들 중에 순수한 고려인 가족을 찾기란 쉽지 않다. 예를 들어 에스토니야에서는 남편이 고려인이면, 부인은 대체로 에스토니아 여자이며, 그 반대로 부인이 고려인이면 남편은 에스토니아인이다. 이런 그림은 캐나다에서도 그대로 적용된다. 이스라엘서는 더더구나 완전한 고려인 가족을 찾을 수 없다. 그러나 예외적인 가족이 있다. 이스파엘의 텔 아비브에 살고 있는 율리야 박과 그의 남편 에릭 리가 그들이다. 율리야는 매력적이고 사교적이고 쾌활하여 절대 지치지 않는 사람이었다. 이런 사람들을 교제의 중심인물, 즉 '태양같은 사람'이라고 부른다. 그녀의 성 박은 아버지에게서 온 것이고 어머니는 유대인이었다. 그 덕분에 이스라엘로 손쉽게 이주할 수 있었다. 그러나 정신적으로 그녀는 뿌리부터 고려인이었다. 따라서 고려인 남자와 결혼했다.

율리야 씨의 말을 들어보자.

"저는 사마르칸트에서 태어났습니다. 학교를 마친 뒤 타시켄트로 이사했죠. 그곳에서 건설전문대학에 입학했습니다. 거기서 미래의 남편인 에릭 리와 함께 공부했습니다. 제 남편 에릭은 건축가이고, 저는 위생공학자입니다. 이후 전 사범대학에 진학했고 에릭은 건축 토목공학대학에 진학했습니다. 남편은 성공적으로 학교를 졸업했죠. 몇 년 후에는 우즈베키스탄 건축가연합회의 회원이 되었습니다. 저는 아이들을 돌보느라 대학을 졸업하지 못했습니다. 텔아비브에서 남편은 인쇄소에서 근무합니다. 저는 6개 가정의 가정부로 일하고 있습니다. 자랑스럽지 못한 거 아니냐고요? 이곳에서는 모든 직업이 존중받고 있습니다. 급여도 괜찮은 편이죠. 현재 우리는 대가족입니다. 아직까지는 딸 둘에 사위 둘, 손자 넷 그렇죠... 딸 둘이 모두 임신한 상태입니다. 타시켄트에는 몇 년 전에 마지막으로 다녀왔습니다. 애석하지만 우리가 알던 타시켄트는 더 이상 없었습니다. 도시가 많이 변했어요. 심지어 리표시카와 삼사의 맛마저 옛날의 그 맛이 아니었죠. 우린 변한 도시에 실망했어요. 내가 아는 사람들도 거의 남아 있지 않았죠. 내 마음 아프게 하려고 한 번 더 가는 것은 의미가 없다고 봅니다. 더구나 비행기 표 값이 뉴욕에 가는 것보다 더 비쌉니다. 그런데 여기 이스라엘은 마음에 듭니다. 제가 우리의 모국이 된 이 나라에서 오래 살수록 내가 바로 이곳에서 살고 있다는 그 기쁨이 커진다는 걸 장담할 수 있습니다. 전 이미 세계를 돌아다녀 봤거든요."

◎ 타마라 강(Тамара Кан) 가족

이스라엘에는 크지 않지만 아름다운 도시들이 적지 않다. 그 중에서 카르멜 산맥의 경사면에 위치하여 지중해를 내려다보는 아름다운 경관을 지닌 지크론 야아코브가 있다. 1882년 로스 차일드 남작의 자금으로 건설된 지크론 야아코브는 현대 이스라엘의 첫 번째 정착지 중 하나이다. 이스라엘 와인 제조의 발상지이다. 바로 이곳에 역시 우즈베키스탄에서 이주한 타마라 강 씨의 가족이 정착했다.

다른 이주자들처럼 강 씨의 가족들 역시 보다 나은 삶을 찾아 이곳으로 이주했다. 이스라엘이 마음에 들었다고 한다. 직업에도 만족해한다. 남편과 딸은 사업을 하고 있다. 아나톨리는 아직 군복무 중이다. 타마라의 주요 관심사는 손자인 야니르치크이다. 그녀의 손자는 영리했다. 아직 학교에 갈 나이가 아님에도 벌써 읽을 줄 안다. 그가 좋아하는 동화책은 '가장 놀라운 사실들'이다. 당연히 러시아어로 된 책이다. 가족 역시 화목하다. 축일, 특히 설날은 가족과 함께 지내는 것을 좋아한다. 즐겁고 재미있게 지내고 있다.

타마라 씨의 말을 들어보자.

"예를 들면, 2014년에 작은 연출을 했습니다. 신년 의상, 산타클로스 옷 그리고 새해 장난감 등을 제가 직접 만들었죠. 제 남편 발레리가 산타클로스였고, 전 새해였습니다. 우린 즐겁게 지냈었죠. 남편이 기타를 치는 것에 맞춰 노래도 불렀습니다. 특히 집안의 축일을 손자가 좋아했습니다. 다가오는 2015년의 새해맞이 역시 즐거울 거라고 생각합니다. 그런데 대체로 우리 고려인들은 애석하게도 모든 민족 전통을 잊고 있습니다. 현재는 유대인 전통과 축일을 더 따르고 있죠."

◎ 레오니드 심(Леонид Шим) 가족

리숀 레치온 시에서 예전에 우즈베키스탄에서 살았던 가족이 살고 있다. 이 가정의 가장인 레오니드 심은 아직 소연방 시절이던 1988년 코셰프스키 원수 명 옴스크고등탱크공학학교를 우등생으로 졸업했다. 타시켄트 근교에서 군복무를 하던 도중 그곳에서 자신의 사랑인 아름다운 알라를 만나, 그녀와 결혼했다. 딸과 아들 등 두 자녀를 두고 있다. 그가 중령으로 예편한 시점에 자녀를 데리고 부인과 함께 이스라엘로 가자는 생각을 갖게 되었다. 빠른 속도로 정착한 그는 취직하는 것에서도 문제가 없었다. 자라나는 아들 미로슬라프는 아버지의 뒤를 따라 군인이 되었다. 그는 이스라엘 공군에서 복무 중이다. 이미 지휘부로부터 하나 이상의 훈장을 받았다. 두 부모는 그런 아들을 자랑스러워하고 있다. 아들은 텔아비브에 거주하고 있으며, 결혼하여 부모에게 손자를 안겨드렸고, 때마다 부모를 찾아뵌다. 부모는 재능있는 안무가인 딸 역시 대견해하고 있다. 수년 전 딸 율리야는 한국으로 초빙되어 그곳에서 직장을 잡았다. 신뢰를 저버리지 않은 것이다.

여기서 레오니드 심 씨가 이주한 이후 타시켄트를 방문한 적이 있는지, 그리고 군사학교 동창들과 지금도 관계를 유지하고 있는지 궁금했다.

레이니스 심 씨는 "2008년이 제가 학교를 졸업한지 20년이 되는 해였습니다. 6월에 올 수 있었던 사람들은 옴스크의 우리 모교를 찾아왔습니다. 저 역시 비행기 편으로 러시아를 방문했습니다."라고 언급했다.

◎ 아르투르 송(Артур Сон) 가족

페타크 티크바 시에도 예전에 타시켄트 시민이었던 사람들이 생활하며 일하고 있다. 아르투르 송 씨의 가족을 만날 수 있었다. 우즈베키스탄 출신의 사람들이 대부분 그런 것처럼 아르투르 씨 역시 소연방의 해체 이후 부인인 예브게니야 그라니크 씨와 함께 이스라엘로 이주했다. 문제없이 직장을 구했으며 집도 샀다. 이스라엘에서 딸 비올레타를 낳았는데, 얼마 전에 만 12살이 되었다. 똑똑한 아이이며, 학교 공부에도 부지런하고, 근면한 아이이다. 그에 더해 집안일도 잘 도와준다. 집의 가장은 카페에서 바텐더로 일하고 있다. 부인은 시립 공공단체에서 근무하고 있다. 이 가족은 이스라엘에서의 삶에 만족하고 있어서 타시켄트로 귀국할 예정이 없다.

◎ 마리야 최(Мария Цой) 가족

유대인들은 세계에서 가장 똑똑한 민족 중의 하나로 여겨진다. 노벨상 수상자를 예로 들어 보겠다. 수상자들 중에서 유대인의 비율은 문학, 과학 그리고 경제 등 모든 분야에서 매우 높다. 유대민족의 이런 성공 비결은 무엇인가? 전문가들이 생각하고 있는 바와 같이, 유대인들이 지닌 지적 재능의 가장 주된 요인 중 하나는 그들이 헤브라이즘의 법률적, 종교·도덕적 명제로서 미쉬나와 게마라를 통합하여 양자 모두를 아우르는 탈무드를 배우는 것에 있다. 유대인들은 어려서부터 탈무드를 배우고, 탈무드는 그들이 지적 재능을 발전시킬 수 있도록 도움을 준다. 따라서 전 소연방에서 이스라엘로 이주한 고려사람들이 다행히도 러시아어로 번역되어 있는 탈무드를 자기 자신을 위해 흥미롭게 그리고 득이 되도록 배우는 것에 놀랄 필요가 없다. 에레츠 이스라엘과 바빌로니야의 법률 선생들에 의해 약 8백년에 걸쳐 진행되어 불문법 성립으로 이어진 토론을 포함하고 있는 이 독특한 저술은 정독한 뒤 책상 위에 항상 펼쳐져 있는 책이 된다.

예루살렘의 주민인 마리야 최는 "저는 개인적으로 탈무드가 지적 능력을 발전시키기 때문만이 아니라, 그 안에서 설교하고 있는 내용이 우리 고려사람들에게 매우 친숙하기 때문에 흥미를 가지고 있습니다." 라고 말했다. 우르겐치 토박이인 그녀는 타쉬켄트 사범대학을 졸업했으며, 90년대에 남편과 함께 이스라엘로 이주했다.

마리야는 계속해서 다음과 같이 말했다.

"유대인 전통에서 가족 존중은 중요한 지위를 차지합니다. 샤바트의 식사 및 다른 전통이 그것을 확연하게 증명해주고 있죠. 헤브라이즘은 연장자들을 존경으로 대하도록 젊은이들을 가르치고 있는데, 이 역시 고려사람의 정신 속에서 반응을 불러일으키지 않을 수 없습니다. 유대 전통은 자식 교육에 특별한 가치를 부여합니다. 헤브라이즘은 아이들 교육에 신중하게 대응하도록 부모님들에게 직접 명령을 내리고 있습니다. 고려인 부모의 입장에서도 자기 자식이 좋은 교육을 받는 게 매우 중요하죠. 우리의 역사적 모국에서도 탈무드를 매우 진지하게 대하고 있다는 사실을 얼마 전에 알게 되었습니다. 이스라엘 주재 한국 대사가 텔레비전에 출연하여 강조했는데요, 한국의 거의 모든 가정에는 탈무드의 번역본이 있다고 합니다. 아바에와 라바는 바빌론의 베이트 미드라쉬에서 벌였던 자신들의 논쟁을 수 백 년이 흐른 뒤 동아시아에서 배우고 있을 것이라고는 상상도 못했을 겁니다. 하지만 사실은 사실이죠. 기념일에 가지고 온 달걀에 대한 탈무드의 얘기가 한국 초등학교 의무 교과안에 포함되어 있다고 합니다."

결론

이 총서에서는 러시아와 중앙아시아에 살던 고려인들이 해외로 떠난 재이산의 역사와 지역, 인물에 대해 다루었다.

재이산한 고려인들은 우크라이나, 크림반도, 벨라루시, 에스토니아 등 소련의 영역으로 재이산한 사람들도 있지만 독일, 스위스, 오스트리아, 스페인, 이탈리아, 체코 등 유럽 지역과 캐나다, 오스트레일리아 등 미주 지역, 그리고 이스라엘 등 전세계로 흩어져 나갔다.

고려인들은 이주의 역사만큼이나 굴곡의 삶을 이어왔다. 150년이 넘는 역사를 지닌 고려인들은 이제 세계 어디에서나 만날 수 있다. 그러나 그 역사는 오늘날 한국에서 해외로 나간 동포들의 이야기보다 많은 이야기를 담고 있다. 한반도에서 연해주로, 연해주에서 중앙아시아로, 중앙아시아에서 소련 전역으로 삶을 찾아서, 자식들의 교육을 위해 떠나가고, 그곳에서 정착해 뿌리를 내려살던 사람들이 고려인들이었다.

그런데 1991년 사회주의 소련이 해체되고 소련은 15개 국가로 분리되면서 각국의 민족주의적 정책으로 인해 소수민족으로서 비애를 느끼게 되었다. 소비에트시기에 당당한 소비에트의 시민으로 열성을 다해 삶을 꾸렸던 고려인들은 이제 자신과 가족들의 살길을 어디에선가 찾아야 했다.

한편, 러시아와 소련 땅에서 150년이 넘는 역사를 고려인들은 자연스럽게 타민족과 결혼하게 되고, 자식들은 점차 한민족으로서의 정체성을 잃어갔다. 여기에 사회주의 시기에는 더욱더 민족주의적 색체 보다는 소비에트 시민으로서의 이데올로기적 강조로 인해 한민족으로서의 정체성을 상실해 가는 것은 어쩔 수 없는 현실이 되었다.

이러한 이중적 변곡 속에서 자신들의 '역사적 조국'도 잊은 체, 부모와 자신들이 살았던 국가도 이제는 '타국'처럼 느껴지는 상황에서 러시아와 중앙아시아의 고려인들은 유럽과 캐나다 등 새로운 땅을 찾아 재이산의 길에 나섰다.

그러나 위에서 살펴본 것처럼 해외로 재이산한 고려인들이 모두 슬픔의 재이산을 한 것은 아니었다. 오히려 새로운 땅에서 새로운 희망과 꿈을 펼쳐나갔다. 또 그곳에서 새로운 그들의 공동체를 만들어 나갔다. 그럼으로써 한민족으로서, 고려인으로서의 정체성을 유지하고, 보존하고, 계승하는 모습을 보여주었다. 특히 새로운 땅에서 '역사적 조국'에서 온 동포들과 또 다른 형태의 접촉을 맺으면서 끊어진 관계를 복원하는 모습도 볼 수 있다.

이 총서에서 세계 여러 곳으로 재이산한 선배 세대 고려인들을 다루고자 했다. 그러나 해외로 떠난 고려인들 대부분이 젊은 세대로 이루어져 있거나, 원로 세대들이 있다 하더라도 이미 활동현장에서 물러나 있는 경우가 대부분이었다. 이러한 점은 향후 연구를 통해 보강해야 할 부분이다.

2부

재이산
: 국내 유입 고려인들

서론: 역사적 조국으로 돌아온 고려인

제1장. 국내 유입 고려인의 현황
제2장. 안산의 고려인지원센터 '너머'
제3장. 광주의 '고려인마을'
제4장. 국내 거주 고려인 관련 정책
제5장. 국내 거주 고려인 정책 제안

서론
역사적 조국으로 돌아온 고려인

　구소련이 해체되고 러시아와 중앙아시아 고려인들이 새로운 환경에 적응하려 분투한 지 26년의 시간이 흘렀다. 세월의 흐름과 함께 많은 인물들이 고려인의 역사무대에 등장하고 또 사라져 갔다. 현대 고려인의 인물들은 크게 3개의 세대로 구분할 수 있다.

　먼저 구소련이 해체되고 각 공화국이 독립하며 사회주의 사회에서 자본주의 사회로 전환되어 가던 혼란과 고통의 시기에 고려인 사회의 지도적 역할을 담당했던 선배 세대들이다. 이들은 현재 고려인 사회의 반석을 세웠다. 다음으로 현재 러시아와 중앙아시아 각국의 고려인 사회에서 중추적 역할을 담당하고 있는 기성세대가 있다. 이들은 선배세대들이 세워놓은 반석 위에서 고려인 사회의 집을 짓고 있다. 마지막으로 앞으로 고려인 사회를 이끌어나갈 신진세대가 있다. 기성세대가 지어놓은 고려인 사회라는 집에서 살고 성장해온 이들은 고려인의 미래로서 앞으로 집을 더욱 크고 아름답게 가꿔나갈 것이다.

　한편 구소련 해체와 각 공화국의 독립 이후 많은 고려인들이 유럽과 미주 그리고 이스라엘 등지로 재이산하였다. 한 곳에 정착하지 못하고 계속해서 옮겨 다닌다는 의미에서 고려인의 해외로의 재이산은 디아스포라의 원래 의미를 잘 보여주는 실례라고 할 수 있다. 현재 유럽에는 벨기에 브뤼셀에, 미주에는 캐나다 밴쿠버에 고려인협회가 조직되어 활동하고 있다.

재이산한 고려인들은 유럽과 미주로만 이주한 것이 아니다. 현재 국내에도 4만여 명에 달하는 고려인이 들어와 있다. 이들 중에는 유학생과 영주귀국을 한 사할린 한인 1세대들도 있지만, 대부분은 거주국의 경제적 불안 때문에 돈을 벌기 위해서 온 노동자들이다. 이들은 F4비자(재외동포비자)나 H2비자(방문취업비자)를 받아 입국하여 경기도 안산, 수원, 화성, 전라남도 광주, 경상남도 김해, 거제 그리고 부산과 서울의 동대문구 일대 등 주변에 공업단지를 끼고 있거나 단순 노무인력이 많이 필요한 지역에 거주하고 있다.

재이산 고려인 연구에서 두번째로 연구하는 대상은, 구소련이 해체되고 각 공화국이 독립하며 사회주의 사회에서 자본주의 사회로 전환되어 가던 혼란과 고통의 시기에 여러 가지 이유로 역사적 모국인 한국으로 귀환한 고려인들이다. 이 총서의 2차년도 연구범위는, 현재 국내에 들어와 있는 4만여 명에 달하는 고려인들로 국한된다. 현재 국내에 들어와 있는 고려인들을 지역별, 직업별로 분석할 것이다. 이를 통해 국내 고려인의 정착을 위한 법적, 제도적 장치를 마련할 수 있는 근거를 마련하도록 할 수 있는 제안을 하고자 한다.

제1장

국내 유입 고려인의 현황

1. 고려인의 국내 유입 과정

　현재 국내로 들어와 있는 고려인들은 지역과 역사적 배경에 따라 크게 두 부류로 분류된다. 첫 번째는 일제강점 말기 일제에 의한 강제징용을 통해 사할린으로 이주하여 해방 이후 고국으로 돌아오지 못하다가 영주귀국사업을 통해 고국에 정착한 사할린 한인들이다. 두 번째는 구소련 붕괴 이후 각 공화국들이 독립하면서 어려워진 거주국의 경제환경에서 일자리를 찾아 고국을 찾은 고려인들이다. 이 두부류의 고려인들이 고국을 찾아 이주한 과정은 다음과 같다.

1) 사할린 한인의 영주귀국

　사할린동포들의 귀환문제는 해방 이래 국가적 관심사였으나, 일본, 한국, 러시아 및 북한의 정치·외교적 문제가 얽혀 있어, 이에 대한 본격적인 대책 논의는 1980년 말부터 시작되었다. 페레스트로이카와 88서울올림픽, 구소련의 붕괴 등으로 이어지는 일련의 정치사회적 변화로 한국에서 이들에 대한 인식과 이들이 처한 환경에 대해 문제의식을 갖게 되기 시작하였다.

영주귀국은 1985년 소련의 페레스트로이카와 1988년 서울올림픽을 계기로 한·일 양국간의 사할린동포 모국방문 사업이 추진되기 시작하면서부터 본격화 되었다. 1991년 한·러 간의 국교수립 이후에는 사할린 고려인연합회 대표단이 한국을 방문하여 영주귀국을 요구하는 등의 노력에 힘입어, 1992년 사할린 독거노인 72명이 조국으로 귀환하였다.

1994년 한·일 양국정부는 사할린 귀환 동포의 정착시범사업을 실시하기로 합의하였다. 1996년 한국은 국무총리 주재 재외동포정책위원회에서 사할린동포 영주귀국 사업에 대한 대책을 마련하였고. 이에 따라 1999년 아파트 489세대, 100명 수용규모 요양원이 완공됨으로써 영주귀국이 실시되었다. 2012년 기준에 따르면, 사할린 영주귀국동포들은 22개 지역 및 시설에서 4,008명이 살고 있다. 주요 지역은 경기도 안산의 고향마을을 비롯해 인천, 춘천, 청원, 아산, 화성, 원주, 부산, 김포, 김해, 양산, 음성, 오산, 파주, 천안, 제천, 서천, 남양주 등지이다.

귀국 초기에 1세대 본인만 입국허용 및 지원하여 자녀는 물론 배우자도 대상에서 제외되었다. 그러나 2008년 이후부터 배우자 동반 허용 및 지원이 가능해짐으로써 2세대들도 부분적으로 귀국할 수 있게 되었다. 그런데 2인 1세대를 이루어 제공되는 임대아파트는 부부가 아닌 경우 낯선 사람과 짝을 이루어 한 집에 살게 됨으로써 겪는 불편함 등을 감수해야 하는 등 모국에서의 생활도 여러 가지로 많은 어려움이 있다.

2) 방문취업제를 통한 국내 이주

2007년 대한민국 정부는 『재외동포출입국과법적지위에관한법률』의 적용에서 상대적으로 소외받아 온 중국 및 CIS지역 거주 동포에 대한 차별 해소를 위해 입국 및 취업기회 확대를 통한 고국과 동포사회의 호혜적 발전을 도모하고자 '방문취업제'를 시행하였다. 이를 통해 중국 및 CIS지역 거주 동포들의 입국이 증가하기 시작하였다.

영주귀국 사업에 의해 입국한 사할린동포와 달리 방문취업제를 통해 입국한 고려인동포들은 주로 중앙아시아 출신 고려인들이 대부분이었다. 2014년 7월 출입국·외국인 정책 통계월보에 따르면, 국내에 체류하는 외국 국적 동포 683,009명 중 방문취업제를 통해 입국한 수는 279,420명이고, 이중 중국 국적이 264,742명, 우즈베키스탄 국적이 12,432명, 카자흐스탄 국적이 918명 등으로 중국 동포를 제외하면 중앙아시아에서 입국한 고려인이 대다수를 차지하고 있었다.

방문취업제로 입국할 수 있는 방문취업비자(H-2)는 5년 유효, 1회 최장 3년 체류할 수 있는 복수사증을 발급하여 사실상 자유로운 입출국이 가능하였다. 또한 고용노동부 취업교육을 마치고 구직신청을 하면 고용지원센터에서 취업알선을 받거나, 특례고용가능확인서를 발급받은 사업체에 자율적으로 취업할 수 있으며, 신고를 통해 일자리 변경도 가능하였다. 그러나, 이들이 취업할 수 있는 업종은 제조업, 농축어업, 서비스업 등 38개 업종으로 한정되어 이들은 실제적으로 주로 3D 업체에서 저임금과 고위험의 부담을 안고 있는 문제점이 있었다.

또한 이들 대부분은 방문취업제를 통해 국내로 입국한 후 그 기간이 끝나면 거주국으로 되돌아가는 경우보다 모국에 잔류하고자 하는 경향이 강해 궁극적으로 영주권 및 국적을 취득하고자 하였다. 그러나 한국에서 현실적으로 영주권 및 국적 취득을 위한 조건이 까다로워 이를 위한 제도적 보완이 필요하다는 문제가 제기되었다.

2. 국내 유입 고려인에 대한 연구동향

1) 고려인 연구의 시작

국내에서 CIS지역 고려인에 대한 연구가 본격적으로 시작된 것은 한국 정부가 구소련과 국교를 체결한 1990년 이후, 이 지역 동포들에 대한 관심이 급증하면서 부터였다. 고려인에 대한 연구는 스탈린의 중앙아시아 강제이주, 정체성, 소련의 붕괴 이후 연해주로의 재이주와 정착, 그리고 사할린 한인에 대한 강제동원 역사와 모국으로의 귀환 문제가 주요 연구주제로 관심을 끌어왔다.

국내거주 고려인은 1990년대 초반 사할린 한인의 모국방문이 시작되면서 생겨나게 되었다. 특히 사할린 한인들이 1992년 사할린동포 영주귀국사업으로 본격적으로 국내에 정착하고 2000년대 이후부터는 방문취업제 실시 등으로 국내 유입 고려인들의 규모가 점차 커져갔다. 이러한 가운데 그 동안 고려인에 대한 연구는 CIS지역 고려인동포의 문화, 역사, 그리고 거주국에서의 정치경제적 문제들을 중심으로 연구되었다. 따라서 국내 거주 고려인동포에 대한 연구는 전체 연구에서 매우 적은 부분만을 차지하고 있다.

최근 사할린 영주귀국정책 및 방문취업제 실시 등 재외동포정책의 변화에 따라 국내에 거주하는 재외동포들이 증가하면서 이들에 대한 안정적인 정착과 적응에 주목한 연구들이 점차적으로 등장하고 있는 추세이다.

2) 영주귀국 사할린 한인 관련 연구

영주귀국한 사할린 한인 관련 연구는 일반 국내거주 고려인 연구에 비해 비교적 많은 연구들이 진행되었다. 이는 영주귀국사업으로 1980년대 말부터 이들에 대한 국내외 관심이 증가하였기 때문이다. 본격적인 이주가 시작되면서 이들의 이주과정, 정착문제 등에 대한 연구가 이루어졌다. 연구의 개괄적인 내용은 다음과 같다.

김인성(2011)은 한국 정부가 영주귀국 및 정착과정에서 운용하고 있는 법·제도의 문제점을 파악하고, 사할린 한인 문제의 법제화가 절실하며, 이들이 자유롭게 한국과 사할린을 오갈 수 있도록 하는 제도적 장치가 필요하다고 주장하였다.

배수한(2010)은 부산광역시 정관지구 신도시에 정착하고 있는 사할린 영주귀국동포들의 한국에서의 생활실태와 만족도를 설문지와 인터뷰를 통해 연구하였다. 그 결과, 이들이 한국 정부에 요구하는 지원은 생계비 등 경제적 지원보다도 사할린 동포를 위한 특별법의 의결을 가장 먼저 요구하고 있음을 밝혀냈다.

정진아(2014)는 대한 국내 이주와 정착 문제에 주목한 연구가 등장하고 있기는 하나, 이 역시 이주정책에 초점을 맞춘 연구로 고려인이 국내에 거주하면서 겪는 문화갈등 양상을 충분히 파악할 수 없다고 주장하였다. 이들의 문화갈등 극복과 문화공존을 위해서는 서로의 역사문화에 대한 상호 이해와 '역사의 조난자'에 대한 '허용되는 차별'의 시각을 통해 재외동포기본법과 지원조례 및 각종 지원센터 설립 등의 법제적인 조치들이 마련되어야 한다고 주장하였다.

조재순(2009)은 안산시 고향마을에 거주하는 사할린 강제이주 동포를 중심으로 이들의 구술을 통해 사할린을 떠나면서부터 귀국까지 경험한 주거생활사를 밝혀냈다. 이를 바탕으로 국내 생활정착을 지원하는 유용한 정보를 제공하고자 하였다.

강정하(2001)는 2차 대전 중 징용되어 사할린에 남게된 한인들이 한국으로 귀환하기까지 한·일·러(소) 삼국간의 교섭과정을 민간차원 및 각 정부차원에서 분석하였다.

이 밖에도 사회복지학 측면에서 사할린 영주귀국 동포들에 대한 연구가 활발히 진행되었다. 대표적으로는 정천수(2007), 황정태(2001), 배상우(2006), 김주자(2006), 성혜숙(2010) 등이 사할린 영주귀국동포에 대한 생활적응 과정 및 사회복지 지원 실태를 밝히 연구가 있다. 사회복지학 측면에서 연구된 이러한 논문들은 주로 고령의 사할린 영주귀국동포들에 대한 의료 및 주거 환경 실태 분석을 통한 만족도 조사 등에 한정되어 있다. 아직까지 정치, 경제, 사회, 문화, 제도적 측면에서의 포괄적인 연구는 이루어지지 않고 있다.

3) 국내 거주 고려인 관련 연구

최근 들어 국내에 거주하고 있는 고려인 증가에 따라 이들에 대한 연구가 증가하고 있다. 그러나 그 숫자는 여전히 매우 적다. 그런 가운데 광주지역 고려인 마을을 중심으로 이주 배경 및 과정, 문화변용 등을 연구한 일련의 연구가 나오고 있다. 또한 국내에 거주하고 있는 고려인의 사회적응과 관련하여 연구한 학위논문이 발표되었다. 그리고 한국과 CIS 국가간의 관계증진을 위한 방안으로서 수도권 지역에 거주하는 고려인동포를 대상으로 설문조사를 실시한 연구 등이 있다. 이러한 연구들의 개관은 다음과 같다.

김경학(2014)은 광주의 '고려인마을'로 알려진 일대에 형성된 고려인 집거지에 거주하는 일부 고려인을 대상으로 설문조사와 심층인터뷰 및 참여관찰을 통해 고려인의 한국 이주와 정착 과정을 규명하였다.

김영술·홍인화(2013)는 중앙아시아 고려인의 광주지역 이주 현상 속에서 초기 고려인 마을공동체와 위치선택, 생산, 수입 및 구직경쟁, 가족 문제 및 송금 효과, 선택, 태도 및 공공정책 등 5개의 분석요소를 통한 그들의 문화변용을 분석하였다. 이를 통해 고려인동포들의 문화변용은 경제적인 현상이 그 중심 역할을 하고 있음을 밝혀냈다.

김재기(2014)는 광주광역시 광산구에 거주하는 고려인 33명의 면담을 통해 그들이 귀환하게 된 배경과 거주 특성에 대해 조사하였다. 그 결과 90% 이상이 우즈베키스탄 출신이며, 경제적인 이유로 거주국을 떠나게 되었고, 모국으로 이주과정에서 광주지역으로 거주지를 택한 이유는 비교적 저렴한 광주지역의 거주 비용 때문이었음을 규명하였다.

고광신(2011)은 국내에 거주하고 있는 고려인의 한국사회 적응과 구성원으로서 주체적인 역할을 하기 위한 효과적인 지원방안 모색을 목적으로 일반적 특성에 따른 심리, 사회적응 수준의 차이분석을 통해 심리적, 사회적 적응에 영향을 미치는 요인을 분석하였다.

오정은·강희영·성동기(2014)는 한국과 CIS 국가간의 관계 증진을 위해 서울, 인천, 경기도에 거주하는 고려인동포들을 대상으로 설문조사를 실시하였다. 이 연구에서는 고려인의 생활 안정을 위해 정부차원의 적극적인 지원이 요구되고, 국내 정주자와 일정기간 거주 후 거주국으로 출국하는 고려인동포 모두를 대상으로 지원 정책이 개발되어야 함을 지적하였다. 또한 고려인동포들이 국내에 잘 적응할 수 있도록 한국어를 공부할 수 있는 환경을 조성해야 하고, 고학력 고려인들이 자신의 전공과 특성에 맞는 직업을 가질 수 있도록 취업 지원 서비스가 확대되어야 한다고 제기하였다.

이같은 학문적 논의 이외에도 국내거주 동포에 대한 각종 정책토론회 등을 통해 이들의 국내체류 실태파악 및 실질적인 정책지원 방안을 수립하기 위한 논의들이 많이 진행되고 있다.

이상에서 살펴본 바와 같이 그 동안 고려인에 대한 연구는 CIS지역 고려인동포의 이주, 문화, 역사, 그리고 거주국에서의 정치경제적 문제를 중심으로 연구되었다. 반면, 국내거주 고려인 및 사할린 한인에 대한 연구는 이들의 이주가 최근에 이루어지는 등의 이유로 학문적 관심이 부족한 상황이다. 또한 최근 연구는 비교적 최근 국내에 거주하는 고려인에 대한 연구가 몇몇 지역별로 진행되고 있으나, 한국에 거주하는 고려인 전체를 대상으로 하는 사회생활 실태 및 지원제도 등 전반에 걸친 연구는 거의 없다. 따라서 국내체류 고려인동포에 대한 거주지, 거주자 수, 이들의 생활실태, 지원제도에 따른 이들의 만족도 등을 살펴 고려인동포들의 한국사회 적응과 정착을 위한 기초조사가 필요하다. 그리고 이를 바탕으로 정부 및 지자체 차원의 정책수립을 위한 기초자료 확보가 시급하다.

3. 고려인의 국내 유입 배경

소련 해체 직후인 1990년대 초반부터 CIS의 고려인들은 체제변환기의 혼란을 피해 국외로 이주하는 경우가 많았다. 2000년대 중반부터는 출신국을 떠나는 고려인들이 한국을 향하는 사례가 급증했다.

고려인의 국내 유입이 급증하게 된 직접적인 계기는 2007년의 방문취업제 도입이다. 하지만 한국으로 이주하는 고려인의 증가 원인을 한국정부의 특정 정책 시행에서만 찾는 것은 단편적인 해석이다. 한국정부 정책이 고려인을 한국으로 끌어들이는 작용을 했지만, CIS의 고려인 거주국 상황이 고려인을 외국으로 떠나게 만들었다.

통상 인구 이동을 분석할 때 한 지역에서 다른 지역으로 이주를 촉진시키는 원인을 배출요인(push factor)과 흡인요인(pull factor)으로 구분하고 있다. 고려인의 한국행에 어느 요인이 더 많이 작용했는가에 대한 설명은 연구자에 따라 정도의 차이가 있지만, 고려인 거주국 내부의 배출요인도 한국의 정책 변화라는 흡인요인 못지않게 중요한 영향을 미쳤다는 것이 연구자 사이에 정설이다.

1) 배출요인

고려인들이 낳고 자란 곳을 떠날 수밖에 없었던 배출요인으로는 고려인이 많이 거주하는 중앙아시아 국가들에서 진행된 이슬람 민족주의의 부흥, 주류민족 중심의 언어정책, 소수민족에 대한 취업과 교육 기회의 제한 등이 지적된다. 이러한 배출요인은 특별히 고려인에게만 해당되는 것은 아니고 중앙아시아 지역 국가에서 소수민족으로 거주하는 다른 민족들에게도 공통적으로 적용되었다.

CIS 소수민족에게 주어진 일반적인 배출요인 이외에 고려인만이 가지는 특수한 이주 동기가 있다는 주장도 있다. 카자흐스탄의 대표적인 고려인 연구자 김 게르만(2004)은 원동으로 돌아가려는 고려인의 욕구와 원동지방 정부의 지원 및 한국의 각종 단체의 지원, 고려인의 내적 단결을 도모하는 민족적 경향과 단체 결성, 고본질이라 불리는 고려인 특유의 자영농 활동, 고려인 비즈니스의 친족성, 고려인의 높은 도시화와 교육수준, 개인주의적 성향, 성공지향성 등이 중앙아시아 지역의 고려인에게 출신국을 떠나도록 촉진하는 원인이라고 설명한다.

젊은 고려인 사이에는 좀 더 장기적이고 전략적인 이유로 국외이주를 결정하는 경향이 있다. 거주국에서 새롭게 지정된 국어를 배울 시간에 국제사회에서 중요성이 높은 영어를 배우기 위해 미국이나 캐나다 등지로 이민을 떠나거나, 기존에 습득된 러시아어를 계속해서 사용할 수 있는 모스크바나 연해주 등 러시아연방으로 이주하려는 것이 장래를 위해 유리하다는 판단이다.

고려인 출신국에서 배출요인이 특히 강한 대표적인 국가는 우즈베키스탄이다. 우즈베키스탄은 이슬람 민족주의의 부활, 다수민족 중심의 언어정책, 취업과 교육기회의 제한, 경제적 어려움과 정치적 불안정, 공용어 문제, 자녀교육 문제 등 밀어내는 요인이 매우 강하게 작동하고 있다. 특히 낮은 임금 수준 때문에 고려인뿐만 아니라 우즈베크민족도 약 30%가 고국을 떠나 이주노동자로 생활하고 있다. 이는 한국 거주 CIS 고려인 가운데 우즈베키스탄 출신이 압도적으로 많다는 사실과 관련이 있다.

출신국에서의 배출요인 영향으로 최근 CIS 지역에 거주하는 고려인 수는 점차 감소하고 있다.

2) 흡인요인

고려인에 대한 한국의 흡인요인(pull factor)으로는 한국과의 접촉에서 비롯된 기대의 상승, 한국 정부와 NGO 등의 협력으로 이루어진 고려인의 한국방문 기회 증가, 현지에서 한국어와 한국문화에 대한 관심 증대, 한국의 높은 경제성장률에 따른 고용기회 증가 등을 거론할 수 있다. 주목할 점은 고려인들의 대다수가 여전히 한국어로 의사소통을 하지 못하고, 자신들의 의사소통수단인 러시아어는 한국에서 잘 통용되지 않음에도 불구하고, 고려인의 한국행이 증가하고 있다는 사실이다. 고려인들이 출신국가를 떠날 때 한국 이외에도 러시아를 비롯하여 언어가 통하는 다른 CIS 국가로 이주할 수도 있고 이러한 경우도 있긴 하지만, 러시아어 사용 환경이 열악할 뿐만 아니라 국적 취득이 보장되지 않는 한국으로 이주하는 사람이 많다는 사실은 한국의 흡인요인 덕분이라 할 수 있다.

고려인의 한국행 이유를 고려인 사회에 공유되는 한국의 특별한 의미에서 찾는 학자도 있다. 강희영(2012)은 고려인들에게 한국이 연해주와 더불어 국외이주의 목적지로서 특별한 의미를 지닌다고 설명한다. 연해주는 1937년의 강제이주 이전 고려인들의 전통적 거주지였기 때문에 현재의 고려인들에게 단순한 러시아의 영토가 아니라 선조의 고향으로서의 의미를 갖는 장소이며, 한국에도 고려인이 가지는 역사적 뿌리와 사회적 연고라는 의미가 부여되었다는 것이다. 그래서 고려인의 한국행은 연해주행과 마찬가지로, 이산과 디아스포라의 관점에서 형성된 '고향지향성'이 현실의 필요와 만나 이루어지는 것이라는 설명이 가능하다.

물론 고려인의 한국행에서 가장 우선적이고 직접적인 동기는 경제적 요인일 것이다. 한국의 임금이 출신국에 비해 크게 높고, 한국에서 단순노무직 일자리를 찾는 것이 어렵지 않아서 고려인에게 매력적이다. 이러한 이유로 방문취업제 도입 이전에도 고려인들은 고용허가제를 통해 한국으로의 노동이주를 시도했다. 하지만 거주국에서 고용허가제를 통해 한국으로 노동이주하려는 사람들이 많았고, 현지의 여러 민족이 함께 신청하는 고용허가제를 통해 고려인이 한국으로 노동이주를 실현하기는 어려웠다. 국가별로 정해진 한국행 인원의 대부분이 주류 민족에게 배정되기 때문이었다. 2007년 방문취업제 도입으로 고려인은 타민족과 별도로 취업을 위한 사증 신청과 발급을 받을 수 있게 되었고, 이를 계기로 고려인의 한국행이 급증했다.

법무부에 따르면 방문취업제는 '재외동포의 출입국과 법적 지위에 관한 법률의 실질적 적용에서 상대적으로 소외 받아 온 중국 및 구소련 동포 등에 대한 차별 해소 및 포용 정책의 일환으로 도입되었으며, 이들에 대한 입국 문호 및 취업기회 확대 등으로 한민족 유대감 제고 및 고국과 동포 사회의 호혜적 발전의 계기를 마련하는 데' 목적이 있다. 실제로 CIS의 고려인들은 방문취업제의 수혜자로서 대거 국내로 이주했다. 하지만 국내거주 고려인 증가가 한민족 유대감 제고 및 고국과 동포 사회의 호혜적 발전의 효과를 거두고 있는지는 의문이다. 대다수의 국내거주 고려인들은 한국에서 한국인들과 매우 제한적인 접촉을 하며 생활하고 있으며, CIS 현지에서도 고려인과 한국인의 교류가 활발하지 않은 실정이다.

4. 국내거주 고려인 현황

1) 국내로 들어온 고려인

국내거주 고려인 수를 정확하게 파악하기는 어렵다. 현재 법무부가 관리하는 외국인 출입국 통계에서 고려인만을 위한 별도의 통계가 집계되고 있지 않기 때문이다. 고려인과 같은 사증제도를 적용받는 중국 동포들이 중국국적을 소지한 상태에서 동포가 아닌 중국인과 분리되어 별도의 통계로 관리되고 있는 것과 대조적이다.

예외적으로, 고려인 가운데 러시아 출신에 대해서는 다른 러시아인과 구분되는 동포 통계가 따로 집계되고 있다. 하지만 CIS 국가는 러시아 이외에도 10개국이 더 있다. 다른 CIS 국가 출신 고려인들은 같은 국적의 사람들과 구분 없이 수집된 국적별 외국인 통계에 포함되어 있다. 따라서 국내거주 고려인 수는 몇 가지 단서를 근거로 짐작할 수밖에 없다.

현재 국내거주 고려인 수를 추정할 수 있는 단서로는 크게 사할린 영주귀국자 통계, CIS 국가 출신 가운데 재외동포에게만 발급되는 방문취업(H-2)사증 및 재외동포(F-4)사증 소지자 통계가 있다. 사할린 영주귀국자의 경우, 이들만을 위한 별도의 통계가 집계되고 있어서 정확한 수를 파악할 수 있고, 그 이외의 고려인들은 한국으로 이주할 때 대다수가 동포에게만 발급되는 H-2사증 및 F-4 사증을 발급받아 오고 있다는 점에 착안하여 CIS 국가 출신 가운데 H-2사증과 F-4사증으로 입국한 고려인 수를 토대로 대강의 규모를 짐작할 수 있다.

고려인 가운데 사할린 한인 영주귀국자 통계는 대한적십자사에서 집계하여 관리하고 있다. 대한적십자사의 통계에 따르면 1989년부터 2014년 말까지 사할린 한인 영주귀국자는 총 4,293명이 입국하였다. 국내 입국자가 가장 많이 거주하는 장소는 경기도 안산시 고향마을이고, 그 다음은 인천광역시 논현동이다. 입국자의 연도별 수를 살펴보면, 안산 고향마을 입주가 시작된 2000년에 입국자 수가 급격히 늘었고, 이후 2007~2009년 사이에 사할린동포 영주귀국자 주거시설을 완성한 지방자치단체가 증가하면서 다시 크게 증가했다(<그림 1> 참조).

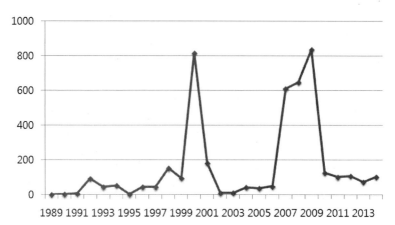

〈그림 1〉 연도별 사할린동포 영주귀국자 수

자료: 대한적십자사 내부자료.

사할린 한인 영주귀국자 이외의 고려인 입국자는 정확한 수를 알 수 없는데, 대다수가 동포에게만 발급되는 F-4사증과 H-2사증으로 입국하고 있으므로, CIS 출신 외국인 입국자 가운데 F-4와 H-2 사증 소지자 수를 통해 연도별 입국자의 대강의 규모를 짐작할 수는 있다.

2007년부터 2014년까지 CIS 11개국에서 입국한 F-4사증 소지 고려인 수를 살펴보면, 2007년에 21명에 불과했던 고려인 입국자가 2008년에 171명, 2009년에는 매년 큰 폭으로 증가했다. 특히 2010년에는 2,873명으로 전 해에 비해 6배 이상 급증했다. 증가추세는 2013년까지 계속되었으며, 2014년에 약간의 감소세를 보인다.

국가별로 살펴보면, 러시아 출신이 가장 많고, 이어서 우즈베키스탄, 카자흐스탄, 키르기스스탄 순이다. 이들 4개국 출신이 매년 F-4사증으로 입국한 고려인 전체 입국자의 96% 이상을 차지한다. 이 4개국을 제외하면 대부분의 국가에서 F-4사증으로 입국하는 고려인 수에 큰 변화가 없다. 다만, 2010년부터 우크라이나 출신 고려인이 꾸준히 증가하는 현상이 관찰되고 있다. 우크라이나 출신 고려인의 한국입국은 우크라이나와 러시아의 내전으로 인한 우크라이나 경제 및 사회혼란을 피한 입국으로 설명될 수 있다.

F-4 사증을 소지한 고려인 입국자를 성별로 살펴보면, 여성이 남성보다 조금 많다. 그러나 입국자 증감 추이에서는 남녀가 유사한 증가 추세를 보이고 있다(<그림 2> 참조).

〈그림 2〉 재외동포(F-4)사증 소지 고려인 연도별 · 성별 입국 추이

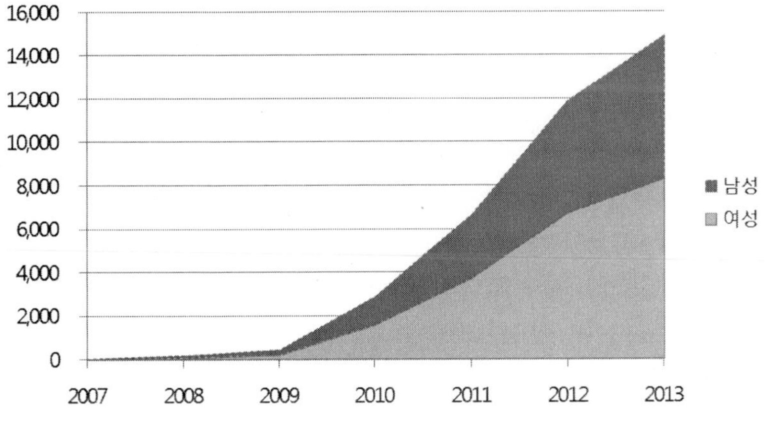

자료: 법무부 출입국·외국인정책본부 통계연보(http://www.immigration.go.kr).

H-2사증 소지 고려인의 입국 추이도 F-4사증 소지 입국자의 경우처럼 러시아, 우즈베키스탄, 카자흐스탄, 키르기스스탄 등 4개국 출신이 대다수를 차지한다. 그런데 국가 순위에서는 차이가 있다. F-4사증 소지자는 러시아 출신이 가장 많았던 것과 달리 H-2사증 소지자는 우즈베키스탄 출신이 압도적으로 많다. 그 다음으로는 2013년까지는 러시

아 출신이 다수를 차지했으나, 2014년에는 카자흐스탄 출신이 우즈베키스탄 출신에 이어 두 번째를 차지하고 있다.

H-2사증을 소지하고 입국한 고려인의 성별 구성에서는 2012년도부터 남성 입국자가 여성 입국자 수를 앞서고 있다. 그러나 그 차이가 크지는 않다(<그림 3> 참조).

〈그림 3〉 방문취업(H-2)사증 소지 고려인 연도별 · 성별 입국 추이

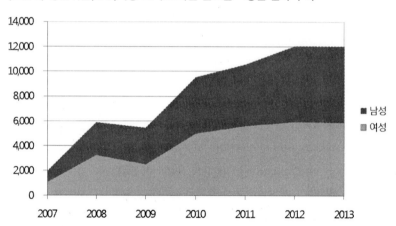

자료: 법무부 출입국·외국인정책본부 통계연보(http://www.immigration.go.kr).

2) 국내에 거주하는 고려인

현재 국내에 거주하는 고려인 수도 정확히 파악하기 어렵다. 고려인 입국자의 경우와 마찬가지로, 사할린 영주귀국자 통계와 CIS 국가 출신자 가운데 F-4와 H-2 사증 소지자 통계를 토대로 짐작할 수 있을 뿐이다.

국내로 이주한 사할린동포 영주귀국자는 국내에서 여생을 보내기

위해 입국한 사람들로, 입국 후 대부분의 사람들이 국내에 정주하였다. 하지만 입국자 총수와 현재 거주자 총수에 차이가 있다. 사할린동포 영주귀국사업이 특별한 경우를 제외하면, 원칙적으로 1945년 이전에 출생한 동포에게만 영주귀국을 지원했기 때문에 입국자의 대다수가 고령자이고, 고령의 동포들 가운데에는 국내 입국 후 정주자로서 생활하다가 사망한 경우가 다수 존재하기 때문이다.

대한적십자사 내부 자료에 따르면, 2015년 2월 기준으로 국내에 거주하는 사할린동포 영주귀국자는 총 3,022명이다. 이들의 성별 구성은 남성이 1,093명(36.2%), 여성이 1.929명(63.8%)으로 여성 비율이 높다. 이들 가운데 777명은 요양시설에서, 2,245명은 임대주택에서 생활하고 있다(<표 1> 참조).

〈표 1〉 국내거주 사할린동포 영주귀국자 거주지 유형(2015년 2월 기준)

요양시설		임대주택			
인천회관(인천연수)	85	서울	59	강원	75
사랑의집(강원춘천)	4	부산	119	충북	243
대창양로원(경북고령)	18	인천	542	충남	282
고향마을(경기안산)	670	경기	760	경남	165
합계	777	합계	2,245		

자료: 대한적십자사 내부자료.

사할린동포 영주귀국자 이외의 고려인 거주자는 F-4사증과 H-2 사증 소지자 수를 통해 국내거주 현황을 짐작할 수 있다. <그림4>는 2015년 8월 현재 CIS국가 출신 외국인으로서 F-4사증과 H-2사증 소지자 통계를 전국 광역자치단체별로 나타낸 것이다. 이들은 동포에게만 발급되는 사증을 소지했으므로 모두 고려인이며, 전체 28,320명이다. F-4사증과 H-2사증을 토대로 고려인 현황을 분석하면, 전국의 고려인 가운데 41.7%가 경기도에 거주하고 있다. 그 다음으로는 비율이 크게 떨어지기는 하지만 충청남도(9.8%), 서울(9.0%), 인천(7.8%), 경상남도(5.5%) 순으로 많은 고려인이 거주한다.

〈그림 4〉 재외동포(F-4) 및 방문취업(H-2)사증 소지 고려인 거주지 현황

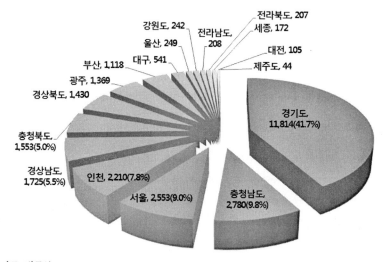

자료: 법무부.

H-2와 F-4사증이 모두 고려인에게 발급되지만, 두 사증은 성격이 다르다. H-2사증은 주로 단순노무직 취업을 목적으로 하는 자가 신청하고, F-4 사증은 원칙적으로 단순노무직에 종사할 가능성이 적다고 판단되는 사람들에게 신청자격이 있기 때문에 F-4사증 소지자는 전문직

에 종사하는 경향이 있다. 과거 F-4사증 소지자는 단순노무직 취업이 금지되었었는데, 2015년 2월 1일부터 법무부 고시 제2015-29호가 발효되어 F-4사증 소지자도 일부 단순노무직에 합법적으로 종사할 할 수 있게 되었다. 하지만 이것은 비교적 최근의 일로, H-2는 단순노무직, F-4는 전문직을 포함하여 단순노무직 취업 이외의 목적으로 체류하는 경향이 강하다.

지역별로 H-2와 F-4사증을 소지한 고려인 비율을 살펴보면, 부산, 서울, 대전, 제주도에는 F-4사증 소지자가 많고, 경상북도, 충청남도, 광주광역시, 울산광역시 등에는 H-2사증 소지자가 많다. 그 비율은 서울의 경우 F-4사증 소지자가 79.9%를 차지하는 데 반해 경상북도는 H-2사증 소지자가 68.8%에 이를 정도로 지역별로 차이가 크다. 이러한 결과는 지역별로 거주하는 고려인 유형이 상이하다는 사실을 유추하게 한다.

한편, 국내거주 고려인 가운데에는 H-2와 F-4사증 소지자 이외에도 단기방문(C-3), 유학(D-2), 한국어연수(D-4), 방문동거(F-1), 동반가족(F-3), 영주(F-5) 등의 사증을 소지하고 생활하는 사람도 있다. 특히 최근에는 출신국에 두고 온 미성년 자녀를 국내로 초청하여 가족이 함께 생활하는 고려인이 증가하면서, 방문동거(F-1)사증을 소지한 미성년자와, H-2사증 신청연령인 만 25세에 이르지 못한 고려인이 C-3 사증으로 입국하는 사례가 늘고 있다. 실제로 H-2와 F-4 이외의 사증을 소지하고 국내에 거주하는 고려인들의 존재는 여러 곳에서 확인된다. 하지만, 국가 차원에서 집계한 정확한 통계가 존재하지 않아 현재로서는 이들의 정확한 규모를 알기 힘들다. 국내거주 고려인의 대다수가 H-2나 F-4사증 소지자인데, 최근 들어 국내거주 고려인 유형이 점차 다양해지고 있는 상황이라고 정리할 수 있을 뿐이다.

3) 고려인 증가 추세

고려인 거주자 수는 매년 증가하는 추세다. 사할린동포 영주귀국자의 경우 2009년 이후 이렇다 할 증가세가 나타나고 있지 않지만, F-4와 H-2 사증을 소지한 고려인 수는 2000년대 중반부터 큰 폭의 증가세가 지속되고 있다.

F-4사증을 소지한 고려인 거주자 증감추이를 국적별로 살펴보면, 러시아와 우즈베키스탄 출신의 수가 꾸준히 증가하는 가운데, 2010년부터 우크라이나 출신 고려인이 빠르게 증가하고 있다. F-4사증을 소지한 고려인 거주자 증감추이를 성별로 살펴보면 남녀 상관없이 유사한 비율로 지속적으로 증가추세에 있음을 확인할 수 있다(<그림 5> 참조).

〈그림 5〉 재외동포(F-4)자격 고려인 연도별 · 성별 거주자 증감 추이

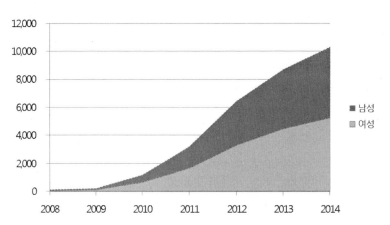

H-2사증을 소지한 고려인 거주자의 경우는 전체 숫자에서는 꾸준한 증가세를 보이고 있지만, 국적별 거주자 추이에서는 상이한 현상이

나타나고 있다. 러시아 출신 고려인은 2010년을 기점으로 매년 거주자 수에서 뚜렷한 감소세가 나타나고 있다. 이에 반해, 이웃국가인 우크라이나 출신은 매년 거주자 수가 빠르게 증가하고 있다. 대부분의 중앙아시아 국가 출신은 거주자 수가 지속적으로 증가하고 있지만, 예외적으로 투르크메니스탄 출신은 거주자 수는 증가하지 않고 있다. H-2사증을 소지한 고려인 거주자 추이를 성별로 살펴보면, F-4사증 소지자와 마찬가지로 남녀 구분 없이 비슷한 비율로 지속적인 증가추세가 나타나고 있다(<그림 6> 참조).

〈그림 6〉 방문취업(H-2)자격 고려인 거주자 연도별 · 성별 증감 추이

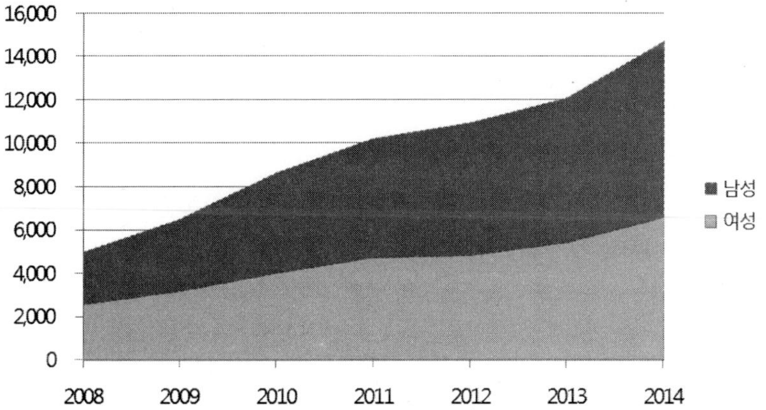

4) 추후 전망

앞서 살펴보았듯, 2000년대 중반 이래로 H-2와 F-4 사증을 소지하고 국내에 입국하고 거주하는 고려인은 매년 크게 증가해 왔다. 입국자

의 경우는 F-4사증을 소지한 입국자가 2014년에 다소 감소세를 보이기도 했지만, H-2 사증을 소지한 거주자 수의 증가 폭이 커서 전체적으로는 고려인 거주자의 증가현상이 계속되고 있다.

이러한 추세는 당분간 계속 될 것 같다. 가까운 미래에 고려인의 출신국 경제상황이 크게 향상될 것으로 예상되지 않는 상황이고, 국내에 집중거주지도 형성되기 시작하였으며, 국내에 고려인들의 인적 네트워크가 점차 공고해지고 있어서 고려인들이 국내에서 일자리를 구하는 것이 점차 용이해질 것이기 때문이다. 게다가 최근에는 F-1사증이나 F-3사증을 통해 고국의 가족을 한국으로 초청하기 쉬워졌고, 교통통신의 발달로 한국과 CIS를 아우르는 초국가적 네트워크도 활성화되어 있다. 즉, 고려인들이 한국행을 결정하는 초기 비용이 감소했고, 국내에 거주하면서도 출신국 가족과의 별거로 인한 어려움이 과거보다 쉽게 해소될 수 있는 여건이 형성되었다.

정부의 외국국적 동포 정책 방향도 고려인의 한국이주를 더욱 부추길 것으로 예상된다. 정부는 2007년 방문취업제를 도입한 이후, 2012년과 2015년에는 방문취업제로 입국한 동포들에게 가족동반 범위를 확대하였고, 2015년 초부터는 F-4사증 소지자에게 단순노무직 취업을 허용하여, 외국국적 동포가 국내에 거주하면서 체류자격과 관련하여 겪는 어려움을 점차 해결해 주고 있다.

고려인의 국내 유입이 계속 되는 가운데, 고려인의 출신국과 체류자격 구성비는 점차 변화가 있을 것으로 예상된다. 여전히 국내거주 고려인 가운데 우즈베키스탄 출신이 절대 다수를 차지하는 현상은 당분간 계속되겠지만, 러시아와 우크라이나 출신 입국자 증가폭이 크게 상승하고 있기 때문에, 출신국 구성비에서 점차 유럽지역 국가 비율이 증가할 것이다.

체류자격에서는 가족동반 범위 확대와 영주자격 취득자가 증가하면서 F-4와 H-2 사증 소지자 이외에도 F-1, F-3 및 F-5 사증 소지자 비율이 조금씩 증가할 것으로 예상된다.

제2장
안산의 고려인지원센터 '너머'

1. 고려인지원센터 '너머'가 걸어온 길

고려인지원센터 '너머'는 국내 거주 고려인 동포의 안정적 체류와 더불어 살기 위해 교류, 지원과 협력하는데 그 목적을 두고 국내에 유입된 고려인이 가장 많이 거주하는 경기도 안산시 단원구 선부동(일명 땟골)에 세워졌다.

너머의 연혁과 활동을 요약하면 다음과 같다.

1) 2011년

국내 고려인동포 지원준비위 결성(가칭) 고려인교육문화센터로 활동

6월 - 고려인 동포 생활 통역 지원(교통,노동,의료,생활민원)

8월 - 안산지역 고려인 생활실태 현황 조사 /운영위원회 결성

9월 - 한글교육 실시(와동 참가인원: 10명 내외)

10월 - 선부동 한글야학시작

12월 – 총회 실시

2) 2012년

2월 - 미등록 거주자 장례식 지원
3월 - 후원회 및 단체 설립자 구성
  - 산재, 체불 임금 상담 및 지원시작
  - 운영위원회 구성
4월 - 고려인 안구암 아이 의료지원(아고라 및 의료단체 제안)
  - 모국탐방여행 서울역사문화탐방실시(약 50여 명참가)
  - 글로벌ngo 메디피스 의료자문 및 지원 협약체결
  - (사)동북아 평화연대 업무협약체결/운영위원회 결성
  - 구세군병원무료 진료시작
5월 - 시민단체'너머'총회실시 개원식(약 300여 명참가)
6월 - 모국탐방여행 서울랜드(약 60여 명참가)
  - 한글교육 주말 교육 및 초, 중 회화반 7Time실시(약70여 명)
7월 - 방학 기간 고려인동포 아동대상 한글 교육 및 돌봄 실시
  - 안구암 아기 아고라모금 항암치료비 500만 원전달
8월 - 고려인동포대상 1박 2일 동해캠프
  - 안구암 아기 모금 항암치료비 2,200만 원전달
10월 - 모국탐방여행 에버랜드 80명참가
11월 - 고려인사랑방 및 별별 상담실 개소, 김장나눔, 바자회
12월 - 고려인 동포 중심 음악 동아리결성

3) 2013년

1월 - 한글교육 상반기 수업시작

2월 - 아리나 기금 조성 시작 - 악성체불임금해결을 위한 기금(유라시아 고려인 책자 판매)

3월 - 고려인 뇌성마비 아기 긴급지원

   - 주말 어린이반 수업 시작(동화 읽는 어린이 모임)

   - 고려인 영화 '하나안' 관람(약 40여 명 참가)

   - 지역여성의 날 행사참여(너머 교육생 이주노동자 대표 참여)

   - 지역 문화단체 와 아트 포러스 구성 준비위 참여

4월 - 서울 문화 탐방(약 80여 명 참가)

   - 김샤샤 뇌종양 어린이 아고라 모금 청원시작

   - 아리나 기금 1차 전달(약 160여 만 원)

   - 아트 포러스 프로젝트·동아리 본격 활동(3개 그룹 -연극, 예술교육(사진, 회화, 역사, 드라마

   - 안산 동화 읽는 어른 모임과 연계 주말 어린이반 시작

5월 - 안산 국제 거리극 축제(연극동아리 활동)

   - 비정규실태 설문조사 사업실시(비정규 노동센타 연계)

6월 - 다음 대학생 기자단의 고려인 "어린이 부모 상봉사업" 서명 청원시작

   - 한복 바자회(약 200여점 판매)

   - 리트머스 역사 교육 프로그램(독립기념관탐방)

   - 김샤샤 뇌종양 치료기금 전달(아고라 570만 원, 자체 모금170만 원)

   - 이주여성 노동 및 성희롱 관련 설문작업 준비(여성 노동자회)

   - 3차 고려인 아이 의료비 긴급지원

7월 - 하반기 한국어 수업시작
   - 너머 고려인 유소년 축구단 결성
   - 방학 중 어린이반 시작/ 청소년 국토 순례단 입국
   - 고려인 한복 나눔 행사
8월 - 동해탐방(90여 명 참가)
   - 리트머스 문화수업(댄스반, 드라마 외)
9월 - 김 발로자 무연고 장례식(안산 시민 장례)
   - 기초반 수업시작
10월 - 학예회 실시(회원 초대의 날)
   - 다국적 어린이 축구대회
   - 고려인 문제 관련 안산시민 간담회실시(시민단체 및 약40여 명 참가)
   - 장례식 지원(김 로만, 허 로만)
11월 - 안산시민 원탁회의시작
   - 월 토반 신규개설
   - 고려인 동포 땟골 잔치(바자회) - 300여 명 이상 참가
12월 - 안산 동화 읽는 어른모임과 주말어린이반 고려인 학부모 간담회
   - 고려인 동포와 함께하는 음악회(안산 희망재단 외)
   - 신동아 외 연합뉴스 땟골 고려인과 한글야학너머 기사보도
   - 고려인 이주 150주년 준비위원회 발족식 & 기념 심포지움 개최

4) 2014년

1월 - 고려인 이주 150주년 기념 사업추진위원회 발족

2월 - 고려인 지원을 위한 안산시민원탁회의발족

   - 방과후 학습지원

   - 기초반 수업개강

3월 - 한양대 안산캠퍼스 앞 한글교실 개소

   - 한국무용반 동아리수업시작

   - 역사 문화체험 천안 독립 기념관 방문

   - 고려인 자녀 안심 귀가 활동

   - 고려인 지원을 위한 경기도위원간담회(원미정, 김현삼 외)

   - 고려인과 함께하는 안산 3·1만세 기념식 개최

4월 - 좋은 마을 만들기 사업 선정 시작

   - 고려인 현황 안산시장 방문 간담회

   - 안산희망재단 MOU체결

5월 - 안산시 평생 학습관 MOU 체결 평생 학습 마을 만들기 시작

   - 일요일 한국어 수업 개강

   - 고려인 특별법 개정 국회 간담회

6월 - 부모 상봉사업 기금 전달(희망해)

   - 고려인 자녀 등교 버스지원

   - 우음도 가족캠프 개최

7월 - 다문화 어울림마당

   - KBS 다큐 "땟골 카레이스키" / 땟골 달시장

8월 - 150주년 기념사업 오토랠리

　　- 청소년과 함께 하는 너머 여름 역사교실

　　- 경기도 지원 취약계층어린이 돌봄 " 엄마손 도시락 사업 진행"

9월 - NH 농협 고려인 자녀 농촌체험 캠프

　　- 땟골 달시장 개최

10월 - 고려인 이주 150주년 기념 페스티발" We are the Ansan"
　　　주관(약4 천여 명 참여)

　　- 주민 대상 생활 러시아어 반 개강

11월 -고려인 자녀 태권도 시작

　　-고려인 자녀 댄스반 시작

5) 2015년

1월 - 땟골 마을 운영위원회 결성(선주민+고려인)

　　- 동아리 수업시작

　　- 고려인 중도입국 자녀 방중 돌봄 시작

　　- 학습마을 리더교육 참가(150주년 사진전 -이민사 박물관)

　　- 고려인 자녀 눈썰매장 체험

2월 - 안산시 평생 학습마을 워크샵

3월 - 고려인 자녀 방과 후 돌봄 교육 시작

　　- 마을 리더 교육(협동조합. 고려인이주역사, 마을공동체 마을 견학)

　　- 고려인 청년 난타수업/ 자녀 멘토 수업

　　- 경희대 러시아어과 mou 체결

　　- 녹색 소비자 연합 깨끗한 마을 만들기 시작

4월 - 고려인 자녀 방과 후 돌봄 교육 시작(한국어, 태권도, 댄스, 생활체육 등)

　　- 땟골 나눔 바자회, 마을 청소, 텃밭 농사 시작

5월 - 자녀 동아리 수업(기타외) 마을 환경미화사업(텃밭가꾸기)

　　- 고려인 커뮤니티공간조성(우갈록 카페)

　　- 고대병원 자선기금마련 바자회 참가

　　- 카란다쉬 mou 체결

6월 - 우갈록 공연(골목공연_)

7월 - 좋은 마을 만들기 마을청소, 극단 동네 풍경공연(우갈록)

8월 - 고려인 자녀 방중 프로그램실시

　　(여름독서교실, 광복70주년 기념 특별프로그램 교육 참가)

　　- 광복 70주년 기념 문화제 참가

　　- 경기도 부지사 간담회

9월 - 한국 전통 문화 배우기(행복 예절관-한복 체험, 차례상 차리기)

　　- 골목문화제

　　- 추석나눔 행사

　　- 연극관람(극단동네풍경)

　　- 문지방 밟기 골목 축제

　　- 노총 체육대회 바자회 참가

　　- 전국 평생학습 박람회 동아리 참가(카레이츠 무용단)

10월 - 마을 체육대회참가

　　- 안산시 역사 교사 모임 간담회

　　- 감골청 소년 교류활동

11월 - 김장 나누기 행사 참여

　　- 다문화 미니월드컵 고려인 팀 참가

　　- 좋은 마을 만들기 단합대회 개최

12월 - 중도 입국자녀 멘토 수업(강서고)
   - 김 로만 장례식지원
   - 주민과 함께하는 송년회 문화재청 한국 전통 문화 강습

6) 2016년

7월 - 고려인 자녀 방과 후 교실 운영
   - 고령인 탁구대회 실시
8월 - 고려인 청소년 농구팀 결성
11월 - 고려인 문화제 개최
   - 사단법인 너머 창립총회

2. 고려인지원센터 '너머'의 커뮤니티 활동

1) 진행 경과(마을 청소와 마을 모임 시작을 시작된 카페)

카페 공사전	**카페 공사후**
마을 모퉁이 불법 쓰레기 하치장소	마을 명소로 자리 잡은 우갈록 카페
보세 의류판매점-어둡고 지저분한 장소	마을분들 모두 자랑스러워하고 있다

마을 카페앞 쓰레기 하치장 텃밭 가꾸기

나눔 바자회와 마을 총회

카페 자원봉사자
중앙공무원 연수생 / 보수 공사(고려인)

개소식 장면

2) 프로그램 진행

정기 운영위원회 모임

요리로 배우는 언어

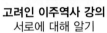

고려인 이주역사 강의
서로에 대해 알기

마을 체육 대회

3) 주민들의 모임 장소
(고려인들 대부분 원룸으로 모임 장소가 없음)

학부모 모임을 위한 교사 모임
멘토 수업

주부모임
꽃바구니 만들어보기

본국의 부모상을 카페에서 조문과 제사
(본국으로 돌아가지못해
카페에서 지인들과 함께 애도)

자녀들 생일 파티

4) 마을 행사(공연, 교류사업외) 땟골 마을 공연장소

자녀들 기타공연(기타 수업 발표)

외부 공연(마을 공연)

(뮤지컬 공연)

추석행사 – 마술쇼

문턱 밟기-예술가와 주민들

활동기록사진 –함께 보기

한성대학생들 교류/외부 학교및 단체 방문객

문화수업   마을 행사장소

3. 안산 지역 고려인의 생활실태

강제이주 후 중앙아시아에서 살아남은 고려인 사회는 구소련이 와해
되면서 다시 위기에 처하게 된다. 사회주의에서 자본주의로 넘어가는
격변의 혼란 속에서 우즈베키스탄 고려인, 러시아, 카자흐스탄, 타지키
스탄, 우크라이나 등으로 거주국으로 삶과 국적이 재편당해야 했다.

15개국으로 나뉜 각각의 국가들이 정체성을 확립해나가는 과정에
서 소련국민에서 지역 국가의 소수민족으로 전락한 고려인들은 다양한
형태의 고난을 겪어야 했다.

카자흐스탄을 제외한 다른 중앙아시아 국가의 대부분은 일자리 자체가 부족한데다가 평균 임금이 낮아 해당 국민 뿐 아니라 소수민족인 고려인들은 거주국에서 생활하기가 더욱 어렵다고 볼 수 있다. 경제 정치, 사회, 문화적 어려움과 불안으로 고려인들은 다시 유라시아를 떠도는 유랑민이 되어 국내로 유입하게 되었다.

　　국내 거주 고려인은 약3만정도로 추정되나 최근 우크라이나 사태와 러시아의 루블화의 가치 하락으로 국내로 유입이 급격히 증가하는 추세이다.

　　안산 땟골 지역에 최근 입국하는 고려인 동포들의 경우 특이한 현상은 비자 만료 갱신 후 한국으로의 재입국과 초기 입국이 이주노동자로 단독입국자가 주였으나 최근은 주로 자녀동반 가족입국이 늘었다는 점이다.

　　국내 체류고려인들의 실태파악이나 현황조사가 제대로 이루어지지 않은 상태에서 현황에 대해서 언급하는 것은 다소 무리가 있으나 국내 최대 밀집 거주지역인 안산지역 땟골 고려인 마을과 사동지역을 중심으로 생활하고 있는 고려인들의 생활 형태와 지원 및 상담활동의 경험을 토대로 현황파악과 면담자들의 기초로 작성했다.(안산 평생 학습관 고려인 실태 조사 참조)

1) 언어생활

　　러시아 언어권에서 세대를 살아왔던 고려인 동포들은 구소련 해체 이후에도 거주국언어(우즈베키스탄, 카자흐스탄, 타지키스탄외)를 전혀 쓰지 않았다.

　　이에 독립한 국가들은 독립 후 공용어였던 러시아어가 폐기되고 자

민족어가 공식어로 되면서 공공 기관에서는 주로 자 민족어 표기가 늘어나는 실정이다. 우즈베키스탄의 경우 학교와 국가시험에서도 자국어 우선 정책을 쓰게 되었다. 이는 고려인 사회를 급속도로 위축하게 만든 요인으로 작용 했으며, 러시아어를 쓰는 고려인 차세대들에게는 국적국에서 미래를 보장 할 수가 없게 된다. 일부는 언어가 되는 러시아로의 이주를 하지만 이주여건이나 국적문제, 경제적인 문제 등의 어려움을 안고 있다.

중앙아시아와 러시아로 재이주한 고려인중 경제적 어려움을 겪는 일부가 모국인 국내로 입국하게 된다. 강제이주와 거주국에서 한국어 교육을 받을 수 있는 기회가 없었던 이들은 한국어구사가 원활하지 않은 상태에서 입국한다. 드물게 고려말(함경도 사투리)을 구사하는 경우도 있지만 언어에서 표준화가 되어 있는 한국에서는 의사소통이 쉽지 않다.

국내 거주 고려인 동포들이 겪는 가장 어려운 점은 설문조사에도 나왔지만 언어소통의 문제점을 첫 번째로 꼽았다.(재외동포재단 설문 참조) 언어소통의 어려움으로 인해 취업처를 비롯 각종생활에서 어려움과 불편 부당한 처우를 받는 경우가 많았으나 한국어 학습이 어려운 점에는 주로 시간부족이 많다고 답했다. 이는 주로 국내거주 고려인 동포들 대부분 이주노동자로서 휴일에도 특근과 장시간 노동으로 한국어 수업을 할 수 있는 시간적 여건이 되지 않기 때문이다

한국어 수준은 대부분 한국어로 간단한 인사나 물건을 구입 할 수 있으며 일상생활에서 자유롭게 한국어를 사용 할 수 있다 라고 한 경우는 15%내외라고 대답했다.(한국어 강좌 신규개설시 수강생 대부분은 전혀 의사소통이 되지 않은 경우도 많다)

한국에서의 체류기간이 3년이상 되는 경우는 일상생활을 할 수 있

을 정도의 한국어 구사능력이 되나, 한국어 구사능력이 원활하더라도 읽고 쓰기는 불가한 상태이다.

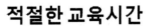

▶ **정책적 제언**

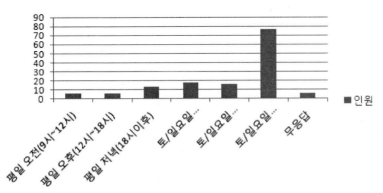

고려인 동포들의 대다수 한국에서 가장 어려웠고 힘든 점이 언어소통으로 이는 한민족이면서 외국인으로 차별받는 요인 중의 하나라고 스스로 표현 할 정도로 언어소통의 불편함은 다른 외국인이 겪는 어려움 이상으로 스스로 위축되고 자존감마저 잃을 정도로 심리적 위축감이 생긴다고 했다. 여건상 한국어 교육이 어려운 동포들에게 맞춤형 교육을 제공하는 것도 하나의 방법이라고 하겠다. 이주노동자인 그들의 생활 사이클에 맞춰서 시간대를 조정(고려인 한글야학 너머의 예)하고 밀집 거주 지역에 소규모의 작은 공부방 설치로 한국어 교육을 실시하는 것도 하나의 방법이라고 하겠다.

(안산선부2동과 사동지역고려인 주민대상 설문조사자료-안산 평생 학습관)

2) 노동 환경

구소련화해이후 소련으로부터 독립 후 고려인동포들은 사회 경제적 지위가 급격히 하락 했다. 특히 중앙아시아 국가들의 민족 정체성 회복 정책, 과도기 혼란등으로 타민족이며 소수인 고려인 동포들은 언어경제 사회문제에서 보호 받을 수 없었다. 고려인의 근면성과 성실함을 대변했던 집단농장은 급격히 와해되었고, 저임금과 실업의 상태로 고려인 동포들은 유민화가 가속 되었다. 상대적으로 경제적인 여건이 괜찮고 사회적으로 타민족에 대해 배타적이지 않은 카자흐스탄과 러시아를 제외한 나머지 중앙아시아 국가의 고려인들은 인근국가(카자흐스탄, 러시아)에서 이주 노동자나 불법 체류의(무국적) 신분으로 체류하고 있다. 그중 일부가 방문취업비자(h2비자)와 재외동포비자(f4)로 국내로 입국하게 되는데 전체 약 3~4만 정도에서 2만 명 이상이 이주노동자로 추정하고 있다.

입국한 고려인 동포들은 안산 선부동지역(땟골)과 원곡동지역에 밀집 거주하며 고려인 타운을 형성하게 되는데 배경에는 원곡동 안산역 근처에 있는 파견업체 때문이다.

고려인 동포 대부분은 파견업체를 통해 단순노무에 종사하는데 이는 언어가 통하지 않아도 친지, 친구, 지인을 통해 바로 일자리를 얻을 수 있기 때문이다. 대부분 평균근로시간은 10~12시간 평균임금은 160만 원 내외이다.

파견업체를 통해 근로를 하므로 대부분 안정적 근로라고 볼 수 없다. 계절적, 혹은 경기에 따라서 실업의 형태가 다양하게 나타나고 있으며, 80%이상이 임금체불을 당했다고 한다. 체불의 형태가 아닌 임금(퇴직금포함)을 아에 못 받은 사례도 30~40%이상 있으며 이는 건설 노동자인 경우 상대적으로 일당이 높은 대신 대부분 한번이상 임금을 못 받은 사례가 많으며 체불액수 또한 상대적으로 높은 편이다. 일부파견 업체에서는 장기파견근로자의 퇴직금과 임금지불을 하지 않으려고 고의적으로 사업자 명의를 바꾸거나 해당업체에 장기 근속한 근로자를 휴직을 시키기도 한다. 실제로 상당수 파견업체가 이와 같은 불법, 편법으로 파견업체를 운영한다.

노동부를 통한 구직에도 언어소통의 문제로 인해 소극적이며, 설사 노동부를 통한 구직알선을 한다하더라도 쓰거나 읽을 줄을 모르는 고려인 동포들에게는 노동부의 구직알선이 형식적인것 외에는 거의 도움을 주지 않는다. 또한 제조업체에서도 중국동포에 비해 언어소통의 문제로 채용을 기피한다.

특히, 동반 면접의결과 대부분 일자리가 부족한 기피 업체에서 노동부를 통해 외국인 구인을 하지만 외국인 특례업체의 경우도 노동비자(E9)가 대부분이며 의사소통과 작업장 내 고용된 외국인들과의 불협을 이유로 거부하는 사례도 종종 있다. 이러한 이유로 일용직 아르바이트나, 파견업체를 통한 파견 노동은 언어소통이 원활하지 않은 고려인동포들에게 비교적 손쉽게 구직 할 수 있어 필요악이라고 볼 수 있다.

▶ 정책적 제언

고려인 동포들에게 흔히 나타나는 임금 체불, 부당 노동 행위, 산업 재해 작업장에서 발생하는 각종 고충에 대해 적극적인 관심과 지원정책이 필요하다. 언어 소통이 원활하지 못하는 고려인 동포대상으로 작업장에서 생기는 고충을 처리해주는 러시아어 언어가 가능한 전담인력에 대한 배치가 절실하다.

이는 정부차원에서 시스템을 만들기 어렵다면 **언어 지원이 가능한 민간단체에 노동 상담 전담 인력(노무사 파견)을 배치 해주는 것도 방법 일 수 있겠다.**

워크넷을 통한 일자리 구직을 할 수 없는 고려인 동포들에게 자국어 언어지원으로 일자리 정보를 제공하는 온라인 시스템이 구축된다면 구직 활동에 도움이 될 수 있다.이는 많은 비용이 소요 되는것이 아니라 전담인력 2~3인이 업체의 구인정보를 자국어로 바꿔주는 역할과 업체에 서 요구하는 구인정보정도만 파악해도 가능하다.

직접고용의 형태를 취하지 않고 파견업체를 통해 근로하는 고려인 동포들의 고용특성상 파견 업체에 대한 관리를 제도적으로 해야 할 필요가 있다.

현행법상 정식 등록을 하지 않은 파견업체인 경우, 대부분 불법 업체이지만 현실에서는 사용업체도 고용근로자도 선택여지가 없는 것이 현실이라면 파견업체에 대한 적극적 개입으로 임금체불과 임금 지연에 대한 관리를 철저히 해야 한다. 임금체불로 노동부 진정을 해도 체불액의 10% 정도의 벌금부과로 끝나던 정책을 보완하여 체불금을 고용노동부가 체불액의 50%(100% 지급이 원칙이지만 재원에 대한 고려) 정부가 지불하고 고용주에게 체불액을 구상 청구하는 방법으로 적극적 개입을 해야 한다.

4. 사회적, 제도적 체류환경

고려인 동포는 한민족 동포임에도 다문화 범주에 포함 되지 않는 외국인 신분이다. 2000년대 초반부터 CIS 지역 고려인 동포의 모국귀환이 이루어지고 있는데 현재까지 민간단체와 전문가에 의한 연구 혹은 조사가 간헐적으로 조사가 이루어지고 있으나 실태파악이 정확히 이루어지지 않고 있다. 제대로 된 실태조사가 안된 상태이므로 이들에 대한 대책과 정책마련은 아에 세울 수도 없는 상태라고 봐야 한다. 반면 외국인 노동자, 결혼 이주여성의 급속한 유입으로 한국사회가 다문화 사회, 다인종으로 전환된대해 대해서는 연구와 실태조사, 혹은 정책수립에 대해서는 비교할 수 없을 정도로 다양하게 진행되는 실정이다. 이는 한 측면으로는 외국인노동자에 대한 파악과 결혼 이주 여성에 대한 현황은 각 부처가 정해져있기 때문이다. 국내 체류 고려인 동포는 외국인으로 분류되어 있으나, 이주 노동자의범주로도 또한 해외동포의 범주로도 정하기가 쉽지 않은 것은 사실이다.(비자별로 분류로 보면 관련부처가 법무부, 노동부, 외교부등 다양함) 동포 정책에 대해서 주관부서는 법무부가 밀접하나 이는 지원이나 정책적 접근보다는 관리나 통제의 범주로 봐야 할 것이다.

고려인 동포들은 H2(방문취업)비자,F4(재외동포)비자의 체류자격을 가지고 있으나 대부분 불안정한 체류문제로 애로사항을 겪고 있다고했다. H2 비자의 경우, 체류기간 제한은 있으나 최근은 비자 만료 후 출국 후 재입국시 비자 대기기간이 짧아져 재입국에 큰 불편은 없지만 체류에 대한 불안은 여전히 존재 하고 있다. 이에 비교적 안정적 체류를 위해 2014년 4월부터 법무부가 동포들을 위해 산하 기관인 동포 교육 지원단의 관리 하에 국가기술자격증(기능사) 취득하면 h2비자를 출국하지 않고 f4비자로 바꿔주는 정책을 시행했다.

하지만 학원비에 대한 비용부담과 기능사 시험 집중을 해도 언어문제로 합격하는 사례가 드물다.

F4비자의 경우 국내 체류연장에 대해 장애요소는 올해 많이 개선되었지만, 영주권을 대체 할 수 없기 때문에 여전히 비자정책이 변동 될

수 있다고 생각하며 불안해하고 있다. 또한 19세 이상 25세미만 해당 연령대인 경우 대학교 졸업자가 아닌 경우 단기 체류 비자만 허가되어 있어 가족과 생이별을 해야 한다.이에 해당 연령대의 경우, 학업의지와 상관없이 체류문제로 유학비자(D2)로 어학당에 등록하는 사례들이 늘고 있다.

2015년 4월1일자로 미성년 자녀에 대한 체류비자 기준이 일부 개선되었지만 이는 외국인 등록을 한 미성년자녀의 경우에 해당되는 기준이다. 즉 국적국에서 단기비자로 입국한 경우는 외국인 등록을 할 수 없어 유학 비자로 바꿔서 국내 체류를 하고 있다. 이처럼 현행 비자제도는 학력과 나이로 차별하고 있다.

F4 재외동포 자격을 취득한 동포의 가족에 대한 처우 개선(하이코리아)
  ○ **(현행)** 재외동포 자격자의 배우자 및 미성년 자녀는 방문동거(F-1) 자격을 부여하여 1년 단위로 체류기간연장허가
  ○ **(개정)** 1회에 부여하는 체류기간을 2년 이내로 확대하여 체류기간연장허가
    - **외국인등록을 한 미성년 자녀는 부 또는 모가 국내에서 계속하여 3년 이상 체류하고 있는 경우 만 25세 미만까지 체류기간연장허용(혼인한 자녀는 제외)**
    ※ **재외동포비자의경우만 해당함(h2비자가 2배가량 많음)**

▶ 정책적 제언

우리나라의 경우 대표적인 고려인 동포와 관련된 법안으로 '고려인 동포 합법적 체류자격 취득 및 정착 지원을 위한 특별법'과 '재외동포의

출입국과 법적 지위에 관한 법률'(재외동포법)이 있다.

'고려인 동포 합법적 체류자격 취득 및 정착 지원을 위한 특별법'은 국외에 거주하는 고려인 동포들에 대한 정착 지원 법안으로 국내체류 고려인 동포들의 정착 지원에 대한 법률조항이 없다. 또한 사할린 동포들 또한 고려인 동포의 정의에 빠져있는 문제점이 있고 국외 고려인 동포들에 대한 특별법 시행에 있어서도 정부와 공관 중심으로 미미하게 적용되고 있다.

고려인 동포들은 한국정부가 실시하고 있는 재외 동포 정책의 문제점으로 영주권 및 국적 취득의 어려움이 가장 많다고 한다. 대부분 한국에서 정착하거나 자유롭게 왕래 할 수 있도록 배려해야 한다. 현행 영주권취득제도의 완화 역시 국내 체류고려인 동포들의 사회적 제도적 처우 개선의 첫 번째라고 볼 수 있다.

올해 개정된 영주권 취득 절차에서도 근로 소득 원천 징수 영수증을 제출하도록 되어 있다. 하지만 고려인 동포들의 취업 특성상 근로 소득 원천 징수증을 제출하기는 어렵다고 볼 수 있다. 영주권 취득문제는 어느 정도 개선되었다고 하나 현실에서는 체감하기가 어려울 뿐 아니라 한국어 능력시험역시 중국국적 동포들과 달리 고려인 동포들에게는 한국어 시험 통과 자체가 어렵다. 실제 위 조건에 부합되는 고려인 동포 중 영주권취득을 위한 한국어시험을 2년 가까이 준비하고 있으나 대부분 통과하지 못했다. 시험 방식을 기존 방식에서 간소화 시키거나 구술로 바꿀 필요가 있다. 한국어 시험에 대한 기준을 고려인 동포들에게는 달리할 필요가 있다.

재외동포의 국적취득 조건 완화와 관련한 개정안 발의에 대해, 과거 대한민국 국적을 보유하였던 재외 동포의 경우에는 다른 일반 외국인과 달리 국적법에 따른 회복제도(간이귀화, 특별귀화 제도)를 통해 쉽게 국적을 취득 할 수 있으므로 개정안에 따른 실익 및 필요성이 크지 않을 것'이라고 개정안을 받아 들여지지 않고 있다.

고려인 동포들은 재외동포 중 이주 역사가 가장 오래되고(1860년대), 강제이주 와중에 족보가 소실되어 국적법상 조상이 대한민국 국민이었음을 증명할 수 있는 자료가 거의 남아 있지 않다.

고려인동포 합법적 체류자격 취득 및 정착 지원을 위한 특별법법률 제11690호(정부조직법) 일부개정 2013. 03. 23에 대한 시행령만 이행되면 제반 문제에 대해 어느 정도 해소가 될 수 있을 것이다.

※ 19세 25세미만 자녀에 대한 체류 허가에 대한 부분은 노동부(청년일자리)와 중국 동포 연계 문제로 체류허가가 안된다고 함. 중국동포 자녀의 경우 국가 기술자격증시험응시로 대부분 F4비자로 전환 하고 있다. **고려인 동포는 현실상 불가하므로 이에 대한 대체로 한국어 교육 필수 이수로 F4 비자 전환하는 방법을 고려해 볼 필요가 있다.** 현행 사회 통합 프로그램이 실시되고 있으나 시간과 공간이 결혼 이주 여성에 대한 배려로 짜여져 있으므로 밀집지역중심의 동포들의 생활에 맞는 맞춤형 교육이 필요하다.

결혼이주 여성에 대한 배려와 중국동포들의 비자전환을 위한 전문 기술자격제도를 고려했다면 고려인 동포들에 대한 적극적 배려를 해야 한다.

1) 주거생활

고려인동포들의 주거조건은 환경적요인보다 쉽게 일을 찾을 수 있는 지역 중심으로 밀집 거주 하고 있다. 공단 밀집 지역의 경우(화성, 평택, 당진) 주로 공장 기숙사(공장내 컨테이너 건물)에 거주하기도하고 회사에서 제공하는 다가구주택에 거주하기도 하고. 노후화된 다세대 주택의 원룸, 고시텔에 거주하는 경우도 많다.

안산 땟골의 경우 보통 보증금 30~100만 원 월세 25~35만 원 다가구주택 원룸이나 투 룸에 3~4인이 거주하며 월세가 대부분이다. 월세 보증금이 없는 경우도 허다하다.

주로 공단이 많은 지역을 거점으로 파견업체 사무실이 많은 곳 중심으로 거주하는데 안산지역은 땟골을 비롯 한양대 에리카 캠퍼스 인근 사동, 전국적으로는 경기도 광주, 천안, 전남 광주, 인천 외 각지에 크고 작게 밀집지역을 이루며 살고 있다.

거주공간의 방사이즈가 아주 작지만 생활공간보다 잠을 자기위한 공간으로만 여긴다. 실제 자녀를 동반한 가족들도 경제적 비용 부담등의 이유로 자녀 방이 따로 마련되어 있는 경우가 거의 없다. 초기 입국자의 경우 지인 혹은 친지의집에서 한두 달 정도를 기거하는 경우가 허다하여 개인의 독립 공간 확보 되어 있지 않다. 사춘기 여학생과 면담과정에서 엄마의 연인과 원룸에서 함께 동거하는 사례도 드러나기도 했다. 주거생활은 수도권지역일수록 주거환경이 더 열악하고 지방은 상대적으로 주거환경은 나은 편이다. 비용지불은 수도권과 지방이 많은 차이는 없다고 한다.

▶ 정책적 제언

주거생활의 열악함은 현실상 개선하기 어려운 점이나 긴급지원이 필요한 경우 긴급쉼터 운영도 방안으로 고려해 볼 만 하다. 특히 어린 자녀를 둔 고려인 젊은 세대 엄마들 중 모자 가정이 상당수다. 이들의 국내 생활은 어린자녀 돌봄 시스템이 되지 않은 국내에서 월세비용, 자녀 돌봄에 추가로 들어가는 비용과 자녀의 질병등으로 결근을 하거나 잔업이나 특근을 못하는 경우 주거비용으로 소요되는 비용은 상당한 경제적 부담을 주고 있다.

2014년 안산지역에서는 주거복지재단 사업 중 LH공사가 매입 주택 중 지하 나 장기간 임대가 나가지 않은 다가구주택을 국내 저소득층과 다문화 가정에게 제공한 적이 있다. 후원기업에서 다행히 우즈벡 국적자들을 배려해달라는 요청이 있어 고려인 가정에도 몇 가구가 입주한 사례는 입주 고려인들에게 주거비용에서 큰 도움이 되었고 이들 또한 비록 지하주택 이었지만 만족도는 높았다.

한 부모 가정이나 입국한 기간이 얼마 되지 않아 방 보증금 마련이 어려운 동포들 대상으로 관리형 단기 쉼터마련도 주거복지에 도움이 될 듯하다. 취업처가 정해져 있지 않은 고려인 동포들의 취업 특성상 다른 지역으로 이주해야하는 경우가 많고 또한 공장 기숙사 생활 중 일자리를 찾는 경우나 임금체불을 당해 보증금이 없는 경우도 단기간 머물 수 있는 주거공간이 제공되었으면 한다.

2) 문화, 의료, 복지

국내 체류 고려인 동포들의 모국생활 중 어려운점 가운데 하나가 공적인 의료지원체계로부터 배제되었다는 점이다. 대부분 아르바이트형태로 일을 하므로 일하는 회사소속이 아닌 파견업체의 소속이다. 이는 소속회사의 근로자가 아니므로 4대 보험에 가입 되어 있는 경우가 없으며 고려인 동포 65%이상이 건강보험에 가입 되어 있지 않다.

고용특성상 직장보험에 가입되어있는 경우가 25%정도이며 지역건강 보험에 가입되어있는 경우가 약10%내외로 파악하고 있다. 이는 지역 건강 보험료 숫가가 외국인으로 적용되어서 국내인 기준의 2배정도의 보험료를 지불해야 하고, 또한 입국일로부터 3개월 이후 가입이 가능 하는 조건과 입국일로부터 소급적용을 받기 때문에 입국기간이 길어지면 지불보험료도 한 번에 부담해야 해서 중대한 질병이나 병원비가 많이 나가는 경우를 제외하고는 보험에 가입하지 않는다. 예를 들면 한국입국 24개월 경과시 190만 원의 보험료를 일시납으로 지불하고 보험에 가입 할 수 있다. 이는 적절한 시기에 진료를 받지 못해 중대한 질병으로 이어져 심각한 보건상태가 되는 경우가 많다. 건강 보험적용을 받지 않은 경우 의료 숫가 역시 일반적용을 받으므로 고려인동포들의 의료비부담은 건강보험가입자와 단순 비교 시 5배 이상의 비용차이가 난다.

파견업체 특성상 4대 보험에 가입 되어 있지 않은 대부분의 고려인 이주 노동자는 직장검진의 기회조차 없어 질병예방은 물론이고, 여건상 건강 관리가 되질 않아 후진국형 질병인 결핵과 각종 전염성 질환에도 노출되어있다.

실제 40대 임산부가 의료비에 대한 부담으로 한번도 산전검사를 받은바 없이 출산 당일 새벽에 고려인 지원 센타 너머 상담활동가에게 유선 연락이 와서 병원을 연결 해 준적도 있다. 실제로 고려인 지원센타 너머에는 긴급한 환자가 심야에도 도움을 요청해 상담활동가가 밤샘 병원 동행과 당장 치료비가 없는 환자에게 상당한 액수의 지불보증까지 하는 경우가 종종 있으나 제도적으로 의료 지원을 받지 못해 고려인 동포환자와 상담가간의 개인 채무로 이어지는 사례가 심심치 않는 일이다. 설사 보험에 가입되어 있다 하더라도 언어소통이 되지 않아 병원이나 약국에서 자세한 자신의 상태를 설명을 하지 못해 진료 또한 의사소통의 문제로 제대로 이루어지지 않고 있다. 일상용어가 가능한 고려인이 있다하더라도 병원진료와 관련된 용어가 어려워 병원진료 통역은 어려워 진료기관과의 의사소통은 원활하지 않다.

응급의료는 물론 다문화영역의 자선의료 영역에서도 고려인 동포들은 소외되고 있어 건강검진과 예방의학의 지원이 되지 않고 있다.

▶ 정책적 제언

기존 건강 보험료에 대한 전면적인 조정 역시 함께 실시해 외국인으로 처우되는 차별 요소를 철폐해야 한다고 본다.

치료를 목적으로 귀국하는 외국인에게 적용되는 3개월 이후 지역의료보험 가입에 대해서는 고려인동포들에게는 예외 조항을 두어야 한다. 19세 이상 25미만 국내거주 고려인 자녀들 중 단기비자로(C3) 국내에서 부모와 함께 생활하며 경제적인 이유로 아르바이트를 하며 생활하는 자녀들이 다수 존재하는 것이 현실이므로 지역건강보험에 가입 할 수 있도록 3개월경과 조건은 폐지되거나 개선되어야 한다. 전면적인 시행이 어렵다면 실제 체류기간을 산정해서 보험가입을 할 수 있도록 시행해야 한다.

한국에서 임신과 출산을 경험하는 고려인 동포의수가 증가하고 있는 현실에서 고려인 이주여성이 임신상태에서 출산비용과 양육비 마련을 위해 장시간 과로를 함으로 생기는 신생아 질환과 미숙아 출산의 사례를 해결하기 위해서는 최소한의 모자 보건을 위한 지원을 긴급히 실시해야 한다.

현행 의료소외 계층을 대상으로 최소한의 의료 안전망구축을 목표로 하고 있는 지자체중 '경기도 팜뱅크 설치 및 운영조례' 지원범위를 확대시켜 동포, 특히 고려인동포가족을 조례의 대상으로 포함시키는 방안이 모색 되어야 한다. 특히 임산부의 산전 산후 검진과 영유아의 경우 부모의 건강보험유무와 관계없이 또한 체류자격과 관계없이 인도적 차원에서 의료비를 감면하거나 정부지원에 대한 검토를 적극적으로 해야 한다.

　※ 원활하지 않은 언어소통으로 인해 병원 진료 시 어려움을 당하는 고려인 동포들을 위해 언어 소통이 되는 지역의 의료 코디네이터 선정하여 병원통역에 활용(현 검, 경찰서 행정에는 통역자 배치)

3) 고려인 차세대

(1) 교육

　정부의 다문화정책의 사각지대에서 이주 아동문제는 아동 청소년 단체중심으로 접근해왔다. 아쉽게도 국내 체류고려인동포아동의 인권, 문화, 교육, 의료 복지정책에 대한 사례는 자료를 찾기조차 어렵다. 이는 자녀 동반 입국 사례가 많지 않았던 것도 이유가 될 수 있다.

　최근 급증한 동반 비자(F1)소유의 고려인자녀들의 체류현황은 숫자 파악이 어려워 안산지역의 경우, 정규 학교에 재학중인 학생들 중심으로 파악하나 정규학교에 재학하지 않은 학생들의 경우는 현황파악의 범위에서 벗어나있다고 볼 수 있다. 현재는 안산지역은 고려인 지원 단체 너머와 아동청소년들이 이용하고 있는 단체에 문의하는 정도로 파악하고 있다. 특히 안산 땟골의 경우는 2015년 방학기간동안 파악조차 어려울정도 급증해서 고려인 인구 구성비에 영향을 미칠 정도이다..

　전남 광주지역 밀집지역을 포함한다면 전국적인 파악은 아에 어렵다고볼 수 있다. 보통 동반자녀의 경우는 동반비자F1 비자로 파악을 하는데 동반비자의 범위가 포괄적이라 동반 비자로 고려인 아동청소년의 숫자의 파악은 현실적으로 어렵다고 볼 수 있다.

고려인 자녀 대부분은 자신의 의지와 상관없이 이주노동자인 부모를 따라 중도 입국한 자녀들로 언어, 보육, 교육, 의료 복지에서 다문화 가정의 아동청소년과 비교하면 지원혜택이 없다. 고려인 자녀 대부분 한부모 가정이거나 저소득층자녀들로 구성 되어 있는 데에도 불구하고 정부의 지원 대책에서는 제외되어있다.

체류 고려인 가정 중 많은 비율을 차지하는 한 부모(모자 가정)가정인 경우 이주여성이 경제를 전담하기 때문에 육아와 취학 자녀 돌봄에 많은 문제가 발생하고 있다. 부모의 늦은 귀가로 인해 아이들이 보호자가 귀가 할때 까지 방치되는 경우가 대부분 이었다. 지난해부터 고려인 지원 센타 너머에서는 고려인 자녀 들을 위한 돌봄을 적극적으로 실시하였으며 이러한 실태에 대해 적극적인 제기를 통해 2016년에 지역 아동 센타가 설치 될 수 있게 되었다.

고려인 아동 청소년은 타 이주노동자 자녀들과 달리 국적국에서 조차 학령기와 성장기에 외모차이와 부모의 부재등으로 따돌림을 당한 사례가 상당히 많았다. 대부분 고려인 동포 자녀들은 부모 혹은 가족과 2~5년 혹은 장기간 별거와 이산에 따른 심리적 정서적 상처를 가지고 있다. 또한 부모의 이주 노동 환경 탓에 대부분 가정이 해체 되어 한 부모 가정인 자녀들이 많은 수를 차지하고 있으며 거주국에서 보통 조부모나 친지에 의해 양육되는 경험을 가지고 있다. 이후 국내 입국 후에도 중도입국자녀들이 겪는 언어소통의 문제로 혹은 학령에 맞는 입학이 어려워 동급생들과의 소외문제가 심각하게 대두되고 있다. 이는 학습에 흥미를 잃어 학습지체 현상으로 나타나기도 한다.

또한 부모가 언어소통이 안 되는 경우가 대부분이기도하고 이주노동자의 특성상 적절한 돌봄이 이루어지지도 않거나 또한 가정통신문도 전혀 해독 할 수 없어 학습조력자의 역할이 전혀 되지 않은 상황이다.

실제 아동들이 언어 습득을 하여 언어소통이 안 되는 성인들과 부모들에게 통역을 해주는 실정이다. 고려인 동포 자녀들은 국내에서 몇 년 경과 후에 언어 소통은 되나 한국어 독해능력도 떨어지고 러시아어를 해독 하지 못하는 현상을 겪기도 한다.

그나마 안산의 경우는 다문화도시답게 다문화 특수학교가 인근 초중을 중심으로 5개교가 있어 중도입국자녀를 위한 예비학교 운영을 실시하고 있다. 정착된 몇 학교를 제외하고는 교사들조차도 다문화 가정의 자녀들과 고려인 자녀들을 동일시하며 언어소통이 안되는 부분에서 이해를 하지 못하며 준비 없는 학교 입학에 대해 학부모들의 자질까지 지적하기도 한다.(본 기관에서 학교와의 상담사례에서 본실례) 학부모와 보호자로서의 학교와의 소통이 전혀 이루어지지 않은 상태에서 고려인자녀들의 학교 생활은 방치에 가깝다고 볼 수 있다. 그나마 초등학교에서는 늘어나는 숫자에 비례 언어(러시아어) 소통이 가능한 보조교사들이 배치되어 최근에는 가정통신문을 비롯 상담통역자의 역할을 하고 있으나 이것은 안산지역다문화학교로 지정 된 초등학교의 사례일 뿐이다.

중도 입국 청소년의 고교 입학은 학교장의 재량으로 가부가 결정된다.

중등이상 학령기 고려인 청소년들 대부분은 입학 문제와 학교 적응 문제로 국내에 중등이하 아동에 비해 현저히 입국율이 낮아진다.

국적국에서의 입학서류 미비와 중도 적응 문제와 아울러 국내 고교에서 수업료 외 각종 비용 부담도 원인도 있다.

언어소통이 안 되는 대부분청소년들이 국내고교에서 적응문제와 아울러 졸업 후 진로문제도 불투명한 상태이다. 15세이상 입국 청소년들

일부는 정규학교에 입학하지 않고 아르바이트를 선택하기도하고 어린 동생을 돌보거나 가사노동을 하는 경우도 있으며 이들 대부분은 미래에 대한 꿈과 희망을 가지기 보다는 돈벌이에 많은 관심을 가지고 있다. 정규학교를 수료해도 대학진학도 하지 않은 경우 진로에 대한 전망이 전혀 없는 것도 한 요인이다.

그간 동반 자녀인 경우 부 또는 모와 비자가 연계되어 동반된 부모가 비자가 만료되면 아동 또한 거주국으로 함께 출국을 하였다. 이는 아동의 학업중단으로 이어져 동반 부모의 국적국에서 비자 갱신 때까지 학업을 중단하고 대기하여야 했다. 그간 부모체류 여하에 따라 아동역시 지속적 학습에 대한 가부가 결정되므로 동반아동의 학습권은 제도적으로 보호받지 못한 상태였다. 이에 본 지원센타에서는 이와 같은 문제에 대해 법무부에 개선을 요구하였고 올해부터는 부모의 동의 하에 위탁자가 있는 경우 아동의 출국을 보류 할 수 있게 개선되었다.

(2) 보육

0세~ 취학 전 고려인 유 아동들의 급증으로 본 상담 센타의 주요업무가 아동들의 취학, 입학, 보육시설, 아동들 동반 병원 통역 등으로 최근에 업무가 마비될 정도로 아동들이 급증 했다. 적절한 보육시설이 있다면, 대부분 자녀들을 보육시설에 맡기고 일을 원하는 여성들이 많다. 하지만 안산 땟골의 경우 보육시설이 아에 없고 기준에 미달하여

보육시설 설치조차 되지 않는다(이 지역은 수요는 많은데 타지역이 공급과잉이라는 이유로 보육시설설치가 불가하다)

또한 고려인 자녀의 경우 저소득층 자녀임에도 다문화가족의 지원 정책에서 제외되어 고스란히 보육료를 지급해야한다. 몇 몇 보육 시설

의 경우 외국인 근로자 저소득층 감면혜택을 받고 있지만 이는 25%정도의 감면으로 실제 한아동당 30만 원 이상의 보육료를 지불해야 하는 상황이라 두 자녀인 경우 보육료만 60만 원 이상을 지불해야 한다.

어린이반 수업(학교 취학 전 어린이수업)   중도입국 어린이들 한국어수업장면

유치원 아동의 경우는 이마저도 혜택이 없어 비싼 보육료 지불과 더불어 귀가 후에 돌봄이 되지 않아 국내에 아이들 돌봄 조력을 위해 조모나 조부가 동반 입국 해 있다. 이는 한편으로 고려인 노인들의 문제로 연결 되기도 한다. 언어소통도 되지 않고 지인도 없는 곳에서 마땅히 쉴만한 공간도 없는 좁은 원룸에서 하루 종일 자녀를 돌봐야하는 상황에 처해 있다.

▶ **정책적 제언**

고려인자녀들에 대한 정책역시 정부의 다문화지원과 동일하게 적용하여 보육, 교육, 문화, 의료복지에서 소외와 차별됨이 없어야한다.

려인 동포 자녀 중 국내에서 태어나고 자라서 언어 정체성 뿐 아니라 모든면에서 국내 아동과 별 차이가 없는 아이들까지 국적국으로 분류해서 차별한다면 이는 아동의 기본권을 위배하는 우려할 만한 상태이다. 중도 입국 자녀를 위한 다문화 지정학교에서 예비학교가 운영되고 있지만 효율적인 관리를 위해 밀집 지역 중심으로 3~6개월의 예비학교를 별도로 운영하는 것도 검토해 볼 사항이다.

또한 재학 중인 중등이상의 고려인 청소년들에게 전문 기술 교육, 청소년 멘토링 등 차세대 직업능력 향상 도모를 위한 진로 적성에 대한 적극적인 정보제공과 상담지원이 필요하다.

현행 아동복지법 정책대상이 한국 국적으로 한정되어 있음을 밝히는 문구가 없고 국제협약인 아동의 권리에 관한 협약을 원용하고 있음에도 현재 고려인 동포 자녀(외국국적아동)들은 아동복지법에 따른 복지체계에 편입되어있지 않다. 지침 작성과정에서 누락 된 것인지 정책적 결정인지 검토하여 개정하도록 촉구 할 필요가 있다.

아동들의 복지정책은 보육이념의 원칙에 따라 국적불문으로 취약계층의 수요에 따라 시행되어야한다. 저소득층 내국인 결혼 이주 가정, 외국인등으로 차별이 하는 보육, 복지와 교육제도 개선이 되어야 한다.

고려인자녀들에 대한 정책역시 정부의 다문화지원과 동일하게 적용하여 보육, 교육, 문화, 의료복지에서 소외와 차별됨이 없어야한다. 중도 입국 자녀를 위한 다문화 지정학교에서 예비학교가 운영되고 있지만 효율적인 관리를 위해 밀집 지역 중심으로 3~6개월의 예비학교를 별도로 운영하는 것도 검토해 볼 사항이다.

또한 재학 중인 중등이상의 고려인 청소년들에게 전문 기술 교육, 청소년 멘토링 등 차세대 직업능력 향상 도모를 위한 진로 적성에 대한 적극적인 정보제공과 상담지원이 필요하다.

현행 아동복지법 정책대상이 한국 국적으로 한정되어 있음을 밝히는 문구가 없고 국제협약인 아동의 권리에 관한 협약을 원용하고 있음에도 현재 고려인 동포 자녀(외국국적아동)들은 아동복지법에 따른 복지체계에 편입되어있지 않다. 지침 작성과정에서 누락 된 것인지 정책적 결정인지 검토하여 개정하도록 촉구 할 필요가 있다.

아동들의 복지정책은 보육이념의 원칙에 따라 국적불문으로 취약계층의 수요에 따라 시행되어야한다. 저소득층 내국인 결혼 이주 가정, 외국인등으로 차별이 없는 보육, 복지와 교육제도 개선이 되어야 한다.

※ 한국에서 태어나고 자라서 외모, 언어, 문화, 생활 모두가 한국인과 다름없는 한민족 동포 고려인 자녀들의 나는 어느 나라 사람인가?에 대한 한국사회는 답을 해야 한다.

4) 지역사회에서 적응과 위치

대부분 고려인동포들은 지역사회에서 사회적 위치 또한 외국인으로 분류되어있으며, 이는 모국을 찾은 고려인 동포들에게 많은 상처를 주고 있다. 선주민(내국인)과의 교류에서도 소극적이며, 회사내에서도 외국인으로 분류 될 때 가장 자존심이 상한다고 했다. 내국인의처우는 아니더라도 한민족동포로서 까레이츠(고려인)으로서 정체성을 인정해주고 사회적 처우를 받길 원한다 했다. 고려인들의 특성상 한지역에 정주하기가 어렵다고하나 최근 최대 밀집지역인 안산지역과 전남 광주지역에서는 작지만 지원 단체 중심으로 고려인 커뮤니티가 형성되어가고 있다. 이커뮤니티를 중심으로 지역주민과의 교류와 소통의 시도를 진행 하고 있으며 안산 땟골의 경우는 다양한 지역주민과의 소통프로그램으로 선주민과의 교류활동을 통해 지역에서 긍정적인 결과들이 나오고 있다. 지역주민과 함께하는 골목잔치를 비롯, 나눔 바자회, 텃밭활동, 거리 캠페인 외 마을 카페를 통한 커뮤니티 공간 확보등이 대표적인 예이다. 이는 고려인 동포들도 이주민 외국인으로 기피대상에서 지역주민으로 당당히 자리 매김 할 수 있는 계기가 되었고, 마을선주민역시 외국인이 사는 마을로 우범지역 기피지역에서 한민족동포들과 함께 공존하는 자랑스런 마을이라고 표현 할 정도로 주민들이 적극적으로 마을 활동을 하고 있다.

국내 체류 고려인의 지원업무의 효율적 추진을 위해 밀집지역에 '고려인 주민통합지원센터'를 설치·운영 하거나 고려인 관련 지원 단체나 기관에 행정적 재정적 지원을 적극적으로 하여야 한다. 고려인 동포들은 지역이나 기관에서도 국적국으로 분류되어 외국인관련 행사에서도 국적국으로 나뉘었거나 아에 참가대상도 되지 않았다. 고려인 동포 역시 외국인 관련행사에 참여하는 것을 부정적으로 생각하여 고려인 관련 지역행사가 전남 광주를 제외하고는 없는 편이다.(사할린 동포제외) 지난해 고려인 이주 150주년기념 문화제를 최대 밀집지역인 안산에서 개최하였는데 약 3천여 명의 고려인들의 참여해 존재감을 지역내에서 드러내었다. 고려인 관련 문화행사를 지자체에서는 적극적으로 지원하여 지역내에서 그간 그림자처럼 살아왔던 고려인들의 자존감을 높일수 있도록 배려해야 한다.

5. 결론

고려인 동포들은 재외동포 역사에서 최대의 수난을 겪고 아직도 유랑의 삶을 살아가고 있는 점에서 이들에 대한 국가의 관심과 배려가 필요하다. 국내 체류 고려인 동포들에 대한 정책은 다문화 지원과는 비교할 수 없을 정도로 소홀했고 관심 밖이었다. 국내 초기 입국한 고려인

동포들 모국에 대한 기대로 입국하여 생활하다 사회적 심리적 제도적 영역에서 심각한 차별과 배제를 경험하고 상처를 입은 동포들이 많다고 대답했다.

최근 입국 고려인 동포들은 가족단위로 생활하는(동포들의 가족결집력은 특히 더 높다)주객관적인 사회통합의 정도가 매우 높은 집단으로서 현행과 같이 공적인 정책지형에서 거의 전적으로 배제되어 있는 상황이 지속 된다면 외국인 정책을 포함한 재외동포정책도 그 정당성이 훼손 될 것이다.

이제는 국내 고려인 동포들이 모국사회에서 안정적으로 체류하고 그들의 권익보호를 위해 필요한 정부와 지자체의 제도 개선, 그리고 지원 사업 개발에 적극적으로 노력해야 한다.이제는 고려인 동포를 비롯 그 자녀들에게 정부 차원에서 처우개선에 필요한 인권·보건의료·문화·자녀 돌봄 지원·국적취득상담 등 각종 사업 지원과 이를 위한 예산 편성이 절대적으로 필요하며 각부처간 통합시스템 구축도 시급하다 이를 위해서 국내 체류 고려인 동포에 대한 정확한 실태조사와 현황파악이 시급하다. 이는 고려인 동포들의 향후 삶의 방향에 대한 정책과 대안을 마련할 수 있는 기초가 될 것이다.

제3장

광주의 '고려인마을'

1. 광주 '고려인마을'

광주광역시 '고려인마을'은 2000년대 중반부터 광산구 월곡동, 산정동, 우산동 일대에 고려인이 몰려 살게 되면서 고려인 집거지로 형성되었다. 고려인들 대부분은 고려인가족지원센터와 고려인아동지원센터 및 고려인교회가 위치한 월곡동을 중심으로 거주하고 있다. 고려인가족지원센터의 주장에 따르면 2016년 현재 광주광역시의 고려인은 약 3천 명이며, 이중 약 80% 이상이 고려인마을에 거주하고 있다.

고려인이 광산구의 월곡동 인근에 밀집해 사는 것은 광산구의 하남공단, 평동공단, 소촌공단 등의 광주광역시 주요 공단이 인근에 위치해 있기 때문이다. 고려인마을과 인근 지역에 고려인을 비롯한 외국인 노동자들이 밀집 거주하는 것은 2층 단독주택과 원룸 건물이 이 지역에 밀집되어 있고 주거비용이 매우 저렴하기 때문이다. 대부분의 고려인 가족은 층별 독채 또는 한두 개의 방을 월세로 살고 있거나 원룸빌딩에 거주하기 때문에 일반적으로 가족 수에 비해 거주 공간이 매우 좁은 편이다.

고려인마을 고려인 주민의 수가 증가하면서 이들과 관련된 고려인 식당, 고려인카페, 잡화점, 여행사 등이 입점하였고 그 수도 늘고 있다. 고려인마을에 고려인 수가 증가하면서 이들을 대상으로 하는 인력사무소도 10여 개로 늘어났다. 이는 육체적으로 고되지만 일당이 10~15만 원으로 상대적으로 높은 일용직 일을 인력사무소를 통해 구하고자 하는 고려인 젊은 남성들이 늘고 있기 때문이다. 고려인마을의 60대 이상의 소수의 노년 고려인들도 이들 인력사무소를 통해 시간제 '아르바이트'에 나가 용돈을 번다. 영유아 손자녀를 돌보거나 건강상 문제가 있는 노년 세대는 아르바이트를 못하지만, 손자녀가 보육과 교육기관에 다니는 노년 인구 가운데 시간제로 모텔과 원룸 등의 청소 일을 하는 할머니들은 5~6시간 노동에 약 3~4만 원의 수익을 올린다. 또한 배와 아로니아 등 과일농장과 채소농장에서 일손이 필요로 하는 계절에는 남녀 노령 인구들의 아르바이트 일자리가 많은 편이다. 그러나 이런 농장일은 새벽 6시에 고려인마을을 출발해 저녁 7시경에 귀가하기 때문에 손자녀 돌봄에서 자유롭고 건강한 소수의 노년 고려인들만 참여할 수 있는데 일당은 5~6만 원으로 이들 입장에서는 상당히 임금이 높은 일로 간주된다.

고려인가족지원센터 인근에는 고려인 유아를 돌보는 센터직영 유료 '새날어린이집'과 초중등생의 방과 후 활동이 진행되는 무료 '고려인아동지원센터' 등이 위치해 있다. 고려인가족지원센터에서 직영하는 새날어린이집은 거의 대부분의 교육시간이 러시아어로 진행되기 때문에 한국에서 초등학교를 다닐 계획이 있는 고려인 아동은 최근 2~3년 사이에 한국어를 학습하기 위해 한국유치원으로 옮기는 추세에 있다. 새날어린이집은 오전 7시부터 밤 10시까지 아동을 돌봐줄 수 있다는 장점 때문에 잔업이 많은 공장에서 일하지만 아이를 돌봐줄 노년세대가 없는 성인자녀에게는 여전히 선호되고 있다. 보육기관 외에 고려인마을이 위치한 광산구에는 고려인마을과 협력체계를 맺고 있는 병·의원, 외국인노동자건강센터, 정부인가 중도입국 자녀를 위한 '새날학교' 등이 위치해 있다.

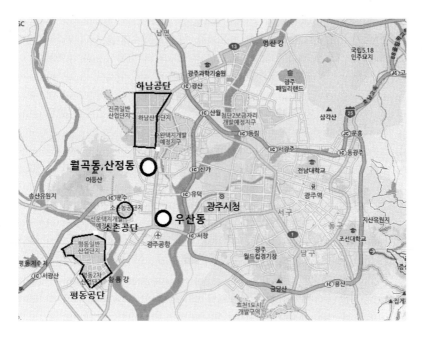

〈광주 "고려인마을"의 위치〉

1) 광주 "고려인마을" 조성 계기와 연혁

광주 "고려인마을"을 기틀을 마련한 사람은 이천영 목사이다. 이천영 목사는 인권사역의 일환으로 고려인사역을 하는 과정에서 고려인 대표인 신조야를 만나고 그와 합심하여 고려인마을을 조성하였다.

이천영 목사는 자신이 광주 "고려인마을"을 조성하는 계기와 과정을 다음과 같이 얘기하고 있다.

"2001년 산업연수생으로 일하던 우즈베키스탄 출신 고려인의 체불임금을 해결해주면서 고려인사역을 시작했다. 그 후 고려인 대표로 불리는 신조야를 만나 구체적인 지원계획을 세워 복음사역과 더불어 고려인의 인권사역을 시작했다. 이소식을 접한 많은 고려인들이 광주를 찾기 시작했다. 또 중앙아시아 현지 경제사정의 악화와 차별로 인해 많은 고려인들이 한국에 입국 전국을 떠돌며 근로자로 일했다. 재외동포로서 자격을 갖추고 있을지라도 우리정부는 고려인을 차별하며 체류비자를 이용 고려인동포들이 비자기간이 만료되면 강제 연행 추방하기 시작했다.

이런 현실을 지켜보면서, 고려인의 국내 정착을 위한 다양한 지원 대책을 모색하고 고려인정착촌을 꿈꾸기 시작했다. 고려인의 삶 자체가 국가의 소중함을 교육할 살아있는 역사박물관이 될 수 있기에 디아스포라 역사마을을 조성하겠다는 계획 속에 광산구 월곡동에 정착지를 마련했다. 2005년 이주한 고려인30여 명을 중심으로 마침내 고려인마을이 형성되기 시작했으며, 입소문을 타고 많은 고려인들이 광주로 몰려오기 시작했다.

그 후 고려인예배에 참석하는 고려인의 수가 늘어갔다. 광산구 하남공단 예배처소가 거리상 도보로 참석할 수 없어 차량을 이용 수송할 수밖에 없었다. 하지만 늘어만 가는 교인들의 수를 감당할 수 없어 마침내 교회를 고려인마을로 이전 수송의 부담을 덜 수 있었고 교회참석이 용이하자 마을교회로서 역할을 수행할 수 있었다.

시간이 지남에 따라 두고온 자녀를 데려오는 수가 늘어 어린이집을 개소했고, 학령기 아동들은 새날학교에 다닐 수 있도록 지원했다. 또 광주기독교단협의회의 지원을 받아 지역아동센터를 개소 방과후학교도 운영할 수 있었다. 최근에는 어린이집이 너무 협소하여 많은 수를 수용할 수 없다는 소식을 듣고 광교협은 어린이집을 이전할 수 있도록 지원, 넓고 쾌적한 시설에서 고려인아동들을 수용하게 되었다.

현재 광주고려인마을 주민들의 수는 2천여 명으로 늘어났으며 매주 광주로 유입되는 고려인의 수가 20-30여 명에 달해 광주지역사회의 한축을 이룰 것으로 전망되고 있다. 따라서 고려인마을교회의 확장과 다양한 지원사업의 확대를 통한 고려인 복음화를 이룰 수 있도록 지역교회들의 협력이 요청되고 있다.

광주고려인마을은 고려인이주 150주년인 2014년을 기점으로 대규모 정착촌 마련을 준비하고 있다. 디아스포라 유대인이 70년 만에 귀환한 것처럼 이제 광주에 정착한 고려인 후손들도 조상의 땅으로 귀환했기에 "디아스포라 역사마을" 조성, 국민들에게 국가의 소중함을 교육할 살아있는 역사의 현장을 마련해 나갈 계획이다.

이 역사마을을 통해 고려인의 이주과정, 고려인의 문화를 소개하는 역사박물관을 운영하며, 고려인 문화센터도 마련 중앙아시아 국가의 언어, 문화를 전달할 예정이다"

이렇게 조성된 광주 고려인마을의 연혁은 다음과 같다.

2000.01 : 산업연수생으로 입국 일하던 우즈벡출신 고려인 신나탈리야씨 1년치 체불 임금 해결이 계기가 되어 고려인 지원사업 시작

2001.04 : 충남 서천으로 결혼한 딸의 초청으로 고려인대모 신조야씨 한국에 입국

2002.10 : 신조야씨 체류기간 만료로 불법체류자가 되어 농공단지를 전전하게 되다

2002.06 : 고려인대모 신조야씨 어려움에 처한 고려인동포들을 틈틈이 돕기시작하다.

2002.08 : 한국문화 이해를 돕기 위해 국내체류 고려인 제주문화탐방 추진 150명 참가

2003.04 : 호남권 체류 고려인 초청 왕인박사 유적지 탐방(45명참가)

2003.06 : 불법체류 외국인근로자 사면령에 의거 신조야씨 합법 체류자격 획득

2003.08 : 제2회 국내체류 고려인을 위한 제주문화탐방 추진 120명 참가

2004.04 : 신조야씨 체류기간 만료로 중앙아시아로 자진 귀국

2004.09 : 고려인공동체 구성 신조야씨 대표자로 선출

2004.11 : 비자발급받은 후 신조야씨 국내 재입국 2005.02 : 고려인 30가정 광산구 월곡동 고려인마을 정착지 마련

2005.09 : 고려인공동체 산하 상담소 개소, 고려인동포지원사업 시작

2006.04 : 고려인공동체 한려해상공원 문화탐방 실시

2006.08 : 고려인공동체 서울탐방 실시(경복궁, 남산타워, 6.3빌딩 등)

2007.02 : 질병으로 고통당하는 고려인동포 의료지원사업 실시

2007.05 : 고려인공동체 남도문화 탐방(목포, 해남등)

2008.08 : 영광 가마미 해수욕장에서 여름 휴가 실시

2009.01 : 고려인지원센터 개소

2010.02 : 고려인대모 신조야씨 북한이탈주민출신 장석진씨와 결혼 후 체류비자 변경

2010.04 : 고려인50여 명 고려인마을 이주를 희망 월곡동에 정착

2010.06 : 고려인마을에 한국어학당 개소

2010.08 : 고려인공동체 제3회 제주문화탐방 실시

2011.01 : 고려인마을 주민 수 300여 명으로 증가

2011.03 : 고려인마을주민을 위한 상담소 개소

2011.04 : 김아나톨리야씨 의료비 지원을 위한 모금운동 실시

2011.06 : 고려인마을주민대상 건강검진 실시(광산구 보건소)

2012.02 : 고려마을주민지원센터 이전 개소(월곡동 519-4)

2012.10 : 고려인마을 어린이집 개원(월곡동519-4)

2012.12 : 고려인마을 주민 수 1,200여 명으로 증가

2013.03 : 광주지검 고려인대모 신조야씨 우즈벡 통역자원봉사자
위촉

2013.03 : 고려인마을협동조합 설립

2013.05 : 고려인 대모 신조야씨, 광산구청장상 수상

2013.07 : 제1회 고려인가족 여름수련회(여수)

2013.07 : 고려인마을 지역아동센터 개소(월곡동512-1)

2013.10 : 광주광역시 고려인 주민 지원 조례제정

2013.10 : 제1회 고려인의 날 행사

2014.02 : 제1차 고려인마을협동조합 정기총회

2014.03 : 고려인마을 주민 수 2,000여 명으로 증가

2014.04 : 비영리법인 고려인마을 설립허가(법무부장관)

2015.06 : 고려인마을종합지원센터 이전 개소

2016.10 : 제4회 고려인의 날 행사 개최

2016.10 : 고려FM라디오방송국 개국

2017.01 : 고려인청소년문화센터 개소

2017.03 : 고려인역사박물관 개소

2017.04 : 고려인마을 방문의 날 행사시작,

2017.09 : 아! 나는고려인이다. 행사개최(국립아시아문화전달)

2018.03 : 고려인광주진료소 개소

2) 고려인마을의 조직

비영리 사단법인인 고려인마을은 다음과 같이 조직되어 있다.

고려인마을은 기본적으로 광주 시민사회의 후원으로 운영되고 있다. 전 대통령연설기록비서관이었던 (사)호남미래연대 이사장인 정용화 후원회장을 중심으로 구성되어 있는 고려인마을 후원회는 고려인마을 운영의 기반이 되고 있다.

고려인마을은 산하에 여러 기관을 운영하고 있다. 고려인마을이 운영하고 있거나 추후 조직하여 운영할 계획으로 있는 기관은 '고려인마을종합지원센터', '새날어린이집', '지역아동센터(바람개비 꿈터공립지역아동센터)', '고려FM', '고려인마을합창단', '청소년문화센터', '고려

인역사박물관', '고려인광주진료소', '고려인인문사회연구소', '고려인
마을 청소년오케스트라단 <아리랑>', '고려인마을법률지원단' 등이 있
다. 이 운영기관에서 활동하고 있는 인물들을 망라하면 다음과 같다.

고려인마을종합지원센터

센터장: 신조야
사무국장: 장석진
사무보조: 한빅토리아

어린이집

원장: 김혜경
교사: 김에브게니아
교사: 강로자
조리원: 김악사나

지역아동센터
(바랑가바 꿈터공립지역아동센터)

시설장: 주남식
생활복지사: 이지현
생활복지사: 김은정
통역사: 서이리나
조리원: 박나탈리야

고려FM

운영위원회
위원장 : 박용수
위 원 : 최영준
      이우송
      신선호
PD : 이믿음
아나운서 : 오경복
      김혜숙
      김블라디미르
      김엘레나
      텐안나
      이다희
      한빅토리아
      리바올레타
      덴마리나
      유가이마리아
      김아니따
      리다니엘라
      엄밀라나
      강사라

고려인마을 합창단

단장: 김혜숙
단무장: 김민경

청소년문화센터

센터장: 리안드레이
교사: 강사라

고려인역사박물관

관장: 김병학
연구원 : 강보라

고려인광주진료소

동행위원회 의료지원단장 : 전성현 (광주아이퍼스트아동병원장)
치과지원단장 : 김수관(조선대치과병원장)
한방지원단장 : 김성봉(세브란스한의원장),
대표: 박병순(세종요양병원장)
소장: 박유환 (박유환내과 원장)
총무 김종선 (첨단우리병원장)
의료진: 신현호(정형외과), 서해현(외과), 박병순(흉부외과), 한상봉(소아청소년과),
홍경표(내과), 전성현(소아청소년과), 최정섭(이빈후과), 윤보선(성형외과),
홍성호(가정의학과), 박유환(내과), 손의주(신경과), 신재정(정신과),
임성수(소아청소년과), 류인(비뇨기과), 송병호(소아청소년과), 오형균(신경과),
정찬영(정신건강의학과), 김진만(안과), 김종선(정형외과), 이담선(정형외과),
하지나(산부인과), 조형준(재활의학과), 신삼식(피부과), 김성수(외과),
통역원 : 김엘레나 한빅토리아 김제나

고려인인문사회 연구소

소장: 홍인화
선임연구원: 김병학
연구원: 선봉규, 김나경

고려인마을 청소년오케스트라단 '아리랑'

단장: 박정연
예술감독: 임복희

고려인마을법률지원단

단 장: 강형옥 변호사, 부단장 임선숙 변호사, 총무 김나윤 변호사
변호사: 김경은, 김나윤, 김지현, 노강규, 송지현, 신광식, 윤춘주, 이민아, 정인기, 최형주, 홍지은, 김상훈
노무사: 정강희, 진재영, 이정봉

3) 고려인마을주민센터

2004년 9월경 20여 명의 고려인들이 공동체를 이뤄 친교를 하다가, 2009년 1월 센터를 운영하여 새로 입국하는 고려인들의 한국어 통역을 비롯하여 미취업자들의 숙식제공과 취업알선, 각종 애로사항들을 해결해 주고 있다.

4) 고려인마을 어린이집

2012년 10월 어린이집을 열어 맞벌이 부부 가정의 어린이들을 이른 아침부터 저녁까지 맡아 한글을 비롯한 어린이 학습, 운동, 문예활동을 지도하고 급식과 간식을 제공하고 있다.

5) 고려인마을 아동센터

2013년 7월 아동센터를 개소하여 고려인 학생(초·중·고)들을 대상으로 방과 후에 한글을 비롯하여 영어, 수학, 예능 등의 학습을 지도하고 있다.

6) 고려인마을 교회

2009년 센터 운영과 함께 교회를 설립하여 매 주일 예배를 통해 신앙으로 지친 심신의 위로와 힘을 얻고 상호 친교와 정보교류의 장이 되고 있고, 정신적 육체적 안정으로 매 주일 새 가족 등록이 늘어나고 있다.

7) 고려인마을협동조합

2013년 3월 10일 설립된 고려인마을협동조합(K-COOP)은 비영리
목적으로 설립 운영되고 있으며 조합원, 비조합원 구분하지 않고 고려
인 전체를 대상으로 활동하고 있다. 현재 고려인마을협동조합
(K-COOP)의 주요 사업은 주민상담센터 운영과, 미취학 아동을 위한
어린이 집, 자녀들의 방과 후 돌봄을 위한 아동센터 운영 등이다. 고려
인협동조합의 사업내용과 활동은 다음과 같다.

교육조합사업 - 유치원, 보육, 방과후교실, 학교, 한국어교육, 평생교육
소비자조합사업 - 공동구매, 여행사, 이동통신, 인터넷가입, 문화예술 등
　　　　　　　생활전반
주택조합사업 - 매매, 전세, 월세, 주택수리 등 주택관련 전반의 지원사업
의료지원사업, 근로자조합사업, 서비스조합사업 - 출입국상담, 고충
문제, 법률, 경조사 등
생산자조합사업 - 다문화체험학습, 역사관, 생산, 가공, 업체간 / 국
　　　　　　　제간 정보교류
유통(외국무역), 재활용제품생산, 커피숍, 청소, 시설관리 등

광주광역시 고려인주민 지원조례 제정(2013. 9) - 전국 자치단체중
최초 - 동포 지위 인정, 통합지원센터 운영, 실태조사, 행사 지원 등
귀한(歸韓)동포 지원법 제정 - 귀한동포 지원법 제정으로 자유왕래
및 한국 영주권 부여하여, 온 가족이 함께 살아가는 꿈을 실현
광산구 관내에 '고려인 특화 마을' 조성 - 러시아,우즈베키스탄 등,
중앙아시아 거리 조성, 러시아 음식점, 슈퍼마켓 등 운영

공동주택, 학교, 어린이집, 종합 문화센터 건립(교육, 건강, 문화예술 등)

역사관 건립(항일독립운동, 유랑생활의 수난사, 국가의 중요성 등 자료. 재현 전시

2. 광주광역시 고려인주민 지원조례 제정

광주광역시는 2013년 9월 전국에서 최초로 고려인주민 지원조례를 제정하였다. 조례의 내용을 살펴보면 다음과 같다.

<광주광역시 거주 고려인 지원 조례안>

1. 제안이유

◎ 고려인들은 1900년대 초부터 일제의 폭정을 피해 본격적으로 연해주로 이주해 갔다가 1937년 스탈린에 의해 중앙아시아로 강제 이주된 뒤 1991년 소련연방 해체로 또 다시 삶의 터전에서 떠나야 했던 우리 선조들의 후손으로서, 그 수는 50만 명에 달함. 이는 일제강점기와 냉전시대를 거치면서 우리 통치권의 사각지대에 놓여 있던 고려인들의 어려운 상황을 보여주는 것임.

◎ 특히 50만 명에 이르는 고려인 중 약 5만 명은 모국의 무관심 속에 거주국의 극빈층 노동자나 농민계층으로 전락하였고, 이들의 2세·3세는 교육, 의료 등과 같은 기본적인 사회보장제도에서조차 배제된 채 삶의 희망을 잃고 살아가다 국내에 입국하고 있음.

◎ 이제 우리의 국력은 세계 13위에 이르고 있는 바, 과거 역사적 치욕을 치유하는 차원에서도 고려인 동포에 대한 관심이 필요하며, 이들의 국적 등 문제를 해결해야 할 역사적 책무가 있음을 인식해야 할 것임.

◎ 최근 우리 시에는 거주하는 고려인 수가 급격히 증가하면서 집단 거주촌이 형성되어 생활하고 있으며, 협동조합을 설립하여 자생적 생활환경 조성을 위해 노력하고 있음에도 거주, 교육, 의료, 복지 등의 여건이 미흡한 실정임.

◎ 따라서 이들에 대한 체계적인 지원을 통해 원활한 지역사회 적응 및 통합을 이루고 지역발전에 기여하면서,

◎ 이와 같은 고려인동포들이 합법적인 국적을 취득하고 우리시에서 안정적인 생활을 영위할 수 있도록 행정적·경제적 지원을 할 수 있는 법적 근거를 마련하고, 이를 통하여 고려인동포들의 권익을 보호하여 지역주민의 일원으로서 거주 고려인에 대한 실질적인 서비스를 종합적으로 제공하기 위한 제도적 기반 마련을 위해 지원조례 제정이 필요함.

2. 주요내용

◎ "고려인동포"의 정의

◎ 시장의 책무

◎ **거주 고려인의 지위에 관한 사항**
  - 거주 고려인은 법령이나 다른 조례 등에서 제한하고 있지 않는 한 주민과 동일하게 광주광역시의 각종 행정 혜택을 받을 수 있음.

◎ **지원대상 및 범위에 관한 사항**
  - **지원대상** : 고려인, 한국국적을 새롭게 취득한 고려인, 기타 한국어 등 한국문화와 생활에 익숙하지 않은 고려인을 대상으로 하되,「출입국관리법」등에 의해 대한민국에 합법적으로 체류할 수 있는 법적 지위를 가지지 않은 고려인은 제외
  - **지원범위** : 한국어 및 기초생활적응 교육, 고충·생활·법률·취업 등 상담, 생활편의제공 및 응급구호, 문화·체육행사 등

◎ **"고려인 통합지원센터"의 설치에 관한 사항**
  - 교육, 문화, 의료, 국적회복, 통·번역서비스 등 인적 인프라 확대를 통한 고려인 지원의 컨트롤 타워

◎ **고려인 지원 활성화에 관한 사항**
  - 고려인 지원단체에 대한 행정적, 재정적 지원
  - 재외동포 경제단체, 세계한상문화연구단 등과 연계하여 지속가능한 지원체계구축
  - '고려인의 날' 지정 및 '고려인주간'으로 설정, 기념행사 개최
  - 고려인 지원활동 유공자 포상, 시정발전 유공 고려인에 대한 표창 등

◎ **고려인 협동조합 지원에 관한 사항**
  - '고려인 협동조합'을 통한 지역경제 활성화와 고려인의 지역 정착 및 자립을 통한 국적 취득(귀화 등) 기회 마련을 위한 행·재정적 지원
  - 지역 고려인을 통한 중앙아시아와의 인적·물적 교류 확대
  - 지역사회 정착을 위한 고려인 학교 설립 등 지원

◎ 고려인 마을 조성 및 지원에 관한 사항 등
 - 특화 마을 조성을 통한 관광자원화, 역사의식 고취, 자립기반 구축을 위한 지원 사항 등

제1조(목적) 이 조례는 광주광역시에 거주하는 고려인 주민들의 국적취득을 지원하고 지역사회 적응과 권익증진 및 생활안정을 도모하여 자립생활에 필요한 행정적 지원방안을 마련함으로써 지역사회에 정착할 수 있도록 하는 것을 목적으로 한다.

제2조(정의) 이 법에서 "고려인"이란 1860년 무렵부터 1945년 8월 15일까지의 시기에 농업이민, 항일독립운동, 강제동원 등으로 러시아 및 구소련 지역으로 이주한 외국국적동포 및 「민법」 제777조에 따른 그 친족으로 현재 광주광역시에 거주하고 있는 자를 말한다.

제3조(고려인의 지위) ① 고려인 주민은 법령이나 다른 조례 등에서 제한하고 있지 않는 한 주민과 동일하게 광주광역시의 재산과 공공시설을 이용할 수 있고, 각종 행정 혜택을 받을 수 있다.
② 광주광역시장(이하 "시장"이라 한다)은 고려인 주민이 지역공동체의 구성원으로서 시정에 참여할 수 있도록 노력하여야 한다.

제4조(다른 **법률과의 관계**) 고려인 주민의 지원에 관하여는 상위법이나 다른 조례에 특별한 규정이 있는 경우를 제외하고는 이 조례에서 정하는 바에 따른다.

제5조(시장의 **책무**) ① 시장은 관할 구역 내 거주하는 고려인 주민

들이 지역사회에 조기에 정착할 수 있도록 지원하고, 고려인 주민들이 지역주민과 함께 살아갈 수 있는 여건 형성을 위한 적절한 시책을 추진 하여야 한다.

② 시장은 시 관내에 거주하는 고려인 주민의 수 등 고려인 주민 지 원시책 추진에 필요한 실태조사를 실시하여야 한다.

제6조(지원대상) 이 조례에 의한 지원대상은 광주광역시 관내에 거 주하는 다음 각 호의 어느 하나에 해당하는 자를 지원대상으로 한다. 다만,「출입국관리법」등에 의해 대한민국에서 합법적으로 체류할 수 있는 법적지위를 가지지 않은 고려인은 제외한다.

1. 고려인
2. 한국 국적을 새롭게 취득한 고려인과 그 자녀

제7조(지원의 범위) ① 고려인 주민에 대한 지원범위는 다음 각 호 와 같다.

1. 한국어 및 기초생활 적응 교육을 위한 고려인학교 설립
2. 고충·생활·법률·취업 등 상담
3. 생활편의 제공 및 응급 구호
4. 고려인 주민을 위한 고려인의 날 지정과 문화·체육행사 개최
5. 고려인 주민의 대한민국 국적취득에 필요한 행정서비스
6. 고려인 주민 지원단체 등에 대한 행정적 지원
7. 그 밖에 고려인 주민의 지역사회 적응을 위하여 시장이 필요 하다고 인정하는 사업 등

② 시장은 제1항의 각 호와 관련된 사업의 수행에 필요한 예산을 편 성하여야 한다.

제8조(고려인통합지원센터의 설치) ① 시장은 제5조에 따른 고려인 주민 지원시책 수립·결정 및 시행을 위하여 "광주광역시 고려인 통합지원센터"(이하 "지원센터"라 한다)를 설치할 수 있다.

② 시장은 위 지원센터 업무를 고려인 주민의 지원에 필요한 전문인력이나 시설을 갖춘 법인 또는 단체에게 위탁할 수 있다.

③ 지원센터는 다음의 업무를 수행한다.

  1. 고려인 주민 지원 세부계획의 수립 및 프로그램의 개발, 교육 및 훈련

  2. 고려인 주민 지원 프로그램의 실시

  3. 고려인 주민 지원 사업실적의 보고

  4. 그 밖에 고려인 주민 지원과 관련된 연구, 조사 등의 활동

④ 제1항 내지 제3항에 따른 규정을 시행하기 위하여 필요한 사항은 시장이 따로 정한다.

제9조(지원센터에 대한 지원 등) 시장은 지원센터가 제8조제3항에서 정한 업무를 수행하기 위하여 필요한 비용을 예산의 범위 안에서 지원할 수 있다.

제10조(고려인 주민 지원 단체에 대한 지원) 시장은 고려인 주민 지원 단체의 활동에 필요한 행정적·재정적 지원을 할 수 있으며「비영리민간단체 지원법」에 의한 사업비를 지원할 수 있다.

제11조(업무의 위탁) ① 시장은 필요하다고 인정하는 경우에는「광주광역시 사무의 민간위탁 조례」가 정하는 바에 따라 거주 고려인 주민의 지원을 목적으로 하는 비영리법인 또는 단체에 업무의 일부 또는

전부를 위탁할 수 있다.

② 시장은 제1항에 따라 소관업무를 위탁하였을 경우 수탁자에게 예산의 범위 안에서 운영비를 지원할 수 있다.

③ 시장은 민간기관이나 단체에 업무를 위탁·운영하는 경우에 관계 공무원으로 하여금 위탁 및 운영비 지원에 관한 사항에 대하여 연 1회 이상 정기점검을 실시하고 필요한 경우 수시로 지도·점검할 수 있다.

제12조(고려인의 날) ① 시장은 지역 내 거주하는 고려인 주민을 포용하고 문화적 다양성의 의미를 일깨우기 위해 매년 5월 20일을 "광주 광역시 고려인의 날"로 하고 고려인의 날로부터 1주간을 "고려인주간" 으로 설정한다.

② 제1항에 따른 세계인의 날 및 세계인 주간을 기념하기 위하여 다음 각 호의 행사를 실시할 수 있다.

1. 기념식 및 문화·예술·체육행사
2. 연구발표 및 국제교류행사
3. 그 밖에 고려인 주민에 대한 지역적 관심을 높이기 위한 행사

③ 시장은 제2항에 따른 행사를 주관하며 필요한 경우 민간단체에게 행사를 추진하게 할 수 있다. 민간단체가 행사를 실시할 경우 필요한 행정적·재정적 지원을 할 수 있다.

제13조(포상) ① 시장은 고려인 주민 지원활동을 통하여 국가와 지역사회에 기여한 공로가 크다고 인정되는 개인, 법인·단체에 대하여 포상할 수 있다.

② 시장은 다음 각 호의 어느 하나에 해당하는 고려인 주민에 대하여 포상할 수 있다. 이 경우 예산의 범위 안에서 상금, 상패, 기타 부상

을 수여할 수 있다.

　　1. 시정 또는 지역사회에 공헌이 현저한 경우

　　2. 고려인 주민 지역사회통합 시책에 기여한 공적이 있는 경우

　③ 그 밖의 고려인 주민 지원에 공적이 있는 개인, 법인·단체 및 고려인 주민의 포상에 필요한 절차 등은 「광주광역시 포상조례」에서 정하는 바에 따른다.

　제14조(명예시민) ① 시장은 시정발전에 공로가 현저한 고려인에 대하여 명예시민으로 예우할 수 있다.

　② 명예시민으로서의 예우, 명예시민증 수여 등에 관한 사항은 「광주광역시 명예시민증 수여 및 명예시장 추대 조례」에서 정하는 바에 따른다.

　제15조(시행규칙) 이 조례의 시행에 관하여 필요한 사항은 규칙으로 정한다.

　부칙

　이 조례는 공포한 날부터 시행한다.

제4장
국내 거주 고려인 관련 정책

1. 고려인 관련 법률

1) 재외동포법

고려인 관련법은 크게 재외동포 일반을 대상으로 하는 법과 특별히 고려인만을 대상으로 하는 법으로 구분될 수 있다. 다시 말하면, 재외동포로서 고려인은 한편으로는 재외동포 전체를 적용대상으로 하는 「재외동포의 출입국과 법적 지위에 관한 법률」(일명, 재외동포법), 「재외동포재단법」 등의 적용을 받으며, 다른 한편으로는 고려인로서 「고려인동포 합법적 체류자격 취득 및 정착 지원을 위한 특별법」(일명, 고려인동포법)의 적용을 받는다.

재외동포법은 재외동포의 한국 출입국과 한국 내에서의 법적 지위를 보장할 목적으로 1999년에 제정되었으며, 이후 몇 차례 개정을 거쳤다. 현행 재외동포법에 의하면 재외동포는 "1. 대한민국의 국민으로서 외국의 영주권을 취득한 자 또는 영주할 목적으로 외국에 거주하고 있는 자(재외국민) 또는 2. 대한민국의 국적을 보유했던 자(대한민국정부 수립 전에 국외로 이주한 동포 포함) 또는 그 직계비속으로서 외국국적을 취득한 자 중 대통령령으로 정하는 자(외국국적동포)"(제2조)로 정의되고 있다. "대한민국의 국적을 보유했던 자 또는 그 직계비속으로서 외국국적을 취득한 자 중 대통령령으로 정하는 자"는 「재외동포의 출입국과 법적지위에 관한 법률 시행령」에 따르면 "1. 대한민국의 국적을 보유했던 자(대한민국정부 수립 이전에 국외로 이주한 동포 포함)로서 외국국적을 취득한 자 또는 2. 부모의 일방 또는 조부모의 일방이 대한민국의 국적을 보유했던 자로서 외국국적을 취득한 자"(제3조)를 말한다.

1997년에 제정된 「재외동포재단법」은 재외동포를 "1. 대한민국 국민으로서 외국에 장기체류하거나 외국의 영주권을 획득한 사람" 또는 "2. 국적에 관계없이 한민족(韓民族)의 혈통을 지닌 사람으로서 외국에서 거주·생활하는 사람"(제2조)으로 정의함으로써 혈통주의원칙을 명확히 드러내고 있다. 따라서 현재 대다수의 고려인은 재외동포법에 따르면 부모의 일방 또는 조부모의 일방이 대한민국정부 수립 이전에 국외로 이주한 동포로 외국국적을 취득한 자, 곧 외국국적동포이며, 재외동포재단법에 의하면 "한민족의 혈통을 지닌 사람으로서 외국에서 거주·생활하는 사람"이다.

재외동포법에 의거하여 고려인은 외국국적동포로서 재외동포에게만 주어지는 F-4 사증을 발급받을 수 있다. F-4 사증을 발급받기 위해서는 직계존속이 대한민국의 국민이었던 사실을 증명하는 서류, 본인과 직계존속이 외국국적을 취득한 원인 및 그 연월일을 증명하는 서류, 직계존비속의 관계임을 증명하는 서류(출생증명서 등)를 재외공관장에게 제출해야만 한다. 재외동포체류자격을 획득한 고려인은 최장 3년까지 한국에 체류할 수 있으며(제10조 1항), 대통령령으로 정하는 바에 따라 체류기간 연장허가를 받을 수 있다(제10조 2항). 또한 재외동포체류자격에 의거하여 고려인은 사회질서 또는 경제안정을 해치지 않는 범위에서 그리고 단순노무행위를 제외하고는 자유롭게 취업이나 그 밖의 경제활동을 할 수 있다(제10조 5항).

한편 재외동포법은 법의 목적을 달성하기 위해 추진되어야 할 재외동포에 대한 지원과 사업의 내용을 규정하고 있다. 재외동포법 제14조는 주민등록을 한 재외국민과 국내거소신고를 한 외국국적동포가 90일 이상 대한민국 안에 체류하는 경우에는 건강보험 관계 법령으로 정하는 바에 따라 건강보험을 적용받을 수 있도록 규정하고 있다. 그리고 국가유공자·독립유공자와 그 유족의 보훈급여금에 관한 제16조는「국가유공자 등 예우 및 지원에 관한 법률」또는「독립유공자예우에 관한 법률」에 따른 보훈급여를 외국국적동포에게 제공하도록 규정하고 있다. 또한, 재외동포재단법은 재외동포재단이 추진해야할 사업으로 재외동포교류사업, 재외동포사회에 관한 조사·연구사업, 재외동포를 대상으로 하는 교육·문화사업 및 홍보사업 등을 규정하고 있다(제7조).

2) 고려인동포법

2010년 5월 20일 "고려인동포의 합법적인 체류자격 취득을 지원하고 고려인동포의 권익과 생활안정을 도모"(고려인동포법 제1조)하려는 목적에서 특별법으로 고려인 동포법이 제정되었다. 동 법은 고려인동포를 "1860년 무렵부터 1945년 8월 15일까지의 시기에 농업이민, 항일독립운동, 강제동원 등으로 러시아 및 구소련 지역으로 이주한 자 및「민법」제777조에 따른 그 친족으로 현재 해당 지역에 거주하고 있는 자"(제2조)로 정의하고 있다. 민법 제777조는 친족의 범위를 8촌 이내의 혈족, 4촌 이내의 인척, 배우자로 규정하고 있다.

고려인동포법은 고려인동포의 합법적 체류자격 취득을 지원하고 고려인동포의 권익증진과 생활안정을 도모하려는 본 특별법의 목적을 달성하기 위해 제6조에서 6개의 지원사업을 제시하고 있다. 그 내용을 보면, 1. 고려인동포의 실태조사, 2. 거주국 국적 등 합법적인 체류자격 취득을 위한 지원, 3. 경제적 자립기반 마련을 위한 지원, 4. 한인문화센터 건립 등 문화 활동 지원, 5. 한국어 및 정보기술 교육 등 교육활동 지원, 6. 그 밖에 외교부장관이 필요하다고 인정하는 사업 등이다. 이러한 사업들은 고려인동포들이 한국인의 정체성을 갖고 현지 사회에서 자신들의 경제적, 사회적, 법적 지위를 향상시킬 수 있도록 지원하는 정착하는 데에 초점을 맞추고 있다.

고려인동포법 제3조에서도 정부는 고려인동포가 거주국 내에서 합법적 체류자격을 취득하고 생활안정을 누릴 수 있는 지원정책을 수립·시행할 것을 요구하고 있지 한국 내에서의 합법적 체류자격 취득과 생활안정을 위한 지원정책을 언급하고 있지 않다. 요컨대, 고려인동포법은 고려인동포들의 한국 내 수용과 한국으로 귀환한 동포들에 대한 사회통합에 관한 명확한 법적 규정을 갖고 있지 않은 상태이다. 따라서 한국으로 재이주를 실행했거나 재이주를 원하거나 고려인동포에 대한 수용과 사회통합에 관한 법적 규정이 고려인동포법에 수용되어야 한다는 주장이 제기되었다.

이에 따라 2013년 8월 13일 고려인동포법 개정안이 발의되었다. 이 개정안에서는 제2조(정의)에서 사할린 영주귀국동포와 국내거주 및 체류중인 동포를 포함하기 위해 동포의 정의에 "사할린에서 대한민국으로 영주 귀국한 동포 및 대한민국에 체류 중인 자"라는 문구를 추가하였다. 또한 제6조(지원사업 등)에서 고려인 밀집거주 지역에 고려인 동포 지원을 위한 '고려인 종합지원 센터' 건립 및 모국정착프로그램 마련, 일괄적으로 F-4비 자 발급, 의료보험지원, 영주권 발급 간소화 등을 추가하였다.

무엇보다도 고려인동포법은 고려인동포를 현재 해당 지역, 즉 러시아 및 구소련 지역에 거주하고 있는 자로 규정함으로써 현재 러시아 및 구소련 지역에 거주하고 있지 않는 자, 특히 한국에 거주하고 있는 자는 법적인 의미에서 고려인동포가 아니라는 해석도 가능하게 하였다. 그로 인해 한국에 영주하고 있거나 영주하고자 한국 국내에 체류하고 있는 고려인동포들, 특히 사할린동포들이 고려인동포의 범주에 포함되지 않는 가능성이 제기되었다. 따라서 고려인동포법의 고려인동포에 대한 정의가 갖는 모호성과 제한성에 근거해서 2014년에 12월 3일에 이인제 의원의 대표발의로 '고려인동포특별법 일부개정법률안'이 제출되었다.

이 개정안에서는 제2조 고려인동포에 대한 정의에서 고려인동포(제1호) 외에 '영주고려인동포'(제2호) 규정을 첨가하고 있다. 본 개정안의 정의에 따르면 영주고려인동포는 "제1호에 따른 고려인동포로서 「출입국관리법」 제10조에 따른 체류자격 중 대한민국의 영주체류자격을 취득한 사람 또는 대한민국에 영주할 목적으로 거주국을 벗어난 후 대한민국에 체류하고 있는 사람 중 대통령령으로 정하는 사람"을 말한다. 실로 이 영주고려인동포에 대한 규정은 사할린에서 영주 귀국한 사할린동포를 법에 포용하기 위한 것이다.

또한 '고려인동포특별법 일부개정법률안'은 현행 고려인동포법이 제대로 고려하지 못하고 있는 국내이주 고려인동포에 대한 지원책을 담고 있다. 즉, 영주 고려인 동포의 아동과 청소년의 보육·교육 및 취업

지도 등을 지원하는 아동·청소년통합지원체계 구축과 운영, 영주고려인동포에 대한 한국어교육, 정착과 생활안정을 지원하기 위해 영주고려동포 밀집거주지역 등에 고려인동포통합지원센터 설치 및 운영 등에 관한 법조문을 신설하고 있다.

3) 고려인 관련 지방자치단체 조례

(1) 광주광역시 고려인주민 지원 조례

지방자치단체 차원에서 2013년 10월 1일에 광주광역시는 「고려인주민지원조례」를 제정하여 시행하고 있다. 본 조례는 "광주광역시에 거주하는 고려인 주민들의 지역사회 적응과 권익증진 및 생활안정을 도모하여 자립생활에 필요한 행정적 지원방안을 마련함으로써 이들이 지역사회에 정착할 수 있도록 하는 것을 목적"으로 한다. 조례에서 고려인에 대한 정의는 고려인동포법에 나타난 정의를 따르고 있다. 본 조례는 광주광역시장이 관할 구역 내 거주하는 고려인 주민들이 지역공동체 구성원으로서 지역사회에 조기 정착할 수 있도록 지원하고, 지역주민과 함께 살아갈 수 있는 여건 형성을 위한 적절한 시책을 수립·추진하도록 규정하고 있다.

광주광역시 고려인주민지원조례는 고려인주민에 대한 실태조사(제6조), 고려인 주민통합지원센터의 설치(제9조)와 더불어 8개 지원 사업을 담고 있다. 8개 지원 사업의 내용을 보면, 1. 고려인 주민의 처우에 필요한 시책 등, 2. 한국어 및 기초생활 적응 교육, 3. 고려인 주민에 대한 불합리한 차별 방지 및 인권옹호를 위한 교육·홍보 등, 4. 외국어 통역·번역 서비스 제공 등 고려인 주민이 생활하는데 필요한 기본적 생활편의 제공, 고려인 주민의 건강한 생활을 위한 응급구호 등 보건의료, 5. 고려인 주민을 위한 문화·체육행사, 6. 고려인 주민의 자녀 돌봄 지원, 7. 고려인 주민 지원단체 등에 대한 지원, 8. 기타 고려인 주민의 지역사회 적응을 위해 시장이 필요하다고 인정하는 사업 등이다.

이러한 조례의 주요 내용을 정리하면 다음과 같다.

첫째, 고려인의 지위는 법령이나 다른 조례 등에서 제한하고 있지 않는 한 주민과 동일하게 광주광역시의 재산과 공공시설을 이용할 수 있고, 각종 행정 혜택을 받을 수 있도록 한다. 시장은 고려인 주민이 지역공동체의 구성원으로서 시정에 참여할 수 있도록 노력해야 한다.

둘째, 지원범위는 한국어 및 기초생활적응 교육, 고충·생활·법률·취업 등 상담, 생활편의 제공 및 응급구호, 문화·체육행사 등이다.

셋째, '고려인 통합지원센터'의 설치하여 교육, 문화, 의료, 국적회복, 통·번역서비스 등 인적 인프라 확대를 통한 고려인 지원의 컨트롤 타워로 삼는다.

넷째, 고려인 지원 활성화를 위해 고려인 지원 단체에 대한 행정적·재정적 지원을 하고, 재외동포 경제단체, 세계한상문화연구단 등과 연계하여 지속가능한 지원체계구축한다. '고려인의 날' 지정 및 '고려인 주간'으로 설정하여 기념행사를 개최하고, 고려인 지원활동 유공자 포상, 시정발전 유공 고려인에 대한 표창 등을 한다.

다섯째, '고려인 협동조합'을 통한 지역경제 활성화와 고려인의 지역 정착 및 자립을 통한 국적 취득(귀화 등) 기회 마련 위한 행·재정적 지원, 지역 고려인을 통한 중앙아시아와의 인적·물적 교류 확대, 지역사회 정착을 위한 고려인 학교설립 등 지원 등을 한다

여섯째, 고려인 마을을 특화 마을로 조성하여 관광자원화하고, 역사의식 고취, 자립기반 구축을 위한 지원을 한다.

조례에 따라 2015년 9월 광주광역시 광산구 월곡동에 사단법인 고려인마을을 중심으로 '고려인종합지원센터'가 문을 열었다. 본 지원센터는 고려인들의 취업과 산업재해, 국적취득 등 각종 상담과 자녀보육, 한국어교육, 자조모임 등 고려인들의 광주 정착에 필요한 각종 종합서비스를 제공하고 있다.

(2) 김포시 고려인주민 지원 조례

경기도 김포시는 2015년 5월에 「김포시 고려인주민지원조례안」을 통과시켰다. 조례안의 주요 내용(목적, 정의, 지원사업 등)은 광주광역시의 고려인주민지원조례와 유사하다. 광주광역시 조례안이 고려인 주민 지원업무를 원활히 추진하기 위해 고려인주민통합지원센터의 설치 및 운영을 규정하고 있는 반면에 김포시 조례안은 김포시고려인주민지원위원회의 설치를 제시하고 있다.

김포시 고려인주민지원조례에 따라 고려인주민에 대한 지원정책을 효율적으로 추진하기 위한 기구로서 설치된 '김포시 고려인주민지원위원회'는 일종의 심의기구로서 1. 고려인 주민 지원계획 수립, 시행 및 평가, 2. 고려인 주민 및 고려인 주민 가정에 대한 지원에 관한 사항, 3. 고려인 주민의 지역사회 적응프로그램의 운영에 관한 사항, 4. 고려인 주민 지원사업의 지역 공동사안에 대한 상호 협력에 관한 사항, 5. 고려인 주민과 함께하는 지역공동체 구현에 관한 사항, 6. 그밖에 시장 또는 위원장이 필요하다고 인정하는 사항 등에 대해 심의한다.

(3) 경기도 고려인주민 지원 조례안

광주광역시와 김포시에 이어 경기도의회도 고려인동포를 지원하는 조례 제정을 추진하고 있다. 또한, 경기도의회는 2015년 11월 윤화섭 의원이 대표 발의한「경기도 고려인 주민 지원 조례안」을 입법예고했다. 본 조례안은 광주광역시 및 김포시의 조례안에 비해 더 많은 지원 사업을 규정하고 있는데, 예를 들면, 경제적 자립기반 마련을 위한 지원, 고려인 주민의 자치단체 설립 지원 등이 들어있다.

(4) 충청남도 사할린 한인 영주귀국주민 지원에 관한 조례

충청남도의회는 2014년 2월에「충청남도 사할린 한인 영주귀국주민 지원에 관한 조례」를 통과시켰다. 본 조례안은 충청남도에 거주하는 사할린 한인 영주귀국주민이 지역사회에 원만히 정착하여 자립생활을 영위할 수 있도록 생활 안정 및 권익 증진 등에 관한 행정적 지원 방안을 마련하고, 정착여건 개선과 체계적 지원으로 사할린 한인들이 어려움을 극복하고 자긍심을 가질 수 있도록 하려는 목적에서 제정되었다. 조례안은 사할린 한인 영주귀국주민 지원계획에 필요한 실태조사, 지원센터의 설치 및 지원단체의 지원 그리고 제원사업으로 한국어와 기초생활적응 교육, 통·번역 서비스 제공, 응급구호, 문화·체육활동, 국내 다른 지역에 거주하는 가족 및 친척들과의 만남의 기회 제공 등을 포함하고 있다.

4) 고려인 관련 제도

대한민국 정부가 고려인에게 제공하는 대표적인 제도는 재외동포자격 부여 제도(F-4 사증제도), 방문취업제도(H-2 사증제도), 단기방문제도(C-3 사증제도), 외국국적동포 영주제도(F-5 자격 부여 제도), 외국국적동포 기술교육제도 등이다. 이러한 제도들은 고려인동포들에게만 특화된 제도는 아니지만 고려인동포에게 중요한 의미를 가지는 제도들이다.

재외동포자격 부여 제도는 앞서 언급되었던 F-4사증을 부여하는 제도이다. 1999년 재외동포법 제정 단계에서 고려인은 재외동포 범주에서 제외되었다가 이후 법 개정을 통해 재외동포의 지위를 얻었는데, 정부는 모국과 동포 간의 교류 확대 및 동포들의 거주국에 따른 차별 해소하기 위해 고려인들에게도 F-4사증을 부여하였다. 중국동포와 함께 고려인들은 단순노무 종사 가능성이 희박한 대학졸업자, 법인기업대표, 기능사이상 자격증 소지자, 만 60세 이상 동포 등의 경우 F-4사증을 신청할 수 있다. 또한 방문취업제와 연계하여, 국내 노동시장 혼란 우려가 없는 제조업 등 특정산업분야에 장기 근속한 H-2 사증 소지자에게도 F-4사증으로의 변경이 허용되었다.

정부는 고려인에게 F-4사증을 발급을 확대하면서도 2015년 1월까지는 출입국관리법 제18조 제1항, 동법 시행령 제23조 제3항에 의거하여, F-4사증 소지자에게 단순노무직 취업을 금지했다. 그러나 2015년 1월 21일 법무부 고시 제2015-29호를 발표하고, 2015년 2월 1일부터 공공의 이익이나 국내 취업질서 등을 유지하기 위하여 그 취업을 제한할 필요가 있다고 인정되는 특정 업종이나, 선량한 풍속이나 그 밖의 사회질서에 반하는 행위를 하는 경우를 제외하면 F-4사증 소지자도 단순노무직으로 분류되던 직종에 취업할 수 있도록 허용하였다. 이것은 국내거주 고려인 동포의 생활에 적지 않은 영향을 미치는 결정이며, 추후 F-4사증을 취득하는 고려인이 증가할 것을 예상하게 한다.

방문취업제도는 H-2사증을 부여하는 제도로, 2007년 3월 4일부터 시행되고 있다. 중국과 CIS 지역 동포에게 한정된 사증으로 만 25세 이상인 자가 신청할 수 있고, 사증 신청자는 5년간 유효한 복수사증인 H-2사증을 발급받고 유효기간 범위 내에서 자유롭게 출입국하며 최대 4년 10개월까지 체류가 허용된다. 사증발급 과정에서 국내에 친족 등이 있는 연고동포와 국내에 친척이 없는 무연고동포에게 다른 규정이 적용되지만, CIS 출신 고려인의 경우는 사증허용 인원보다 신청자 수가 많지 않기 때문에 신청자들은 이렇다할 경쟁이나 대기기간 없이 사증을 발급받을 수 있다.

앞서 설명했듯, 방문취업제도는 고려인동포 국내 입국을 용이하게 하였다. 게다가, 취업범위가 점차 확대되어 현재 단순노무직 38개 분야로가 확대되었고, 취업 절차가 간소해졌다. 즉, H-2사증으로 입국한 고려인은 고용노동부 취업교육을 받고 구직신청 후 고용지원센터의 취업알선을 받거나 특례고용가능확인서를 발급받은 사업체에 자율적으로 취업할 수 있으며 신고만으로도 사업체 변경이 가능하다.

단기방문제도는 단기방문(C-3) 사증 가운데 동포방문으로 분류되는 C-3-8사증을 부여하는 제도이다. 만 60세 미만의 외국국적동포에게 발급되며, 3년간 유효한 복수사증이다. 이 사증 소지자는 국내 입국 후 최대 90일까지 체류가 가능하다. C-3-8사증은 고려인에게 자유로운 출입국을 허용하지만 취업활동은 불허하고 있다. 하지만 H-2사증을 신청할 수 있는 만 25세 이상의 연령에 이르지 않은 고려인 가운데에는 C-3-8사증으로 입국하여 불법적으로 취업활동을 하는 사례가 있다.

외국국적동포 영주자격 제도는 영주(F-5)를 부여하는 제도이다. 일반적으로 국내거주 외국인들은 5년 이상 합법적으로 거주하고 일정 조건을 갖추었을 경우 영주사증을 신청할 수 있는데, 정부는 동포에게 모국과의 유대강화 및 동포 거주국과의 관계증진 등을 위해 동포를 대상으로 영주자격 부여를 활성화하고 있다. 이에 따르면 H-2사증을 소지하고 제조업·농축산업·어업 분야에서 장기근속하고 일정한 요건을 갖춘 고려인들이 영주사증을 발급받을 수 있다. 영주사증 소지자는 고국으로부터 친족초청이 가능하기 때문에 국내 정주를 원하는 고려인들에게는 매우 매력적인 제도라 할 수 있다.

외국국적동포 기술교육제도는 전산추첨을 통해 기술교육대상으로 선정된 사람에게 국내 기술교육기회를 부여하는 제도이다. 동포에게 주어지는 단기방문(C-3-8)사증을 발급받은 동포 가운데 만 25세~49세인 자에게 신청자격이 주어지며, 선정된 자는 재외동포기술교육지원단에서 지정한 농·축산·어업 및 제조업 등 분야 직종에 해당하는 기술교육학원에서의 기술교육을 받을 수 있다.

일반적으로 한국의 실제적 재외동포정책의 수립은 문민정부 시기의 '세계화추진위원회'를 기점으로 보며, 정부가 적극적으로 재외동포정책을 추진하기 시작한 것은 1997년에 외교부 산하 재외동포재단을 설립하면서부터라고 할 수 있다. 실로 중앙정부 차원에서 고려인에 특화된 기관이나 기구는 없는 실정이다. 그러나 고려인이 재외동포의 범주에 속한다는 점에서 전 세계의 재외동포를 대상으로 활동하는 재외동포 관련 기관들은 고려인 관련 기관에 포함될 수 있을 것이다.

재외동포재단은 재외동포재단법 제1조에 따르면 "재외동포들이 민족적 유대감을 유지하면서 거주국에서 그 사회의 모범적인 구성원으로 살아갈 수 있도록 하는 데 이바지함을 목적"으로 설립되었다. 재외동포재단은 재단의 주요 사업으로 특히 재외동포 교류사업, 재외동포사회에 관한 조사·연구사업 및 재외동포를 대상으로 하는 교육·문화사업 및 홍보사업을 시행·추진한다(제7조).

한편, 정부는 정부의 재외동포에 관한 정책을 종합적으로 심의·조정하고 이를 효율적으로 추진·지원하기 위하여 국무총리 소속 하에 재외동포정책위원회를 두고 있다. 재외동포정책위원회는 국무총리를 위원장으로 위원장 1명을 포함한 25명 이내의 위원으로 구성되며, 위원회 회의는 원칙적으로 연 1회 소집된다. 「재외동포정책위원회규정」에 따르면, 재외동포정책위원회가 심의·조정하는 사안으로는 1. 재외동포정책 기본방향의 수립에 관한 사항, 2. 재외동포의 정착 지원에 관한 사항, 3. 재외동포의 법적·사회적 지위 향상에 관한 사항, 4. 재외동포와의 유대 강화에 관한 사항, 5. 재외동포의 국내외 경제 활동 지원에 관한 사항, 6. 재외동포의 정체성 함양에 관한 사항, 7. 재외동포 관련 부처별 사업계획에 관한 사항, 8. 그 밖에 재외동포와 관련된 사항으로서 위원장이 부의하는 사항 등이다(제2조).

2. 고려인 관련 사업

1) 중앙정부 사업

대한민국 정부는 사회통합교육의 일환으로 국내에 입국하는 모든 장기체류 이민자를 대상으로 한국사회 적응에 필요한 기초법과 제도, 기초생활 정보를 제공하는 '이민자 조기적응프로그램'을 실시하고 있다. 본 프로그램에는 고려인동포에게만 특화된 것은 아니지만 고려인동포도 대상이 되는 '외국국적동포 조기적응프로그램'(구 기초법·제도 안내프로그램)이 있다. 이 프로그램은 외국인등록 전에 반드시 이수해야 하는 의무교육의 일환으로 체류·국적 등 출입국관련 업무, 기초생활 정보 및 동포지원정책 등에 대한 안내, 범죄피해예방 등에 관해 총 3시간의 교육이 이루어진다. 전국 32개의 교육기관이 본 프로그램을 실시하고 있는데 그 중 고려인동포를 대상으로 교육을 실시하는 기관은 총 10개(서울출입국관리사무소, 평택대학교 다문화가족센터, 안산시 외국인주민센터, 다문화가족행복나눔센터, 이주민사회통합지원센터, 동천 안직업전문학교, 청주출입국관리사무소, 고려인마을협동조합, 영산대학교 한국어교육센터, 울산출입국관리사무소)이다(http://www.dongpook.or.kr).

고려인동포법에 제시된 고려인동포 실태조사 사업과 관련해서 외교부는 외국에 거주/체류하는 재외동포 및 재외국민의 현황 파악을 위해 매 홀수년도에 발간하는 '재외동포 현황'에서 고려인동포의 수를 가늠케 하고 있다. CIS 국가들마다 '외국국적동포(시민권자)'의 수가 명기되어 있는데, 이들이 모두 고려인이라고 볼 수 있는 근거는 제시되어 있지 않지만 상당수가 고려인으로 생각된다.

재외동포재단이 실시하고 있는 다양한 재외동포 관련 사업 중 다수의 사업에 고려인동포도 사업대상으로 포함되고 있지만 특별히 고려인동포를 주요대상으로 지원하고 있는 사업에는 다음과 같은 것이 있다.4) 우선 무국적 고려인의 합법적 체류자격 획득 지원 사업 및 고려인의 경제적 자립기반 마련을 위한 농업지원 사업 등을 지원하는 고려인동포 권익신장 지원 사업이 있다. 고려인의 거주국에서의 경제적 자립기반 마련을 위한 농업지원 사업으로 고려인들의 최초 정착지인 카자흐스탄의 우쉬토베에 '카자흐스탄고려인영농지원센터'가 그리고 키르기스스탄에 '한-키 영농센터'가 개설되어 채소를 재배할 수 있는 최첨단 온실하우스가 설치되었다. 둘째로 CIS지역 고려인 학교의 열악한 교육환경을 개선할 뿐만 아니라 민족교육을 내실화하고 교육경쟁력을 강화하기 위해 컴퓨터 등 교육 기자재를 지원하는 사업이 있다. 셋째로 재외동포언론네트워크를 구축하고 재외동포의 정체성을 유지하기 위해 한글신문 발간을 지원한다.

재외동포재단이 진행하고 있는 초청사업으로는 첫째로 독립운동가(후손), 강제이주 징용자(본인 및 후손), 동포사회 기여 공적이 큰 유공동포 등을 모국에 초청, 위로, 격려하고 한민족으로서의 자긍심을 고취하려는 목적에서 CIS지역 고려인 초청사업이 있다. 둘째로 러시아 및 CIS지역 한국어교사의 국내 단기초청 연수를 통해 민족교육 역량을 제고하고 네트워크를 구축하는 CIS지역 한국어교사 초청연수사업이 있다. 또한 재외동포재단은 CIS 지역의 우수한 고려인 인재들에게 현지장학금을 지원함으로써 이들의 학업정진 의욕을 고취시키고 동시에 한국과의 유대감을 강화하고 CIS 국가와의 교류협력에 이바지할 수 있는 인재 양성을 목표로 CIS 지역 현지장학금 지원사업을 하고 있다.

그밖에 정부는 연해주, 카자흐스탄, 키르기스스탄, 우즈베키스탄 등지에 고려인문화센터 및 한국어교육원 등을 건립하여 고려인들의 문화활동과 한국어교육을 지원한다. 결론적으로, 중앙정부의 고려인 사업은 영주귀국 사할린동포를 제외하고는 국내체류 고려인이 아니라 출신국가에 거주하고 있는 고려인을 주요대상으로 추진되고 있음을 보여준다.

2) 지방자치단체 사업

전국 최초로 고려인동포 관련 조례를 제정한 광주광역시는 광주광역시 월곡동에 위치한 고려인마을 주민지원센터를 통해 한국어 통역 및 한국어교육을 지원하고 있으며 고려인 미취업자들을 위한 숙식제공과 취업알선 및 각종 애로사항을 해결해주고 있다. 매년 10월 셋째 주 일요일을 고려인의 날로 정하여 행사를 개최하고 있으며, 한국어교육도 지원하고 있다.

(사)고려인마을은 2012년 10월에 고려인어린이집을 열어 맞벌이 고려인부부 가정의 어린이들을 이른 아침부터 저녁까지 맡아 한글을 비롯한 어린이 학습, 운동, 문예활동을 지도하고 급식과 간식을 제공하고 있다(http://www.koreancoop.com). 또한 2013년 7월에는 아동센터를 개소하여 고려인 초·중·고등학생을 대상으로 방과 후에 한글을 비롯해 영어, 수학, 예능 학습이 이루어지고 있다. 광주지역의 (사)고려인마을은 개인병원, 안과, 소아과, 산부인과 등 병의원과 협약을 통해 국내거주 고려인동포들이 진료비의 40-50%를 할인받을 수 있도록 했다. 그러나 여전히 고려인동포들은 건강보험에 가입되지 않은 동포들이 많이 제대로 의료보험 혜택을 받지 못하고 있는 실정이다.

경기도는 2000년대 초부터 연해주 고려인 사회에 대한 지원으로 고려인 돕기 성금 모금, 봉사활동단 파견, 고려인 모국방문단 지원 등의 활동을 벌였으며, 2013년에는 러시아 우스리스크 고려인에게 나눔의료 봉사활동을 했다. 2014년 이후에 경기도의 고려인들에 대한 지원은 대부분 국내거주 고려인 사회를 지원하는 경우가 많아졌다. 경기도는 2015년에 고려인 이주 150주년을 맞아 총 10억원의 예산을 확보하여 고려인문화센터 설립을 추진하였으며, 2016년에 개소하였다. 고려인 2,000여 명이 집단 거주하는 안산시 선부동 뗏골에 들어선 고려인문화센터는 고려인 이주역사를 한 눈에 볼 수 있는 역사전시관이 들어서고 상시교육장으로 활용되고 있다.

경기도에서 지금까지 고려인동포를 실질적으로 지원해오고 있는 곳은 안산의 한글야학 '너머'라고 할 수 있다. 너머는 한국어를 가르치는 것 이외에 고려인동포를 위한 모국탐방 및 문화체험의 기회를 제공하며, 고충상담소, 노동상담, 출생신고, 자녀교육 등 여러 형태로 고려인동포들의 사랑방 겸 쉼터 역할을 하고 있다. 또한 고려인문화센터의 운영을 맡다 고려인문화센터를 실질적인 국내 유입 고려인들의 네트워크의 중심으로 만들고 있다.

3) 국내 거주 고려인 관련 정책의 한계

지금까지 살펴본 바와 같이 고려인정책의 문제점은 첫째, 중앙정부 차원에서 고려인동포법에서 제시되고 있는 사업은 현지 출신국가에 거주하는 고려인동포를 위한 사업에 중점이 주어져 있기 때문에 국내거주 고려인동포에 대한 사업은 매우 미미한 상황이라는 점이다. 그에 따라 중앙정부 차원에서 국내에 거주하고 있는 고려인에 대한 지원정책은 영주귀국 사할린동포를 제외하고는 앞에서 보았듯이 사증 발급과 출입국 및 체류자격에 대한 법령과 제도 마련 이외에는 거의 없다고 보아도 무리가 없다. 심지어 국내에 거주하고 있는 전체 고려인에 대한 숫자나 거주지 등에 대한 정확한 기초통계조차 없는 실정이다. 또한, 사증제도에서도 고려인의 대부분은 방문취업(H-2)과 재외동포(F-4)사증으로 국내에 입국하여 체류하는데, 이들 사증은 동반자녀가 19~24세가 되는 경우 자녀들이 출국해서 본국에서 다시금 사증을 신청하여 입국하도록 되어 있다. 그로 인해 가족들이 헤어졌다 다시 재결합하는 제도적 불합리성이 나타나고 있다.

둘째, 적용 법률에 따라 재외동포에 대한 관점 상이하다는 점이다. 법률에 따라 고려인을 동포관점(법적 지위 및 체류 자격에 관한 문제, 국적취득, 장기체류, 가족 재결합 등), 이주노동자 관점(노동활동에 관한 문제, 노동시장 접근성, 임금, 보험 및 산재 등), 이주민 관점(지역사회 적응 및 정착에 관한 문제, 언어, 문화생활 및 여가 활동, 네트워크 등)으로 다양하게 바라보고 있다. 따라서 고려인 동포를 다양한 관점으로 바라봄으로써 정책의 중복 및 상호 연관성이 떨어져 법적 효력이 불분명하다.

셋째, 재외동포 및 영주자격 변경 조건이 까다롭다는 점이다. 즉, 재외동포로 변경(H-2 → F-4 변경)할 때의 기준이 지방 소재 제조업의 동일 사업장에서 2년 이상 계속 근무 또는 60세 이상, 국내 공인 국가기술자격증(기능사 이상) 취득자, 중국 및 CIS지역 동포의 경우, 재외동포자격 신청 시 단순노무행위에 종사하지 않음을 소명하는 별도의 자료 제출 요구하고 있어 지역적 차별 및 직업 선택 자유를 침해하고 있다. 한편 영주자격 변경(H-2 → F-5 변경) 기준은 제조업, 농축산업 또는 어업 등 분야에서 취업하고 있는 자로 동일업체에서 근무처를 변경하지 않고 4년 이상 계속 근무한 자, 본인과 국내에서 생계를 같이하는 가족이 3천만 원 이상의 자산을 보유하는 등, 생계유지능력이 있을 것, 연간 소득이 한국은행 고시 전년도 일인당 국민총소득(GNI)이상인 자 등으로 되어 있어 변경에 접근조차 힘든 실정이다.

넷째, 취업 업종 제한 및 열악한 노동 환경을 들 수 있다. 국내 거주 고려인의 방문취업 허용업종은 농축산업, 어업, 제조업, 하수폐기물 처리, 원료재생 및 환경복원업, 건설업, 도매 및 소매업, 운수업, 숙박 및 음식점업, 출판, 영상, 방송통신 및 정보서비스업, 사업시설관리 및 사업지원 서비스업, 사회복지서비스업, 수리업 등 총 38개 업종으로 한정되어 있다. 그러나 대부분 제조업의 3D분야에 취직하고 있으며, 제조업의 경우 근로자 수가 300인 미만이거나 자본금이 80억 원 이하인 경우로 제한되어 있어 인적 또는 재정적으로 매우 열악한 중소기업체에서 근무하고 있다. 이러한 노동 환경은 자연스레 임금, 노동시간, 휴일 및 의료혜택 등의 지원에 한계를 드러낸다.

마지막으로, 지방자치단체의 경우 일부 지자체가 고려인 관련 조례를 제정했거나 추진 중에 있을 뿐 실질적인 재정적, 복지적 차원의 적극적 지원이나 사업은 아직까지는 보이지 않는다. 실로 광주광역시나 김포시의 고려인주민지원조례에서 제시되고 있는 사업들, 즉 고려인 주민의 처우에 필요한 사업, 한국어 및 기초생활 적응 교육, 고려인 주민에 대한 불합리한 차별 방지 및 인권옹호를 위한 교육·홍보, 외국어 통역·번역 서비스 제공 등 고려인 주민이 생활하는데 필요한 기본적 생활편의 제공, 고려인 주민의 건강한 생활을 위한 응급구호 등 보건의료, 고려인 주민의 자녀 돌봄 지원, 고려인 주민 지원단체 등에 대한 지원, 기타 고려인 주민의 지역사회 적응을 위한 사업 등이 지방자치단체의 차원에서 조속히 적극적으로 추진되어야 할 것이다.

3. 사할린 영주귀국동포 지원정책

위에서 국내 거주 고려인 지원 정책의 현실과 한계를 살펴보았다. 그런데 국내로 영주귀국한 사할린 한인의 경우는 위의 내용과 다른 고찰을 요한다. 따라서 다음에서 사할린 영주귀국동포 지원정책을 별도로 다루고자 한다.

1) 사할린 영주귀국동포 지원 사업

사할린 한인들의 영주귀국사업의 추진 과정을 정리하면 다음과 같다.

- 1988년 서울 올림픽 및 한·소 관계 개선 - 한·일 적십자사를 통해 사할린동포의 모국방문과 영주귀국 사업 추진

- 1989년: 사할린동포의 모국방문 시작
- 1992년: 외무부 및 적십자사 주관으로 영주귀국 시작
- 1993년: 경북 고령군 대창양로원 사할린동포 50여 명 입소
- 1994년 3월, 7월: 한·일 정상회담에서 사할린동포에 대한 지원논의 결과, 사할린 한인 1세 대상의 영주귀국시범사업으로 『500세대 사할린 한인 전용 아파트』 및 『100명 수용 요양원』건립 추진 합의
- 1996년 12월 4일 '국무총리 주재 재외동포정책위원회' 회의에서 사할린에 거주하다가 모국으로 영주귀국한 동포들에게 지원되는 모든 비용을 국고에서 지원하기로 결정함.
- 1997년 12월 ~ 1998년 9월: 조기귀국사업으로 82가구 영주귀국 서울특별시 강서구 등촌동 42가구, 인천광역시 부평구 삼산동 40가구 등 입주
- 1999년 2월 : 100개 병상의 '인천사할린동포복지회관(요양시설)' 완공
- 1999년 12월 : 건교부 주관(주택공사)으로 안산시에 영구임대주택 건립 2000년 2월초 입주시작, 안산시 예산지원 시작 2001년 안산에 대규모 사할린 한인 거주지를 조성하는 대신 국가가 생계급여, 장애수당 등의 안산시 부담분을 지원
- 2005년 9월 일본적십자사와 안산시 공동부담으로 안산요양원 개원
- 2007년~2009년 : 영주귀국 확대사업 실시 약 2,000명(2007년 611명, 2008년 647명, 2009년 837명) 영주귀국
- 2010년 이후 영주귀국 사업 당초 영주귀국 확대사업은 3년간 실시 후 마무리 예정이었으나, 잔류 1세들의 영주귀국 희망 등을 감안하여 2010년 이후에도 한·일 공동으로 영주귀국 사업 추진.

2010년 127명, 2011년 102명, '12년 108명, '13년 70명 영주귀국 함. 전국 22개 지역 및 시설에서 약 3,000여 명이 정착하고 있음.

한편 영주귀국 대상자의 조건은 애초에 한·일간 합의에 따라 사할린 한인 1세를 '1945년 8월 15일 이전 출생자로서 1945년 8월 15일 이전 사할린에 이주하여 계속 거주중인 자'로 정의하였다. 2003년에는 사할린 한인 지원 공동사업체 운영위원회에서 2004년부터 사할린 이외 대륙 거주 한인 1세를 포함키로 결정하였다. 이에 따라 2007년까지는 사할린 한인 1세만을 영주귀국 대상으로 실시되어 왔으나, 2008년부터 사업 확대로 2세(1세와 혼인한 배우자(러시아계 비한인 등 포함), 장애인 자녀)도 영주귀국 사업 대상에 포함되었다.

영주귀국한 사할린 한인은 생계비 등을 국고부터 보조받았다. 그런데 이러한 보조에는 여러 가지 제한 조건이 붙었다. 먼저 생계비 등 국가로부터의 보조는 모두 통장으로 입금되었다. 영주귀국동포는 6개월간 통산하여 90일 초과 해외 출국할 경우 생계비를 지급받을 수 없었다. 또한 취직이나 부업은 상시 가능하나, 신고소득이 발생할 때에는 생계비의 일부 또는 전부가 삭감되었다. 승용차 구입이나 운용은 생계비 지급 곤란을 초래할 수 있으므로 반드시 사전에 지자체의 사회복지 전담공무원과 협의하도록 요망되었다. 그리고 입주지역 외 타지역으로 이동하거나 아파트 동·호수를 변경하는 일은 정부의 허가를 얻은 경우에만 가능하였다. 물론 개인적으로 주택을 구입하여 이전하는 것은 가능했으나, 이 경우 생계비를 지급받기는 어려웠다.

이러한 여러 제한조건이 붙은 사할린 영주귀국동포에 대한 지원의 주요 내용은 다음과 같았다.

구분	지원 내용
정착비 지원	• 영구 및 국민임대주택 거주자에 특별생계비 매월 75,000원(월 임대료 및 아파트관리비) 지원 • 신규입국한 영주귀국자에 대한 임대주택 임대보증금 및 관리비 선수금 지원(2인 1가구 기준 단가 17,700천원) • 신규입국한 사할린 한인 2세 항공료(실비) 및 집기 · 비품비(1,400천 원) 지원 　－ 사할린 한인 1세의 영주귀국 항공료 및 집기 · 비품비는 일본에서 지원 　－ 사할린 한인 2세(1세와 혼인한 배우자 및 장애인자녀)의 항공료 및 집기 · 비품비는 한국에서 지원
복지 급여	• 국민기초생활보장법에 의한 급여 지원(2014년 기준) 　－ 생계급여: 380,531원(1인가구), 647,932원(2인가구) 　－ 주거급여: 107,532원(1인가구), 183,094원(2인가구) 　－ 장제급여: 수급자 사망 시 1인당 750,000원 · 기초노령연금법에 의한 기초노령연금 지원(2013년 기준) 　－ 1인당 최고 96,800원(부부가 모두 받을 경우 154,900원) · 장애인복지법에 의한 장애인 연금 지원 　－ 장애등급에 따라 지급 · 의료급여법에 의한 의료급여 지원 　－ MRI 등 특수촬영이나 고가치료제 등은 급여기준에 따라 비급여 또는 전액 본인 부담 • 사망시 천안 소재 국립 '망향의 동산' 납골묘에 안장
입소시설 운영비	• 인천사할린동포복지회관(요양시설), 경북 고령군 대창양로원(양로시설) 2개소 지원

2) 사할린 영주귀국동포 지원 정책의 문제점

사할린 영주귀국동포 지원 사업은 인도적 차원에서 진행되어 여러 가지 성과를 내었다. 하지만 이 사업 역시 여전히 여러 가지 문제점을 안고 있다.

우선 영주귀국사업으로 인해 '새로운 이산가족' 문제가 발생했다. 현재 영주귀국 대상자를 1945년 8월 15일 이전 출생자로 한정하고 있어서 새로운 형태의 이산가족 문제가 발생하고 있다. 영주귀국을 포기하고 사할린에 거주하는 많은 동포들이 "1940년대 이산의 슬픔을 겪었는데, 또 다시 이산의 슬픔을 겪어야 하느냐" 라는 이야기를 하고 있는 실정이다. 영주귀국 대상자를 세대에 상관없이 일본의 중국 및 사할린 잔류 일본인의 영주귀국처럼 '희망자'라로 하는 것이 바람직할 것으로 보인다.

또한 사할린 잔류자에 대한 지원 정책이 미비하여 또 다른 차별을 낳고 있다. 사할린동포에 대한 특별법안은 대부분 사할린동포의 귀국 지원, 정착지원 등을 주요 내용으로 하고 있다. 여러 가지 사유로 영주 귀국이 어려운 사할린 잔류자에게도 지원이 필요하나 현실은 그러지 못하다. 이는 같은 강제징용 피해자인 이들을 오히려 차별하고 있는 상황으로 볼 수 있다.

사할린 잔류자의 유형은 크게 3가지로 나뉜다. 제1유형은 일념으로 대한민국으로 영주귀국하고 특별수용시설에 거주를 희망하는 이들이다. 제2유형은 자녀들과의 새로운 이산가족의 발생 등을 이유로 영주귀국을 완전히 포기하고 그 대신 대한민국 또는 일본 정부로부터 매월 일정한 액수의 배상금 또는 생활보조비를 받기를 원하는 이들이다. 제3유형은 양자 사이에서 고민하는 자들로 자녀 중 1자녀의 가족과 함께라면 영주귀국을 희망하는 이들이다. 이 3가지 유형 모두를 고려하는 지원 정책이 필요한 현실이다.

한편 영주귀국시키는 것에 안주하는 것이 아닌 영주귀국동포들의 목소리를 경청하는 것이 필요하다. 사할린 영주귀국동포의 희망사항을 요약하면 다음과 같다.

첫째, 일본정부의 인도적, 도의적 사죄와 강제노동에 대한 배상 요구: 피해자 및 그들의 상속자들에게 1,000만 엔의 손해배상 요구

둘째, 한국정부는 상기 보상금을 일본 정부가 사할린에 버림받은 동포들에게 지불되도록 외교적 교섭에 적극 나서야 함. 마찬가지로 영주귀국자들에게도 해당한 배상을 해야 함.

셋째, 현재 영주귀국 사업은 새로운 이산가족을 만들고 있으므로, 이를 해결하기 위해서는 자녀동반의 영주귀국법을 실시해야 함.

넷째, 사할린 잔류자 중 영주귀국을 희망하는 자들 중, 자녀들의 한국 유학을 추진하되 국비로 지원해야 함. 일본 유학을 희망할 때는 상동한 조건으로 유학을 시킬 것.

다섯째, 사할린 잔류를 희망하는 자들에게는 매달 생계비와 의료비 등을 지급해야 함. 또한 문화센터 운영 지원금, 라디오·TV 및 신문사 운영 지원

제5장

국내 거주 고려인 정책 제안

1. 고려인 관련 법률 정비

1) 고려인에 대한 개념 정의

국내거주 고려인 정책 발전을 위해 가장 우선적으로 해결해야 할 문제가 고려인에 대한 개념 정립이다. 현재 고려인이라는 용어는 일상생활에서 화자에 따라 서로 다른 의미로 사용되고 있다. 구소련지역 출신 동포를 모두 포함하는 포괄적 개념으로 사용되는가 하면, 구소련지역의 대륙에 거주하는 동포만을 의미하는 용어로 사용되기도 한다. 보다 범위를 좁혀서, 중앙아시아 출신 동포만을 고려인이라고 지칭하는 사람도 있다. 법적으로도 합의된 개념이 없다. 2010년 제정된 '고려인동포특별법'에는 구소련지역에 거주하는 동포만을 법의 적용대상으로 한정하였고, 2014년 12월 발의된 '고려인동포특별법 일부 개정법률안'에는 구소련지역 거주 동포와 "대한민국에 영주할 목적으로 거주국을 벗어난 후 대한민국에 체류하고 있는 사람 중 대통령령으로 정하는 사람"을 법의 적용대상으로 규정하고 있다.

고려인의 범위에 대한 명확한 합의가 없는 상황에서, 고려인 문제 전문가 사이에는 고려인을 사할린지방 출신 동포로부터 구분하려는 경향이 있었다. 이러한 구분은 사할린출신 동포를 사할린동포 1세로 한정한다면 어느 정도 설득력이 있다. 사할린동포 1세는 여타 고려인들과 달리 입국과 동시에 영주자격을 얻게 되고, 기초생활수급대상으로 분류되며, 그들만을 위한 별도로 통계가 관리가 되고 있기 때문이다. 하지만 사할린출신 동포가 모두 사할린동포 1세는 아니다. 특별한 일부 예외를 제외하면, 정부의 사할린동포 특별 배려는 원칙적으로 1945년 이전 출생한 사할린 동포 1세에게만 해당되고, 국내거주 사할린출신 동포 가운데에는 젊은 차세대도 많기 때문에, 사할린동포와 고려인을 구분하려는 논리는 재고되어야 한다.

현재 만 70세를 넘긴 사할린동포 1세는 그 수가 계속 줄어드는 추세다. 국내거주 사할린동포 가운데 고령의 사할린동포 1세도 그 수가 줄어들고 있다. 반면, 사할린 출신 젊은 차세대 동포는 증가하고 있다. 국내거주 사할린동포 차세대에 대한 정부의 처우는 다른 대륙출신 고려인과 다르지 않다. 정부의 처우 이외에도 사할린동포 1세들은 한국에서 출생한 경우가 많고, 한국어를 구사할 수 있는 사람이 많다는 점에서 대륙출신 고려인과 구분이 되었지만, 사할린동포 차세대들은 대륙출신 고려인과 마찬가지로 구소련지역에서 출생하였고, 한국어와 한국문화에 서툴다. 사할린동포의 세대교체가 이루어지고 있는 상황에서, 굳이 사할린동포에 대한 인식을 1세대에 가두어 두고, 사할린동포와 대륙출신 고려인을 구분하려고 고집하는 것이 바람직한 일인지 재고할 필요가 있다. 오히려 미래지향적인 화합의 관점에서, 고려인이라는 단어를 대륙출신과 사할린출신을 포함하는, 구소련지역 출신 동포를 포괄하여 지칭하는 용어로 정의하는 것이 적절하다.

2) 고려인을 위한 사증제도 개선

국내거주 고려인의 대다수는 H-2사증과 F-4사증을 소지하고 생활한다. 과거 H-2사증은 가족동반에 제약이 있다는 점에서, F-4사증은 가족동반이 가능하지만 H-2사증보다 발급기준이 까다롭고 단순노무직 취업을 불허한다는 점에서 문제가 있었다. 다행스럽게도 H-2사증 소지자에게 2012년 4월부터 19세 미만 자녀에 대해 방문동거(F-1) 자격으로 장기 동반체류가 허용되고, 2015년 4월부터는 배우자에게도 방문동거(F-1) 사증이 허가되어, H-2 사증의 가족동반 문제점은 어느 정도 해결되었다. F-4사증도 2015년 2월부터 단순노무직 취업을 일부 허용함으로서, 사증과 관련된 국내거주 고려인의 어려움이 다소 해결되었다. 그럼에도 불구하고, 고려인 사이에는 여전히 사증제도의 개선 요구가 있다.

사증제도와 관련하여 개선요구가 많은 대표적 사례는 H-2 사증의 나이제한이다. F-4보다 신청자격 조건이 까다롭지 않은 H-2사증을 신청하고 싶은 사람들이, H-2사증 신청자격이 만 25세 이상으로 정해져 있어서 신청을 못하고, 최대 90일까지만 체류가 허용되는 단기방문(C-3) 사증을 신청하는 경우가 적지 않다. C-3사증 소지자는 원칙적으로 국내에서 경제활동을 할 수 없고, 90일을 초과하여 체류할 수 없는데, C-3 사증으로 입국한 고려인 가운데에는 불법임을 알면서도 단기 아르바이트 형식으로 경제활동을 하고, 3개월 단위로 출국과 입국을 반복하는 사례가 있다.

편법과 불법을 조장하면서까지, 정부가 H-2사증 신청 자격을 만 25세 이상으로 제한해야만 하는지 검토할 필요가 있다. H-2사증 소지자가 종사하는 업종이 대부분 한국인이 기피하는 3D 업종이기 때문에, H-2사증에 대한 나이제한을 완화한다 하더라도 국내 노동시장에 미치는 부정적 효과는 크지 않을 것으로 예상된다. 사증제도를 보다 전향적으로 개선하여, 법적 성인인 만 19세부터 발급하는 방향으로 조정할 필요가 있다.

아울러, 영주사증 취득을 원하는 동포들이 많다는 점을 고려하여, 동포대상 영주제도의 완화에 대해서도 적극 검토할 필요가 있다. 영주사증 발급이 국내거주 고려인 수를 급격하게 증가시키고, 국내 노동시장을 교란할 것이라는 주장도 있지만, 앞서 언급하였듯, 다수의 고려인들이 한국인이 기피하는 단순노무직에 종사하기 때문에 고려인과 내국인 사이의 일자리 충돌이라는 부정적 효과는 크지 않을 것이다. 오히려 장기적인 측면에서 국내 출산율 저하로 생산인구가 감소하는 상황에서 개방적인 이민정책을 통해 생산동력을 확보한다는 긍정적 효과를 기대할 수 있다.

3) 고려인 정책 추진체계 확립

고려인은 국내에서 이주민이다. 따라서 국내거주 고려인 정책은 이주민 정책의 한 부분이 된다.

이미 국내에는 정부차원에서 수행하는 국내거주 이주민 정책이 있고, 이주민 정책 수행을 위한 추진체계도 갖추어져 있다. 그런데 이주민 정책 추진체계는 정책 대상에 따라 구분되어 있고, 국내거주 고려인을 위해 기존의 이주민 정책 추진체계 중 하나를 선택하여 그대로 활용하기가 어렵다. 고려인은 기존에 정부가 정책 대상으로 설정한 이주민 집단과 구별되는 특성이 있기 때문이다.

고려인은 한민족이라는 점에서 한민족출신 이주민인 북한이탈주민과 공통점이 있지만, 한국어로 의사소통을 하지 못하기 때문에 국내거주 북한이탈주민을 위한 정책 추진체계를 활용하여 정책을 수행할 수 없다. 고려인은 대다수가 단순노무직에 종사한다는 점에 국내거주 외국인노동자와 공통점이 있지만, 고용허가제로 입국한 외국인노동자들이 입국 전부터 정부에 의해 국내 일자리가 정해지고, 특별한 사유가 없는 한 장기간 고용이 보장되는 것과 달리, 방문취업제로 입국하여 개별적으로 직장을 구하고, 장기간 고용이 보장되는 일자리를 찾기 힘들다. 그래서 기존의 외국인노동자 정책 추진체계를 활용하여 고려인 정책을 수행하기도 어렵다. 고려인 가운데 가족단위로 생활하는 사람들이 증가한다는 점에서 다문화가족 정책 추진체계를 활용하여 고려인 정책을 추진하는 방안을 고려할 수도 있겠지만, 다문화가족 구성원이 대부분 국내에서 안정적인 체류자격을 취득한 정주형이민자인데 반해, 고려인들은 비정주형이민자 신분인 사람이 대다수라는 점에서 다문화가족 정책 대상과 차이가 있다.

국내거주 고려인 정책이 어떠한 방식으로 추진되어야 하는지, 아직 결정된 바 없다. 고려인을 하나의 이주민집단으로 인식하고 고려인을 위한 새로운 정책 추진체계를 구축할 수도 있고, 고려인을 체류목적별로 유형화하여 단순노무직 종사자는 외국인노동자 정책으로, 유학생은 외국인 유학생 정책으로, 고려인가족은 다문화가족 정책으로 접근하면서 기존의 이주민 정책 추진체계를 활용할 수도 있다. 여기서 선택 기준은 고려인이 실제로 체감할 수 있는 정책 수행을 위해 가장 효율적인 체계가 무엇인가에 있어야 한다. 고려인 및 이주민정책 전문가가 함께 자리하는 민·관·학 협의를 통해 효과적인 고려인 정책추진체계가 마련되어야 한다.

2. 고려인 생활안정 지원

1) 정기적인 고려인 실태조사

국내거주 고려인 가운데에는 기본적인 생활을 영위하는 것도 어려울 정도로 경제적으로 힘든 생활을 하는 사람들이 다수를 차지하는 것으로 알려져 있다. 하지만 국내거주 고려인 생활을 객관적으로 설명하는 실태조사 결과물은 많지 않다. 매년 국내거주 고려인 수가 증가하고, 고려인 유형도 변해가는 상황을 반영하기 위해서 정기적인 고려인 실태조사가 수행되어야 한다.

국내거주 고려인 실태조사는 매우 힘든 작업이다. 고려인의 정확한 주소지 파악이 어렵고, 고려인이 한국어를 구사할 수 없기 때문에 인맥을 동원하여 소재지를 파악하고, 전국의 고려인 소재지를 일일이 방문하여 설문대상자를 대면하고 조사를 수행해야 한다.

이러한 과정을 통해 진행되는 고려인 실태조사는 정부의 지원 없이는 사실상 불가능하다. 국내거주 고려인 정책 발전을 위해서 정부차원의 정기적인 고려인 실태조사가 제도화되어야 한다.

2) 고려인 밀집지역 환경 개선

국내거주 고려인 수가 증가하면서, 고려인 밀집지역이 형성되고 있다. 그런데 고려인 밀집지역에서 생활하는 대다수의 고려인들이 단순노무직에 종사하면서 바쁘고 힘들게 생활하고 있어서, 지역주민으로서 지역발전에 관심을 기울이는 경우가 드물다. 결과적으로 고려인 밀집지역은 점차 낙후지역이 될 가능성이 높다.

기본적인 의식주 생활을 걱정하며 생활하는 고려인들이 스스로 자신의 시간과 노력을 투자하면서 지역환경 개선을 위해 솔선수범할 것을 기대할 수는 없다. 정부 차원에서 고려인 밀집지역의 낙후화를 예방하기 위해 환경개선 사업을 구상하고 시행해야 한다.

3) 고려인 가정 지원사업 도입

국내 거주 고려인이 증가하면서 가족단위 거주자도 증가하고 있다. 방문취업제로 입국한 H-2 사증 소지자의 미성년 자녀와 배우자에게 장기거주가 가능한 F-1 사증 발급이 허용되었기 때문에, 앞으로 국내에서 가족단위로 생활하는 고려인은 계속 증가할 가능성이 높다. 이러한 상황을 고려하면, 국내거주 고려인 정책의 일환으로 고려인가정 지원 사업이 서둘러 도입되어야 한다.

현재 국내의 이주민 정책에서 크게 발달된 부분이 다문화가족 지원이다. 다문화가족 구성원은 생애 주기별로 정부의 세심한 지원을 받을 수 있다. 하지만 고려인가정은 「다문화가족지원법」에 규정된 다문화가족의 범주에 속하지 않기 때문에 다문화가족 지원 사업 수혜 대상이 아니다.

이주민으로서, 국내거주 고려인 가운데 가족단위 거주자는 단독거주자가 소홀히 할 수 있는 부분, 예컨대, 육아, 자녀교육, 부부생활 등에서 어려움을 겪게 된다. 국내거주 고려인 생활안정을 위해서 고려인가정 지원 사업 도입은 중요하고 시급한 과제일 수밖에 없다. 이미 정교한 사업으로 발전한 다문화가족 지원 사업을 참고한다면, 그다지 많은 시간을 소요하지 않고도 고려인가정을 위한 적절한 지원 사업 마련이 가능할 것이다.

3. 고려인 관련 법률 정비

1) 고려인 자조단체 활동 지원

이주민 정책이 발전한 국가에서는 이주민 자조단체가 중요한 역할을 하는 경우가 많다. 이주민 자조단체는 이주민의 사회통합 과정에 특히 기여하는 바가 크다.

국내의 이주민 정책에서도 최근 이주민 자조단체의 중요성이 부각되고 있다. 정부의 이주민 정책이 본격적으로 전개되기 시작했을 때에는 한국인이 중심이 되어 이주민 지원단체를 설립하고 운영하였지만, 점차 이주민들이 스스로 자조단체를 결성하는 사례가 늘고 있다. 고려인의 경우는 아직 자조단체 활동이 활발하지 않지만, 광주광역시에서 고려인 자조단체가 결성되어 활발한 활동을 하고 있다.

광주광역시 고려인 자조단체는 2000년대 초반에 고려인들이 친교를 목적으로 모임을 가지던 것이 발전하여, 2009년 '고려인지원센터'를 설립하고, 2013년에 '고려인마을협동조합'을 설립하기에 이르렀다. 고려인마을협동조합은 새로 입국하는 고려인들에게 한국어 통역, 고려인 미취업자 숙식제공 및 취업알선, 고려인 문화 행사 등의 활동을 벌이고 있다.

광주광역시 이외의 지역에서는 아직 고려인 자조단체 결성과 활동이 활발하지 않다. 그러나 선도적인 광주광역시 사례가 있는 만큼, 정부 차원에서 자조단체 결성과 활동을 지원한다면, 타 지역에서도 고려인들의 자조단체 활동이 활발하게 전개될 가능성이 높다.

정부의 고려인 자조단체 지원은 우선 단체결성 지원을 위한 정부 예산을 편성하고, 고려인 지원 단체나 공공기관 등을 통해 고려인의 국내 정착과 자기 개발에 도움이 되는 자조단체에 지원할 계획임을 공고하여, 고려인들이 단체를 결성 계획서를 접수하고 적절한 계획에 단체조직과 활동을 위한 초기자금을 지원하는 방식이 적절하다. 이러한 과정을 통해 고려인들은 스스로 단체를 구성하고, 단체 활용 방안을 고민하게 된다.

정부의 자조단체 지원은 투명하게 진행되는 것이 중요하다. 공신력 있는 매체와 기관을 통해 지원사업 공고를 내고, 공정하고 객관적인 심사를 통해 지원 대상 단체를 선정하여 선별적 지원을 하는 방식으로 진행하는 것이 중요하다. 이를 통해 정부는 고려인 정책 목표에 부합하는 건전한 자조단체 육성 효과도 기대할 수 있다.

2) 고려인 유학생 활용 강화

국내에서 석·박사학위를 취득했거나, 전문인력으로 취업하여 생활하고 있는 고려인들은 한국과 CIS를 대표하는 사람들이 추진하는 양자협력의 장에서 한국과 CIS 국가들 사이를 오가며 협력증진과 갈등해소를 담당할 수 있는 적임자이다. 학계, 경제계, 정계 등 다양한 분야에서 한국과 CIS 국가들은 협력을 도모하고 있는데, 정부가 한-CIS 협력 사업에 참여할 고려인 유학생을 선발하고, 실제 사업에 적극 투입하는 방식으로 고려인 유학생을 활용할 것을 제안한다.

고려인은 한국의 입장에서 디아스포라이면서 출신국 입장에서도 디아스포라가 되는 이중적 디아스포라이다. 디아스포라는 외국에서 출신국 발전을 견인하기에 유리하다. 실제로 디아스포라가 출신국 발전에 기여한 사례는 많다. 대표적인 예가 미국으로 이주하여 IT분야에 종사하는 인도인 디아스포라가 인도의 IT 기술자들과 지식교류 네트워크를 유지하면서 미국의 IT 기술을 인도에 전수하고 인도의 IT 산업 발전에 공헌한 것이다.

고려인 유학생은 CIS국가 출신 디아스포라로서 한-CIS 전문가 네트워크 구성원이 되어 한국의 앞선 IT, 의료 분야 기술을 CIS 국가들에 전수하기에 유리하다. 다른 한편에서 한국출신 디아스포라로서, 한-CIS 전문가 네트워크에 참여하면서 CIS 국가에서 발전한 기초과학과 광물학에 대한 지식을 국내에 전수하기에도 유리하다. 고려인 유학생을 적극 활용하는 것은 한국과 CIS 국가 양쪽에 모두에게 이익이 될 수 있다.

3) 한국과 CIS 국가를 오가는 고려인 활동 지원

국내거주 고려인들은 귀국 후에 다시 한국에 오는 경우가 많다. 한국에 다시 주소지를 두기도 하고, CIS 국가에 주소지를 둔 상태에서 한국을 단기 방문하는 방식으로 한국과 CIS 국가를 오가며 생활하기도 한다. 주소지를 어느 곳에 두었는가와 상관없이, 한국과 CIS 지역을 오가며 생활하는 고려인은 한국과 CIS의 민간교류를 매개하면서 양국 관계증진에 기여한다.

정부는 한국과 CIS 국가를 오가는 고려인들이 자신의 전문영역을 개발하면서 한-CIS 양측을 관계를 증진시키는 활동을 할 수 있도록 적극 지원해야 한다. 한-CIS 양측을 오가며 활동하는데 장애가 되는 법적 규제를 완화하거나 제거하는 방식의 지원에서부터, 한-CIS를 왕래하며 진행하는 사업을 발굴하고 도전하도록 상담과 대출 등을 지원하는 적극적 지원까지 다양한 방식으로 한국과 CIS 지역을 오가는 고려인들을 지원하는 정부 정책을 제안한다.

참고문헌

KIN(지구촌동포청년연대), 『사할린동포 지원에 관한 특별법안 자료 모음집』, 2013.

KIN(지구촌동포청년연대), 『재외동포정책, 추진체계, 관련 법제도 정비에 관한 연구 자료집』, 2004.

강정하, 「사할린 잔류 한인의 영주귀국을 둘러싼 한-일-러 교섭과정연구」 한림대학교 국제학대학원 석사학위논문, 2001.

강희영, 「한인여성디아스포라의 이주경험과 트랜스로컬 정체성에 관한 연구: 구소련권 유학이주여성의 한국체류경험을 중심으로」, 한양대학교 사회학과 박사학위논문, 2012.

강희영, 「한국사회에서 구소련권 한인의 수용과 배제에 관한 연구 - 유학입국 여성의 인터뷰에 나타난 법적 지위와 현실을 중심으로」, 『법학논총』 30(1),한양대학교 법학연구소, 2013.

고광신, 「국내거주 고려인의 심리·사회적응에 영향을 미치는 요인에 관한 연구」, 서울기독대학교 사회복지학과 박사학위 논문, 2011.

고병국, 「일본의 재외동포 정책」, 『민족연구』 제5호, 2000.

고송무, 『쏘련 중앙아시아의 한인들』, 한국국제문화협회, 1984.

고송무, 『쏘련의 한인들: 고려사람』, 이론과 실천, 1990.

광주광역시의회, 「광주시 거주 고려인 지원방안」, 『제65차 정책토론회자료집』, 2013.

국립민속박물관, 『우즈벡스탄 한인동포의 생활문화』, 국립민속박물관, 1999.

국립민속박물관, 『카자흐스탄 한인동포의 생활문화』, 국립민속박물관, 2000.

국회의원연구단체 "사할린포럼", 「사할린한인지원특별법안 공청회자료집」, 국회의원연구단체 『사할린포럼』, 2013.

권희영, 『세계의 한민족: 독립국가연합』, 통일원, 1996.

권희영·한 발레리, 『중앙아시아 초원의 유랑농업: 우즈베키스탄 고려사람의 고본지 연구』, 한국정신문화연구원, 2004.

권희영·한 발레리·반병률, 『우즈베키스탄 한인의 정체성 연구』, 한국정신문화연구원, 2001.

김게르만, 「소련방 붕괴 이후 러시아 고려인의 이주 현황」, 『러시아 고려인 역사 140년: 성찰과 새로운 인식』, 재외동포재단·재외한인학회 공동주최 국제학술회의, 2004.

김경학, 「중앙아시아 고려인의 한국 이주와 정착: 광주 "고려인마을"을 중심으로」, 『국제지역연구』 제17권 제4호, 2013.

김명희, 「1990년대 이후 국민국가 독일의 재러 독일계 동포이주자에 대한 정책 고찰: 한국내 조선족 이주자에 대한 새로운 이론적, 정책적 접근의 모색을 위하여」, 『재외한인연구』 14호, 2003.

김민영, 「사할린 한인의 이주와 노동, 1939-1945」, 『국제지역연구』 제4권 제1호, 2000.

김블라지미르(김현택 역), 『러시아 한인 강제 이주사: 문서로 본 반세기 후의 진실』, 경당, 2000.

김성종, 「사할린 한인 동포 귀환과 정착의 정책과제」, 『한국동북아논총』 40집, 2006.

김승일, 「사할린 한인 미귀환 문제의 역사적 접근과 제언」, 『한국근현대사연구』 38집, 2006.

김영술·홍인화, 「중앙아시아 고려인의 광주지역 이주와 문화변용에 관한 연구」, 『디아스포라연구』 제7권 제1호, 2013.

김인성, 「사할린 한인의 한국으로의 재이주와 정착분석: 제도 및 운용실태를 중심으로」, 『재외한인연구』 제24호, 2011.

김재기, 「광주광역시 광산구 지역 귀환 고려인의 이주배경과 특성」, 『재외한인연구』 32호, 2014.

김재기·홍인화, 「이주 노동자로서 광주거주 고려인의 인권실태」, 『국내 거주 재외동포와 인권』, 재외한인학회·국가인권위원회 공동학술대회, 2015.

김필영, 『소비에트 중앙아시아 고려인 문학사: 1937-1991』, 강남대학교 출판
　　　부, 2004.

김호준, 『유라시아 고려인: 디아스포라의 아픈 역사 150년』, 주류성, 2013.

나형욱, 「영주귀국 사할린동포 정착 실태 보고서」, 『영주귀국 사할린동포 처우
　　　개선을 위한 1차 실태조사』, KIN(지구촌동포연대), 2009.

남해경·임채완·최한우·이원용·심헌용·강명구, 『고려인 인구 이동과 경제환
　　　경』, 집문당, 2005.

박경용, 「사할린한인 김옥자의 삶과 디아스포라 생활사」, 『디아스포라연구』
　　　제7권 1호, 2013.

박수호, 「사할린 한인 역사 통계」, 『재외한인연구』 제2호, 1992.

방일권, 「사할린 한인 경계인이 되다」, 『동토에서 찾은 사할린기록: 사할린한
　　　인 관련 세미나 자료집』, 국가기록원, 2001.

배상우, 「사할린 영주귀국 동포 생활상 및 사회복지 지원 실태에 관한 연구: 안
　　　산고향마을을 중심으로」 중부대학교 원격대학원 석사학위논문, 2006.

배수한, 「영주귀국 사할린동포의 거주실태와 개선방향: 부산 정관 신도시 이주
　　　자 대상으로」, 『국제정치연구』 제13집 2호, 2010.

법무부, 「알기쉬운 재외동포 정책 매뉴얼」, 2012.

선봉규·전형권, 「러시아 연해주 고려인의 디아스포라적 삶에 관한 연구」, 『한
　　　국동북아논총』 제17집 제4호, 2012.

선봉규·지충남, 「영주귀국 사할린한인의 디아스포라적 경험과 모국사회 적응
　　　연구: 오산과 천안 정착민 사례」, 『재외한인연구』 제31호, 2013.

송석원, 「일본의 중국잔류일본인: 중국귀국자 지원 정책」, 『한국동북아논총』
　　　제69권, 2013.

신현준, 「포스트소비에트 공간에서 고려인들의 과국적 이동과 고문화적 실천
　　　들: 재한 고려인들의 생활세계와 문화적 교섭」, 『사이』, 12, 2012.

심헌용, 「뿌찐 시대의 러시아 민족정책과 한인사회 전망」, 『아시아태평양지역
　　　연구』 3(1), 2000.

심헌용, 「러시아/CIS한인(고려인) 이주정착사 연구경향」, 『재외동포사회의 역
　　　사적 고찰과 연구방법론 모색』, 국사편찬위원회, 2005.

심헌용, 「고려인의 강제이주의 역사」, 『한국현대문학회 학술발표회자료집』, 1(1), 2007.

오정은, 「유럽의 상호문화정책 연구: 상호문화도시 프로그램을 중심으로」, 『다문화와 평화』, 6(1), 2012.

오정은·강희영·성동기, 『한-CIS 관계증진을 위한 CIS출신 동포 활용 방안: 국내체류 경험 고려인을 중심으로』, IOM이민정책연구원, 2014.

외교부, 『재외동포현황』, 2013.

우복남, 『충청남도 영주귀국 사할린한인의 지역사회 정착실태 및 지원방안』, 충청남도 여성정책개발원, 2013.

윤성학·김영신·김일겸·김안국·홍미희·성동기·이시영, 「한·중앙아시아 인적자원의 교류 현황과 활성화 방안」, 대외경제정책연구원, 2011.

윤인진 외, 『재외한인 연구의 동향과 과제』, 북코리아, 2011.

윤인진, 『독립국가연합 고려인의 생활과 의식』, 고려대학교 출판부, 2002.

이광규, 『재외한인의 인류학적 연구』, 집문당, 1997.

이규영, 「독일의 동유럽·소련 재외동포정책」, 『한독사회과학논총』, 제10권 제2호, 2000.

이규영·김경미, 「독일의 재외동포정책」, 『한국정치학회 연례학술대회 발표논집』, 2008.

이병조, 「독립국가연합(CIS) 고려인사회 지원에 따른 문제점과 개선 방안」, 『한국민족연구논집』, 54, 2013.

이복규, 『중앙아시아 고려인의 생애담 연구』, 지식과 교양, 2012.

이순형, 『사할린 귀환자』, 서울대학교출판부, 2004.

이연식, 「일본제국의 붕괴와 한일 양 지역의 전후 인구이동: 양 국민의 귀환과 정착과정 비교」 e-Journal 『Homo Migrans』 제2호, 2010.

이원용, 『사할린 가미시스카 한인 학살사건1』, 북코리아, 2009.

이은숙·김일림, 「사할린 한인의 이주와 사회·문화적 정체성: 구술자료를 중심으로」, 『문화역사지리』 제20권 제1호, 2008.

이재혁, 「러시아 사할린 한인 인구의 형성과 발달」 경희대학교 대학원 박사학위논문, 2010.

이창주, 『유라시아의 고려사람들』, 명지대학교 출판부, 1998.

이채문 외, 「중앙아시아 고려인의 러시아 극동 지역 귀환 이주」, 『한국지역지리학회지, 9(4), 2003.

이채문, 『공간으로 읽는 중앙아시아』, 경북대학교출판부, 2012.

이천영, 「국내체류 고려인동포에 대한 정책 방향」, 『재외동포문제 어떻게 해결할 것인가?: 중국동포·고려인의 고충해소 및 안정적 국내정착을 법규 정비 방안』 토론회, 2014.2.24.

인하대학교 산학협력단, 『재외동포 우수인재 모국귀환정책 비교 연구』, 재외동포재단, 2013.

일제강점하강제동원피해진상규명위원회, 『사할린 '이중징용' 피해 진상조사』, 일제강점하강제동원피해진상규명위원회, 2007.

임영상 외, 『독립국가연합의 한민족청소년 현황 및 생활실태 연구』, 한국청소년정책연구원, 2007.

임영상·황영삼 외, 『고려인사회의 변화와 한민족』, 한국외국어대학교 출판부, 2005.

임채완 외, 『러시아·중앙아시아 한상네트워크』, 북코리아, 2007.

임채완 외, 『국내거주 고려인동포 실태조사』, 재외동포재단, 2014.

임채완·선봉규 외, 『코리안 디아스포라: 이주루트와 기억』, 북코리아, 2013.

임채완·임영언·박구용, 『일계인 디아스포라: 초국적 이주루트와 글로벌 네트워크』, 북코리아, 2013.

임채완·전형권, 『재외한인 글로벌 네트워크』, 한울, 2006.

장사선·우정권, 『고려인 디아스포라 문학연구』, 월인, 2005.

장석흥, 「사할린 한인 '이중징용'의 배경과 강제성」, 『한국학논총』 29호, 2007.

장세철, 「사할린 영주귀국자들의 생활실태: 안산시에 영주 귀국한 1세 독신노인을 중심으로」, 『인문사회과학연구』 7호, 2003.

전경수 편, 『까자흐스딴의 고려인』, 서울대학교 출판부, 2002.

전신욱, 「중앙아시아 고려인의 재이주 요인과 정착현황: 연해주 지역을 중심으로」, 『한국정책과학학회보』 제11권 3호, 2007.

전형권·이소영, 「사할린 한인의 디아스포라 경험과 이주루트 연구」 OUGHTOPIA 27권 1호, 2012.

정근식·염미경, 「디아스포라, 귀환, 출현적 정체성: 사할린 한인의 역사적 경험」, 『재외한인연구』 9호, 2000.

정인섭, 「유럽의 해외동포 지원입법의 검토: 한국의 재외동포법 개정논의와 관련하여」, 『국제법학회논총』 제48권 제2호, 2003.

정지영, 「이스라엘의 재외동포 정책: 본국 귀환 및 정착 정책을 중심으로」, 『민족연구』 제5호, 2000.

정진아, 「국내거주 고려인, 사할린한인의 생활문화와 한국인과의 문화갈등」, 『통일인문학논총』 제58집, 2014.

정천수, 「사할린영주귀국동포 생활상 및 사회복지 지원실태에 관한연구」 중부대학교 원격대학원 사회복지학과 석사학위논문, 2007.

정혜경, 「1944년에 일본 본토로 '전환배치'된 사할린(화태)의 조선인광부」, 『한일민족문제연구』 14호, 2008.

조재순, 「사할린 영주귀국 동포의 주거생활사: 안산시 고향마을 거주강제이주 동포를 중심으로」, 『한국주거학회논문집』 제20권 제4호, 2009.

조화성, 「독일의 재외동포 정책」, 『민족연구』 제5호, 2000.

최우길, 「한민족공동체의 구현을 위한 재외동포정책 모색: 재외동포정책 회고와 전망」 통일문제연구협의회·전남대 세계한상문화연구단·한국세계지역학회·경북대 한국교민연구소 공동학술의 자료집, 2004.

한 세르게이 미하일로비치, 한 발레리 쎄르게이비치 저·김태항 역, 『고려사람, 우리는 누구인가?』, 高談社, 1999.

한국외국어대학교 역사문화연구소, 『독립국가연합(CIS) 고려인 사회연구』, 재외동포재단, 2003.

한혜인, 「사할린 한인 귀환을 둘러싼 배제와 포섭의 정치: 해방후~1970년대까지의 사할린 한인 귀환 움직임을 중심으로」, 『사학연구』 102호, 2011.

황정태, 「사할린 귀환동포의 생활적응 과정에 관한 연구」 강남대학교 대학원 석사학위논문, 2001.